HUIZHAN

高等院校会展经济与管理专业
本科系列教材

会展心理学

主　编　唐秀丽
副主编　辜应康

重庆大学出版社

内容提要

本书是高等院校会展经济与管理专业会展心理学课程教材。全书分为 8 章,系统介绍了会展心理学的研究对象与研究意义、感知与会展、态度与会展、情绪情感与会展、人格与会展、学习与会展、会展企业服务与管理心理等。

本书理论体系完整、观点鲜明、内容翔实,将心理学理论研究成果与会展发展实践相结合,把会展心理学研究领域的热点问题融入其中。本书可作为高等院校会展经济与管理专业的教材,也可作为会展企业中高级管理人员的培训用书、其他类型院校会展专业的教学参考用书以及对会展专业有浓厚兴趣、参加自学考试人员的学习考试用书。

图书在版编目(CIP)数据

会展心理学 / 唐秀丽主编. -- 重庆 : 重庆大学出版社,2024. 9. --(高等院校会展经济与管理专业本科系列教材). -- ISBN 978-7-5689-4616-2

Ⅰ . G245

中国国家版本馆 CIP 数据核字第 20241K3H00 号

高等院校会展经济与管理专业本科系列教材
会展心理学
主　编　唐秀丽
副主编　辜应康
策划编辑:尚东亮

责任编辑:尚东亮　谢冰一　　版式设计:谢冰一
责任校对:姜　凤　　　　　　责任印制:张　策

*

重庆大学出版社出版发行
出版人:陈晓阳
社址:重庆市沙坪坝区大学城西路 21 号
邮编:401331
电话:(023) 88617190　88617185(中小学)
传真:(023) 88617186　88617166
网址:http://www.cqup.com.cn
邮箱:fxk@ cqup.com.cn(营销中心)
全国新华书店经销
重庆新荟雅科技有限公司印刷

*

开本:787mm×1092mm　1/16　印张:13.5　字数:348 千
2024 年 9 月第 1 版　　2024 年 9 月第 1 次印刷
印数:1—2 000
ISBN 978-7-5689-4616-2　定价:39.00 元

前　言

　　心理学也许是现代生活中人们涉及最广泛的主题,因为人的生活首先是由人的心理与行为支撑的。会展活动的开展离不开人与人的互动与交流,因为会展是一种为了互动而进行的有组织接近,促进各类资源在参与者间合理流动的关系型活动。会展进行价值创造的核心源泉就是会展参与者间的交流与互动。会展行业产业链长、产业关联度高、辐射带动作用大,如何深入把握其中的心理活动过程及其规律,提高会展行业的服务水平与管理能力,赢得各方利益主体的信任与支持,是会展行业管理和企业经营中必须重视的问题。这是会展与心理学相结合的基础,同时也从人才培养角度提出了课程建设与教材建设的要求。然而,目前尚未有适用于本科层次的会展与心理学相结合的专著或教材。

　　本书是在多年一线教学的基础上,在结合旅游学、心理学以及会展已有丰富的理论和研究成果的基础上,从理论与实践相结合的角度,打破传统的结构体系,以开篇案例引出,讲解理论,再将理论融入会展发展实践中去。本书立足会展业发展实践,力图有所创新,其编写特点主要体现在以下几个方面。

　　1.编写内容突出理论与应用的结合。如何将心理学的基础理论与会展发展及其现象进行结合是本书编写的难点,也是特点。在内容编写中,为加强学生对理论以及理论如何结合实践的理解与应用,在内容编写中以"阅读材料"的形式,同步导入与知识点直接相关的三类内容。一是相关心理学研究与经典实验研究及其理论解释,加强对基础理论的理解与掌握;二是精挑会展业发展中的新鲜案例、经典案例,引导学生主动从心理学的角度思考理解、分析案例;三是高水平学术论文,让学生直观看到已有研究如何巧妙地将心理学理论与会展实际问题结合起来进行学术探讨。通过这样的结合,力求让学生在学习中能做到"知其然",更"知其所以然"。

　　2.编写体例突出应用性。本书编写体例为:本章概要、学习目标、开篇案例、正文、本章小结、思考练习、关键术语、案例讨论。以参与会展活动中的人为核心,本书分为4个部分。第一部分,导论,简介什么是会展心理学,会展心理学的研究对象、研究方法(第一章);第二部分,影响会展活动中人的心理的内在因素(Who),即来自个体因素的影响,主要从感知、需要与动机、态度、情绪与情感、人格等方面展开(第二至第六章);第三部分,影响会展活动中人的心理的外在因素(What、When、Where、How),即这些情境因素何时何地会如何对会展活动中的人产生怎样的影响,主要从学习、服务心理、压力与心理健康、管理心理等方面展开(第七、八章)。

3. 突出对会展关键主体的关注。会展业的存在和发展,包括会展行业组织、会展企业、服务商等的存在价值,都是以参展商与观众(重点为专业观众)的存在为前提的。因此,参展商与观众在会展活动中的心理活动、心理现象及其发展规律是会展活动中最主要的心理活动和心理现象,参展商与观众的心理将一直是会展心理学的主要研究对象,也是本书的主要探讨内容。这样的编写安排可以让会展心理学的研究对象更聚焦,内容主线更明晰,对会展心理学的学习更具象化。除此以外,本书还从员工及会展企业角度探讨了员工及管理者的需求及其心理特点,以人为本,寻求员工与企业、行业互利共赢的心理依据。

通过以上几个方面的突破,将实现两个目标:一个是打破心理学理论晦涩难懂这一刻板印象,避免学生在学习该门课程时产生畏难心理;另一个是在学习中做到"让理论落地",既是对"学以致用"的实践,又是对应用型本科院校人才培养目标的呼应。

本书由上海对外经贸大学与上海第二工业大学从事一线教学工作的教师(唐秀丽、辜应康)共同完成。全书由唐秀丽统稿,辜应康校对。感谢课程建设团队成员老师在编写过程中的指导与鼓励,感谢我的研究生李灿、孟庆义、季泓好在资料收集与整理中的付出与努力,尤其要感谢孟庆义、李灿在第七章、第八章写作中给予的重要支持。

本书在编写过程中参考了大量的国内外学者的成果,在此一并深表感谢。

由于编者水平所限,本书不当或错误之处实属难免,敬请专家学者和广大读者批评指正。

本书由上海对外经贸大学资助出版。

编 者
2024 年 3 月

目　录

上篇

会展与心理学

第一章
导论

HUIZHAN
会展经济与管理

【本章概要】

本章主要对会展心理学进行概述性的介绍,简洁回顾了心理学的发展历程,同时对会展心理学的研究对象与研究内容的确定、所使用的基础理论及研究方法做了详细的阐述,最后解释了会展心理学的研究意义。

【学习目标】

(1)掌握心理现象(活动)的构成。
(2)掌握会展心理学的研究对象。
(3)了解心理学的发展历程。
(4)熟悉会展心理学的基础理论。
(5)掌握会展心理学的研究方法。
(6)掌握会展心理学的研究意义。

【开篇案例】

搭平台"链"全球——从会展业回暖看中国经济韧性与潜力

2023年第二十届上海国际汽车工业展览会吸引了全球1 000多家企业参展,展出总面积超36万平方米;第三届中国国际消费品博览会共吸引65个国家和地区的3 382个消费精品品牌参展;第133届广交会第一期入场超126万人次,出口成交128亿美元……作为观察中国经济的一扇窗口,展会之"热",折射中国经济复苏的融融暖意。

各地展会火热举办,会展业呈恢复性增长态势

据商务部统计,2023年一季度,境内专业展馆举办的展览活动共计540场,同比增长3.3倍;展览总面积1 031.1万平方米,同比增长2.3倍。其中,展览面积在1万平方米以上的展览活动286场,占比53%,同比增长5.7倍。

国内各大展会火热举办,我国企业赴海外参展办展同样热情高涨,很多国际大型展会"一位难求"。中国贸促会对44个大行业、646个小行业的10 028家中国企业海外参展抽样调查显示,企业普遍反映海外参展有较大收获。"一带一路"国家成为出展热门地,前往阿联酋、印尼、马来西亚、俄罗斯、泰国5国参展企业占比达27.56%。建材、五金、机械、电子、工程机械及配件等行业表现突出,这5个行业的参展企业占比达40.02%。

"数智化""新消费",会展业新趋势彰显中国经济活力

云上展示与线下展示相结合,利用5G、云计算、大数据等技术精准撮合交易,动漫、游戏、电竞、宠物等类型的个性化、专业化、品牌化展览增多……近年来,会展业的新动向、新趋势受到广泛关注。

线上线下融合成为展览业发展新模式,展览场馆智能化建设成为新方向,数字化展览信息平台搭建新渠道,新的技术手段不断赋能会展业高质量发展。利用大数据、云计算、人工智能等新技术,深度挖掘数据价值,有助于提高会展企业的办展效率,更好对接参展商、采购商的需求,搭建更多"精准营销场"。

同时,随着居民消费持续升级,顺应消费趋势的主题性展会正加快发展,新消费领域展览不断释放新动能,新兴产业类展览迎来新的发展机遇。传统展会侧重在轻工业、重工业领域,如家具、建材、工程机械等,而如今,跨境电商展、预制菜展、户外运动展等细分主题化、个性定制化展览发展迅速、势头良好。

开放合作,会展平台助力各方共享中国机遇

根据中国会展经济研究会统计,2015—2019年,我国经贸展览数量年均增长率为4.41%,展览面积年均增长率为6.48%。展览面积增速超过数量增速,说明单个展览面积在扩大、效益在提升。以会展为"链",越来越多的外国产品和服务进入中国市场,越来越多的中国制造和中国创造走向世界。

面对这样的发展趋势,会展行业尤其是会展企业应如何更好地理解并做出良好应对显得尤为重要。除了以上提到的原因,还有哪些内部因素与动力推动了这些变化的发生,这就需要借助心理学的基础理论与方法对这一变化进行更为深入细致的思考。

资料来源：新华社,2023-04-27.有删改.

第一节　会展心理学概述

一、会展心理学的学科基础

(一)什么是心理学

心理学是一门研究个体行为及精神过程的科学①。心理学的研究主题在很大程度上是人类和其他动物物种的可观察行为,如微笑、哭泣、奔跑、拥抱等,主要探索个体做些什么以及如何在一套特定的行为模式和更广泛的社会环境或文化环境中做这些事情。心理学的许多研究者认为不理解精神过程就无法理解人的行为,因为很多人类活动是在个体内部发生的,如思考、归因、创造以及做梦等。正因为如此,很多心理学家相信,精神过程代表了心理学探索的最重要的部分,并设计了许多精巧的方法来研究心理现象和心理过程(图 1-1),以揭示这些内在的、隐秘的体验。

现代心理学有着不同寻常的广度与深度,但总体来说,心理学家从事基础研究的目的是描述、解释、预测和影响行为,应用心理学家除此之外,还有第五个研究目的,即提高人类生活的质量。这些目标共同构成了心理学事业的基础。

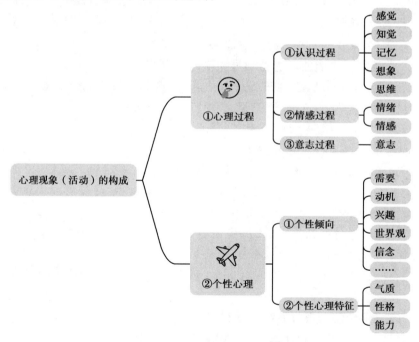

图 1-1　心理现象(活动)构成

---

① 格里格,津巴多.心理学与生活[M].王垒,等译.16 版.北京:人民邮电出版社,2012.

（二）心理学的历史根基与分支学科

1. 心理学的历史根基

"心理学有着漫长的过去，但只有短暂的历史。"最早的实验心理学家之一 H. 艾宾浩斯（H. Ebbinghous，1908）在他的名著《心理学纲要》中这样写道。学者们很久之前就对人类的天性提出重要问题，如人们如何感知现实、精神如何工作，但是他们并不知道回答这些问题的方法，使得对这些问题的探索很长时间里都属于哲学的范畴。1879 年，心理学家 W. 冯特（W. Wundt）在德国莱比锡建立了世界上第一个正式实验心理学实验室，将其他科学——生理学和物理学中的实验室技术应用于研究这些来自哲学的基本问题时，标志着科学心理学的诞生，心理学开始作为一门独立学科出现。从此，心理学家也可以像其他自然科学家一样做实验研究。科学特征中所强调的客观性、验证性、系统性三大标准，只有实验法才可以做到。冯特也因此被称为"实验心理学之父"。

心理学发展的历史很大程度上就是关于心理与行为的科学所应包含的适宜研究对象和方法学的争论史，其中结构主义（Structuralism）和机能主义（Functionalism）之间的争论至今依然很有分量。结构主义的创始人是 E. B. 铁钦纳（E. B. Tichener），他们强调"什么"是心理的内容，而非"为什么"和"怎么"思维，注重对心理和行为结构的研究；机能主义学派的创始人是美国哲学家 J. 杜威（J. Dewey），"行为的机能或者目的是什么"是机能主义者们通过研究要回答的关键问题。这些争论与学派之间存在的差异，为当代心理学创造了一个繁荣发展的智性环境。现在，心理学家们同时探索行为的结构和机能。

2. 心理学的分支学科

心理学是一个庞大的学科，分支诸多，因此，到目前为止，国内外学界对于心理学下设哪些分支学科还没有形成统一的认识。从主流的分类来看，心理学被分为基础心理学和应用心理学两个二级学科。一种观点认为[①]，基础心理学包含普通心理学、实验心理学、认知心理学、发展心理学、生理心理学、社会心理学、人格心理学、比较心理学，应用心理学包含教育心理学、管理心理学、临床心理学、咨询心理学、司法心理学、运动心理学、广告心理学、健康心理学、军事心理学等。还有一种观点认为[②]，基础心理学包含变态心理学，但不包含比较心理学，应用心理学则包含教育心理学、管理心理学、消费心理学、工业心理学、咨询心理学、法律心理学、心理测量学、临床心理学。

【阅读材料 1-1】 中国心理学的分支学科

从学术组织的分支设置，可以探究中国心理学的学科分类状况。例如，中国心理学会第十一届理事会包含如下专业委员会：教育心理专业委员会、发展心理专业委员会、普通心理和实验心理专业委员会、理论心理与心理学史专业委员会、工业心理专业委员会、医学心理专业委员会、生理心理专业委员会、心理测量专业委员会、法律心理学专业委员会、学校心理专业委员会、体育运动心理专业委员会、社会心理学专业委员会、临床与咨询心理学专业委员会、军事心理学专业委员会、人格心理学专业委员会、工程心理学专业委员会、决策心理学专业委员会、老年心理学专业委员会、民族心理学专业委员会、护理心理学专业委员会。

---

① 费尔德曼，黄希庭. 心理学与我们[M]. 黄希庭，等译. 北京：人民邮电出版社，2008.

② 叶奕乾，何存道，梁宁建. 普通心理学[M]. 2 版. 上海：华东师范大学出版社，2004.

中国社会心理学会下设如下专业委员会:理论与教学专业委员会、民族心理学专业委员会、军事心理学专业委员会、应用社会心理学专业委员会、传播心理专业委员会。

教育部人文社会科学研究项目对心理学下级学科也作了罗列:心理学史、认知心理学、社会心理学、实验心理学、发展心理学、人格心理学、临床与咨询心理学、心理测量、心理统计、生理心理学、工业心理学、管理心理学、应用心理学、教育心理学、法制心理学、心理学其他学科。

资料来源:陈钢华.旅游心理学[M].上海:华东师范大学出版社,2016.

二、会展心理学的产生和研究对象

(一)会展心理学的产生

每一门新学科都是适应客观的需要而出现的。2000年前后中国会展业走向市场化,基本具备现代会展业的特征,成为蓬勃发展的现代化新兴服务行业,引发了对会展行业相关专业人才的强烈需求以及会展学科体系与专业建设的快速发展。会展行业产业链长、产业关联度高、辐射带动作用大,随着对其所产生的经济效益与社会效益的认识与认同不断深入,会议、展览及相关活动的服务需求也日益提升。如何深入把握其中的心理活动过程及其规律,提高会展行业的服务水平与管理能力,赢得各方利益主体的信任与支持,是会展行业发展中必须要思考且重视的问题。这正是会展与心理学相结合的发展基础,也从人才培养角度提出了课程建设与教材建设的要求。遗憾的是,目前尚未有适用于本科层次的会展与心理学相结合的专著或教材。会展心理学的建设与发展不仅要从旅游学和心理学的学科发展中汲取理论、方法等养分,同时,还要从会展业的发展中不断积累实践素材,理论与实践充分结合并不断发展、变化、创新,为会展业的发展提供理论指导,并促进心理学以及会展心理学理论体系的丰富与完善。

(二)会展及会展研究中的参展商和专业观众

1. 会展与展会

目前国内外学者对会展的界定并不完全一致。通过综合各种观点可知,会展是包括会议、展览和大型活动等集体性的商业或非商业活动的简称,涉及的相关利益主体众多,包括政府、会展行业组织、会展企业、参展商(或参会嘉宾)、观众(又可进一步分为专业观众和普通观众)、服务商等。随着会展行业的发展和业态模式的创新,业界与学术界对会展概念的理解不断外延,逐步形成"大会展"理念。关于大会展所涵盖的业态类型,目前有两种说法。一种说法认为会展涵盖展览、会议、节庆、赛事、演艺五大业态,这已基本成为业界与学术界的共识;还有一种说法认为会展涵盖了展览、会议、节庆、赛事、演艺、奖励旅游、文化艺术场馆(如博物馆、美术馆、科技馆等)、主题公园、教育培训等业态形式,内涵更为丰富,但这一说法目前还在探讨之中。

【阅读材料1-2】 关于会展及其分类

会展是会议、展览及大型活动等集体性活动的简称。会展业带动服务业增长的方式有两种:一种是直接促进,即会展活动的举办对服务业增长的拉动;另一种是间接拉动,即通过乘数效应路径间接地带动服务增长。会展经济具有高效性、带动性、综合性、聚集性、互动性等多重效应,因此也被称为"经济发展的加速器和助推器"。

根据不同的分类标准可将会展分为不同的类型。

1. 根据举办地的不同可分为境内展和境外展。境内展指组展单位在我国境内与展馆租赁方签订场地租赁协议举办展会。境外展是指由我国办展单位组织企业在国外举办经贸展览会或者在国外参加海外办展单位举办的经贸展览会。境外展是我国企业实现出口贸易的重要渠道。新华网浙江 2022 年 8 月 13 日报道,2022 年 1—6 月,杭州实现出口额 2 631.9 亿元,同比增长 23.4%。其中,杭州外贸企业近 70% 的海外订单来源于展会。

2. 根据业务模式可以分为自办展和代理展。自办展即会展公司以其自有品牌办展,并负责会展项目的策划与发起、会展实施、招商招展等工作。自办展又可以进一步分为以下 3 类。①自有品牌展。主办单位拥有展会品牌的所有权。②合作展。与其他单位根据一定比例共同拥有展会品牌,办展需要做的工作分工承担。③展中展。本质上和展会主办之间是代理关系,形式上即在其他单位主办的展会中划出一定区域用于特定主题的展会,主办单位不拥有会展品牌的所有权,也不承担会展策划、运营及观众组织的工作。代理展指展会代理公司代理组展单位销售展位并承担部分组织职能,展会代理企业一般不拥有会展品牌所有权。

3. 根据展商专业性可分为综合性展会与专业性展会。综合展的参展企业包括几个不同行业,按行业划分展区,广交会、上交会都属于我国大型综合展。专业展又称垂直展,内容细分,参展企业有特定行业限定,垂直展示某一行业甚至某一项产品,展出者和参观者都是专业人士,我国的糖酒会、上海车展都属于专业展。

会展产业链较长,需要各环节协同工作。行业的上游为会展实施的服务提供商,包括会展场馆业主方、广告宣传机构、展位搭建方等。中游是会展项目主办单位、承办单位,涵盖会展活动的策划与发起、筹备、宣传推广、招展、展后数据统计等内容。下游包括会展的代理合作机构、参展企业和参展观众。

资料来源:根据相关资料整理.

展览会是会展业发展中最具代表性和市场价值的一种形式。目前,展览会的主办方通常会在举办展览会的同时举办如研讨会、论坛等形式的会议活动,这使展览会的内容更为丰富,涵盖的会展活动形式也更多。为了保证编写主线明确、体系完整,在本书中并不特别区分展览与会议,而是按照现在会展业普遍展会结合的市场现状,将展览及其同期包括但不限于会议的活动看作一个整体并囊括在本书中,除非特别需要,在表述中统一为展会。但并不涉及单独举办的会议活动和除展览之外的其他会展活动,同时将展览限定为狭义的商业展览,不涉及非市场化运作的其他展览形式。

2. 参展商

参展商一般需要通过购买展位来参加展会,是展会主办方经济效益的重要来源,且一直都是国内外会展学术研究的主体对象和热点。从概念上来说,参展商是指受展会主办方邀请,通过订立参展协议书,付费租用展位,于特定时间在展览场所展示物品或者服务的企业,通常包括制造商、分销商、媒体代表[1]。囿于参展商的经济效益价值,很长一段时间里,会展业的发展及其相关研究都呈现出"参展商导向"的特征。

对于参展商的定义,目前专门而明确的研究并不多。这主要是因为参展商作为会展活动的参与者,其意义比较容易理解。参展商的产生是以组织或者个人参与展会为前提的,所以针对参展商的研究也大都集中在"参展"上面,即就参展商参展过程中的某一环节展开研究,如参

---

① 俞华,朱立文. 会展学原理[M]. 北京:机械工业出版社,2005.

展动机、参展决策、展中互动、参展绩效评估等。

3.专业观众

"专业观众"这个提法主要是出现在国内,国外文献大多是集中于对"专业买家"的研究。朱墨羊首次在行业杂志《中国会展》中解释了专业观众,他指出专业观众可以分同行和专业买家两类,同行指生产厂家、协会、科研机构、官方机构、媒体、网站等,专业买家指产业链中的上游部分,这是专业观众的主要来源和目标群体。这项解释使人们对专业观众有了初步的界定。罗秋菊首次在学术领域界定了专业观众的概念,并于 2008 年在借鉴了国外有关专业观众的定义的基础上,将专业观众的定义完善为"通过注册获取参观证免费参观展览会以及与参展商洽谈交流的各类个人和团体,包括商务客户、政府机构、购买团体等[①]"。这一定义指出了专业观众的一个重要特征是"与参展商洽谈交流",即有着明确的商务目标。这就意味着,参展商的价值需要通过组织数量和质量相当的专业观众才能实现。虽然参展商是主办单位的利润来源,但是有效地组织专业观众是展览会成功及良性循环至关重要的因素,会展业的发展及其相关研究也随之产生了"观众导向"的新理念。

综上所述,展会的三大关键主体即参展商、专业观众和主办方,他们三方之间存在着彼此关联的利益关系。主办方依靠组织参展商参展而获取收益,参展商之所以愿意付费租用展位,其主要目的是与专业观众进行沟通、交易。有学者甚至认为专业观众才是展会成功的生命线,是主办方取胜的"法宝",因为吸引了专业观众也就意味着对参展商的争取。因此,一个成功的展会不仅要集中力量做好参展商的招展工作,还必须重视专业观众的组织和邀请。

4.普通观众

《经济贸易展览会术语(GB/T 26165—2021)》中,对观众、专业观众、境内外观众分别进行了定义,认为除指定工作人员外,在展期内参观展览的都属于观众范畴,而以是否具有商业目的为条件区分了专业观众与普通观众。由上所述可知,参展商和专业观众是公认的展会运行的两大支柱,展会成功的关键也在于是否能够吸引到足够多的参展商和专业观众。但关于普通观众对展会的价值还存在一定的分歧,管理学界认为,由于普通观众根本无意于购买参展商的产品或服务,故不应作为参展商交流与沟通的重点;而经济地理学界却认为,正是因为普通观众的到场,才使会展上的知识与信息的流动突破了市场关系的范畴[②]。已有研究发现参展绩效的提升不仅取决于参展商对自身资源配置的动态优化,更取决于参展商与观众互动的影响,这里的观众就包括了普通观众。因此,本书在内容安排上仍然以参展商和专业观众为主要探讨对象,同时为了让普通观众在展会中的作用有一定的体现,有些章节中会涉及对普通观众的关注。除此之外,如果没有明确的观众类型划分,将统一使用"观众"这一表述。

（三）会展心理学的研究对象

确定研究对象与研究内容,是会展心理学发展中要解决的首要问题。

考虑到展会强大的辐射带动功能,以及展会活动中各利益主体的角色与功能,可将其从服务与被服务的视角进行划分,即政府、会展行业组织及会展企业、服务商等作为服务提供方,为

① BROWNING J M, ADAMS R. Trade shows: An effective promotional tool for the small industrial business[J]. Journal of Small Business Management, 1988,26(4):31.

② RINALLO D, GOLFETTO F. Exploring the knowledge strategies of temporary cluster organizers: A longitudinal study of the EU fabric industry trade shows (1986—2006)[J]. Economic Geography, 2011,87(4):453-476.

服务对象——参展商与观众提供行政管理与会展活动各环节的服务。基于这一思路,我们将会展心理学的研究对象确定为参展商与观众(重点为专业观众)。现有关于参展商和专业观众的研究中,一般倾向于将其作为一个整体概念,但根据参展商和专业观众的概念可知,两者既有企业属性,又有个人特征。会展活动的开展一定程度上就是人与人的互动,展会现场的交流沟通与商务洽谈既是企业之间的接触,更是个体之间的互动,企业属性与个人特征都会对参展绩效产生影响。展会是一种关系型活动,是一种企业获取市场发展趋势和加强与合作方关系的暂时性集群,互动是其本质,展中互动才是决定参展绩效的关键中枢,当然这也需要展前联系的铺垫与支持。

因此,以参与会展活动中的人为核心,本书将分为 3 个部分。第一部分,导论,简介什么是会展心理学,会展心理学的研究对象、研究方法(第一章);第二部分,影响会展活动中人的心理的内在因素(Who),即来自个体因素的影响,主要从感知、需要与动机、态度、情绪与情感、人格等方面展开(第二至第六章);第三部分,影响会展活动中人的心理的外在因素(What,When,Where,How),即这些情境因素何时何地会如何对会展活动中的人产生影响,主要从学习、服务心理、压力与心理健康、管理心理等方面展开(第七章和第八章)。为了更好地梳理参展商和观众在参与展会过程中的心理活动、心理现象及其发展规律,部分章节我们会将整体概念下的参展商与专业观众进行"个体化"处理,以生动呈现展会是人与人互动的这一本质,这样的处理方式主要集中于第五章、第六章、第七章等章节中。

总之,会展业的存在和发展,包括会展行业组织、会展企业、服务商等的存在价值,都是以参展商与观众的存在为前提的。因此,参展商与观众在会展活动中的心理活动、心理现象及其发展规律是会展活动中最主要的心理活动和心理现象,参展商与观众(重点为专业观众)的心理将一直是会展心理学的主要研究对象,这也是本书的主要探讨内容。除此之外,会展服务提供方的心理,主要是会展企业管理与服务心理,以及大会展理念中提到的其他业态类型中观众或个体/群体的心理会在相应章节部分知识点的讲解中涉及,或以阅读材料的形式补充在每个章节中。

第二节 会展心理学的基础理论

心理学发展至今产生了丰富的观点或概念方法,会展心理学作为一门较新的交叉应用课程,旅游学、心理学以及会展相关理论的发展为其提供了丰富的理论基础,这些基础理论与会展心理学研究相结合不仅能够帮助我们很好地理解纷繁复杂的会展发展现象背后的心理奥秘,而且为这些理论扩展了应用范围,增强了理论活力。这一节主要介绍与会展心理学的研究相结合的心理学分支学科,以及这些分支学科在会展心理学研究中的应用。

一、社会心理学

社会心理学是心理学的分支学科之一,从与社会相互作用的视角,研究个体和群体的社会心理现象的表现。1908 年,英国本能主义心理学家 W. 麦独孤(W. McDougall)和美国社会学家 E. A. 罗斯(E. A. Ross)分别出版了社会心理学专著,标志着社会心理学正式创立。社会心理学自诞生开始,就从心理学和社会学里继承了两种基本的研究取向,即心理学取向的社会心理学和社会学取向的社会心理学。但是在少数场合,社会心理学一词则被理解为心理——社会心理学与社会——社会心理学研究成果的总和。

一般来说,社会心理学的研究范围涉及以下方面:①个体社会心理和社会行为,包括人的社会化,社会知觉和自我意识,态度及改变,人格与社会发展,应激和情绪问题;②社会交往心理和行为,包括人际吸引和人际关系,人际沟通,侵犯和助人行为,符号与语言,性别角色和性别差异等;③群体心理及行为,包括群体气氛与群体成员之间的相互影响,群体的凝聚力和一致性,群体的目标和规范性,群际关系等;④社会心理学的应用研究,主要是指社会心理学的研究成果在具体社会领域的应用,如教育、管理、司法等实践领域。

在会展心理学研究领域,有些研究已经开始运用社会心理学相关理论和知识并取得了一定的研究成果。如参展商和观众对展会的社会知觉、参展动机、参展态度及改变、展会认同、会展企业管理中的人际关系(参见阅读材料1-3)、会展专业教育中对会展专业的社会认知等。

【阅读材料1-3】 社会心理学中的人际关系理论及其应用

虽然中国社会是典型的人类社会,但中国经营业绩的影响因素与西方国家有很大不同,具有强烈的集体主义价值观和高度的长期导向。在发展中国家,个人关系在商业中的重要性已被广泛讨论。在中国,个人关系和人际关系被称为关系,可以替代正式的制度支持。作为一种建立在互利基础上的社会交换机制,关系被大多数中国人和企业视为重要的战略资产。此外,与西方国家的市场经济不同,中国的展览主办方一般具有政府或行业协会背景。这是中国会展业发展中不可避免的现实问题。Liu和Yao指出,关系质量的研究应根据社会文化背景的需要进行调整。将文化背景信息与中国特色相结合,构建关系质量评价模型是一项紧迫的研究任务。因此,本文选取参展商与展会主办方之间的关系质量作为研究对象,探讨了中国情景下影响其关系质量的影响因素和结果因素。

本研究发现,"服务质量""沟通""展览效应"和"关系"是关系质量模型的四个先行变量,"顾客忠诚度"和"口碑"是关系质量导致的结果变量。与以往研究的结论相比,本文构建的模型不仅涵盖了关系质量的因果变量,还研究了关系质量与结果变量之间的关系。同时,本研究结合会展业的行业特征和中国社会文化背景,发现了两个新的研究变量:"会展效应"和"关系"。其中,模型中的观察变量X13"在参加展览时考虑与主办方的良好个人关系"被删除。这个结果基本符合实际情况。参展商参加展会是一种商业行为。与主办方互利共赢是参展的基本条件,追求自身利益最大化是参展企业的目标。因此,作为理性的消费者,参展商不会因为与主办方的个人关系而盲目参加展会。

资料来源:WANG P F, LIANG L K, PAN Y, et al. Relationship quality and exhibitors' sustainable willingness to participate in exhibitions:A sociocultural perspective[J]. Frontiers in Psychology, 2022,13:949625.

二、认知心理学

认知心理学是最新的心理学分支之一,从信息加工的角度,研究人的思维以及所有的认知过程(包括注意、知觉、记忆、表象、思维、语言等)。认知心理学是20世纪50年代中期在西方兴起的一种心理学思潮,20世纪70年代开始成为西方心理学的一个主要研究方向。认知心理学的出现与西方传统哲学也有一定联系,其主要特点是强调知识的作用,认为知识是决定人类行为的主要因素。由于其对认识过程的关注,许多研究者把认知心理学的观点看作是在今天的心理学发展中占优势的观点。

认知心理学热衷于将人脑与计算机进行类比,将人脑看作类似于计算机的信息加工系统,这种理解心智运作的方式在过去数十年变得非常普遍。这些比喻常见于社会心理学、人格心理学、变态心理学和发展心理学中。认知心理学的研究特点是：①将心理过程理解为信息的获得、贮存、加工和使用的过程，即经历一系列连续阶段的信息加工过程；②不同于弗洛伊德心理学的现象学研究方法，使用系统化的科学方法（如反应时法、口语记录法等）进行研究，拒绝接受内省的研究方式；③研究行为的内部机制，认定内在心理状态（如信仰、欲望和动机）是存在的，探讨被行为主义所忽视的意识或内部的心理过程。

在会展心理学研究领域，我们对认知心理学应用领域的关注主要集中在参展商和观众的感知和认知方面，尤其是在参展商或观众对展会、节事、演艺活动等的形象感知（参见阅读材料1-4）、拥挤感知、安全与风险感知、空间意向认知等方面，目前已产生了一些成果，得出了一些有实践意义的结论。未来还可在研究方法上借鉴实验研究的方法，扩展认知心理学在会展心理学其他方面的应用，如参展商和观众的记忆、参展商和观众的推理等。

【阅读材料1-4】 认知心理学中的感知及其应用

随着中国会展业的迅速发展，展会所涉行业不断增加，题材也更为丰富。作为展览会重要的利益相关者，参展商的满意度很大程度上决定了展会的成功举办，而参展商满意度的重要影响因素可能与节事形象有关。基于此，本文以进博会为例，以参展商为研究对象，研究参展商对节事形象的感知差异，有助于展会主办方对节事形象进行合理评估，提升展会吸引力。

从项目的得分次序来看，进博会规模宏大是参展商对进博会的最高评价，其次是进博会展品品类众多，进博会旨在促进国际经贸合作和交流，进博会体现了开放、包容与合作的理念，进博会有重要的国际影响力，进博会有多方面的影响（如经济、政治、文化等）。对24个节事形象感知项目进行正交旋转因子分析得出4个因子，即展会服务、主旨/影响、展品和活动、展览环境与设施。从因子均值来看，主旨/影响是参展商对进博会节事形象做出的最主要评价，其后依次为展品和活动、展览环境与设施、展会服务。可见，要吸引国内外的参展商前来参展，影响力是至关重要的，进博会作为一个文化交流、合作交易的平台不仅为参展商提供更多的产品宣传、增加客户流等，而且也为促进各国加强经贸合作、促进全球贸易和世界经济增长带来了长远的影响与推动。

资料来源：任欣惠，张宏梅. 重大节事形象的感知差异：基于参展商国籍和参展特征的比较[J]. 上海管理科学，2021，43（4）：73-78.

三、人格心理学

人格心理学是心理学的分支之一，可简单定义为研究一个人所特有的行为模式的心理学。"Personality"一般都会被译作"性格"，心理学界则普遍把它译为"人格"。可将人格定义为源于个体身上的稳定的行为方式和内部过程。这意味着人格就是个体之间的差异所在，即个体的行为方式和内部心理过程是不同的，并且这种不同具有稳定性。人格造成了个体稳定的独特性，这种独特性使得个体在面对同一种情境时可能会产生不同的反应。

对于产生这种稳定的行为方式和内部心理过程的根源的说法是多种多样的，其中主要的流派有以下几个。

①精神分析流派。认为人的无意识心理对他们行为方式的差异起着很大的作用。代表人物是 S. 弗洛伊德（S. Freud），他指出人格可分成三个层次，即意识、前意识和潜意识，并用人格结构中本我、自我和超我来解释以上三个层次。

②特质流派。认为人是处在各种各样的人格特征的连续体的某个位置上的。近年来,大五人格模型(Big Five Model)被广泛运用,该模型列出了五种普遍的人格特质,外向型、神经质、宜人性、尽责性和开放性。

③生物学流派。认为遗传因素和生理过程影响了人格的个体差异。被称为西方医学之父的希波克拉底(Hippocrates)认为脑是心理的器官。大脑的生理构造也会影响个体的人格特质,并非仅仅只受到个人经验的影响。

④人本主义流派。认为人的责任感和自我接纳感是造成人格差异的主要原因。代表人物之一是亚伯拉罕·H.马斯洛(Abraham H. Maslow),他指出个人天生有五种需求层次,而满足这些需求的行为是通过学习得来的,人格受先天遗传、后天学习等各种因素的影响。

⑤认知流派。认为应该用人们加工信息的方式来解释行为的差异。代表人物是A.班杜拉(A. Bandura),他认为个人的观察学习能力也会对性格的形成和发展产生一定的影响。个人自我效能的高低会影响其适应生活及克服障碍的能力。

目前在研究中最常使用的测量工具为艾森克人格问卷(Eysenck Personality Questionnaire,EPQ)和大五人格模型。在会展心理学研究领域,人格心理学的应用尚不多见,以后可在参展商、观众的人格,会展从业人员的人格、职业倦怠、情绪耗竭以及展会品牌个性等方面展开深入探讨。因为不同人格特质的参展商、观众或会展从业人员会有不同的行为特征,在面对同一情境时往往也会有不同的心理活动过程和行为反应,这些都与参展绩效、工作效率、服务质量等问题息息相关。

四、发展心理学

发展心理学是心理学的分支之一,是一门研究心理的发生、发展、变化过程和规律的学科。发展心理学有广义和狭义之分,广义的包括动物心理学或比较心理学、民族心理学、个体发展心理学,狭义的是指个体发展心理学,即研究一个人从出生到衰老各个时期的心理现象,按年龄阶段又可分为儿童心理学、青年心理学、成年心理学、老年心理学等分支。著名发展心理学家J. H.桑特洛克(J. H. Santrock)认为,传统观点认为一般人的心理发展在成年以后就不再改变,所以当时的发展心理学只着重研究儿童的心理发展。随着人类寿命提高及社会的发展变化,心理学家发现,人类在成年以后,心理状况依然会继续发展。这一发现促使研究者们开始以更全面的视角来看待个体的心理发展,形成了毕生发展心理学。

根据学科属性,发展心理学是教育心理学、儿童心理疾病学等的集合。同时,发展心理学补充了许多心理学分支学科的研究范围,如社会心理学、认知心理学、环境心理学、比较心理学等。根据研究主题,发展心理学、毕生发展心理学的主要关注领域是身体发展的适应、运动技能、智力与学习、语言能力、人格与社会性、情绪与依恋,自我和社会认知、心理性别与性、道德与行为、同伴与友谊、爱情与婚姻、家庭关系、工作与休闲以及死亡。

在会展心理学研究领域,对发展心理学的应用中最值得关注的问题是:参展体验作为一种短暂的特殊活动,能影响人的心理发展吗? 如果能,那么这种影响有多大? 对于这一话题,会展心理学方面的研究还很少,但是澳大利亚詹姆士库克大学的P.皮尔斯(P. Pearce)教授对旅游体验给人的心理发展带来的影响已开展了长期的工作,在旅游体验对旅游者的影响研究方面做出了很多积极的探索。国内学者唐彬礼、粟路军的研究验证了旅游活动对人们工作创造力的促进作用,这一研究结果强化了旅游世界与生活世界的有益联系①,对阐明旅游促进工作创造力的社会价值,提升旅游学科地位和旅游业的产业地位具有重要意义。未来可借鉴这些研究经验,探讨参展体验对参展商、观众甚至会展从业人员心理发展的影响。

五、环境心理学

环境心理学是研究环境与人的心理和行为之间关系的一个应用社会心理学领域,又称人类生态学或生态心理学。虽然有关环境的研究很早就引起人们的重视,但环境心理学作为一门学科还是20世纪60年代以后的事。

环境心理学作为一门学科的出现,应归功于20世纪40年代末美国堪萨斯大学的心理学家R. G. 巴克(R. G. Barker)和H. F. 赖特(H. F. Wright)等人对自然定居点中居民行为的生态学研究,20世纪50年代美国人类学家爱德华·T. 霍尔(Edward T. Hall)从文化人类学角度对个体使用空间的研究,以及20世纪60年代城市规划师K. 林奇(K. Lynch)对城市表象和环境认知的研究。在这些研究基础上,加上当时环境恶化、自然资源减少等现实困境,20世纪60年代的科学家对人类的生态环境产生了特别的兴趣,心理学家也更加重视环境对个体心理、行为的影响,纷纷研究与环境心理学有关的课题。20世纪70年代,美国心理学会(American Psychology Association, APA)创建了以"人口与环境心理学"为名称的第34个分会。这里所说的环境虽然也包括社会环境,但主要是指物理环境,包括噪声、拥挤、空气质量、温度、建筑设计、个人空间等。环境心理学是从工程心理学或工效学发展而来的。工程心理学是研究人与工作、人与工具之间的关系,把这种关系推而广之,即成为人与环境之间的关系。环境心理学之所以成为社会心理学的一个应用研究领域,是因为社会心理学研究社会环境中的人的行为,而从系统论的观点看,自然环境和社会环境是统一的,两者都对行为产生重要影响。

近年来,运用环境心理学的相关理论与知识在会展领域开展相关的心理学研究成为一个新的方向。结合环境心理学主要关注的内容,包括人类对环境的认知、依恋与认同,人类行为的生态后果,环境变迁背景下人类行为的变化,人对环境恢复性的感知等,目前,会展领域的环境心理学研究主要集中在绿色会展、低碳会展,如参展商、观众对绿色会展的感知、支付意愿(参见阅读材料1-5)等。

【阅读材料1-5】 绿色展会理念对人们态度和支付行为的影响

理解人们对绿色展会理念的态度和支付行为一直是学术研究的热点。对于绿色展会理念的研究最早可以追溯至2000年悉尼奥运会的筹办过程,之后的雅典奥组委和北京奥组委也重点关注了奥运会与环境的关系。随着展览业的发展,展览经济关联性增强,人们逐渐认识到展览业并非"无烟工业"。大量涌入的参与者会造成城市交通的拥堵、有机食品的浪费、物料的过度消耗等严峻的环境问题。因此,Getz指出,关注展会与环境的关系,并使展会项目具有可持续性、更加绿色环保将是未来展览业发展的重要方向。随后,Laing和Frost系统总结了绿色展会(Green Event)理念,他们认为"绿色展会是指具有可持续发展战略的或将可持续发展理念融入展会的策划、管理、运营职能中的展会"。在此框架下,较多学者开始关注参与者对绿色展会理念的认知和行为之间的关系。

① 唐彬礼,粟路军. 经常旅游的人更有创造力吗? 旅游频率、旅游目标定向与工作创造力[J]. 旅游学刊,2022,37(7):65-79.

计划行为理论(Theory of Planned Behavior, TPB)指出,人们的认知与态度紧密相关,态度对行为具有显著影响。基于TPB理论视角,较多学者构建模型,进一步揭示参与者对绿色展会的态度与行为之间的定量关系。本研究采用双边界二分式引导技术问卷,以第13届中国-东盟博览会参展商为调查对象,调查了908份有效样本,在此基础上将受访者分为样本总体、同意-同意支付概率群体和抗议支付概率群体三大类,分别定量计算不同类型的受访者对绿色展会的认知路径和支付意愿。我们发现样本总体对绿色展会理念的支付意愿不显著,这与会展产品的属性、"搭便车"心理效应和案例实情紧密相关。感知价值处于认知及支付意愿路径的核心,这一结果符合价值中心论的观点。具体而言,同意-同意支付概率下存在稳健的认知及支付意愿路径,且感知价值是正确认知和积极参与的结果,又是支付意愿的前提条件。抗议支付概率下,受访者通过被动参与的方式,肯定绿色展会理念的感知价值,这再次证明感知价值的是关键因素,尽管如此,研究发现抗议支付的受访者普遍存在责任推诿和环境价值漠视的认知偏差。

Logit模型计算显示,第13届中国-东盟博览会参展商对该展会进行绿色理念升级改造的平均支付意愿为每人每年105.627 5元,经过人口纵向加总之后得到中国-东盟博览会进行绿色展会理念升级改造的投资最高阈限为588.345 2万元,据此建议主办方,倘若对中国-东盟博览会进行绿色升级改造的投资,应充分考虑参展商的总支付意愿的理论依据。

资料来源:王中可,张洁,郭銮. 绿色展会的认知路径及支付意愿研究:基于参展商视角[J]. 旅游学刊,2019,34(3):71-85.

六、行为主义心理学

行为主义心理学由美国心理学家约翰·华生(John Watson)所创立,其在1919年发表的《一个行为主义者眼中的心理学》一文中所阐述的行为主义观点统治了美国心理学将近50年。行为主义心理学批评了传统的意识心理学,认为要使心理学取得与生物学、物理学等自然科学同样的地位,就必须放弃心理学研究中一切主观性的概念和术语,而采用更客观的研究对象和方法。行为主义心理学经历了古典行为主义、新的行为主义和新的新行为主义三个发展时期,成为对西方心理学影响最大的流派之一。

古典行为主义是早期的行为主义,主张心理学研究对象是可观察的客观行为。华生甚至将心理学的首要目标定义为"预测和控制行为"。行为就是一种可以外部观察的有机体的反应,是受环境因素影响被动学习的结果,其本质是人和动物对外界环境的适应,刺激-反应是有机体所有行为的共同要素。他们研究特定的环境刺激如何控制特定类型的行为。如一个行为主义者可能对不同数额的超速行驶罚单(结果)在改变司机认真驾驶或放任驾驶(行为反应)行为方面感兴趣。E. C. 托尔曼(E. C. Tolman)和B. F. 斯金纳(B. F. Skinner)是新行为主义的重要代表人物。托尔曼是目的行为主义的创始人,坚持认为心理学应研究整体行为,而且整体行为是具有目的性和认知性的,如白鼠走迷津能越来越快地达到目标。操作性条件反射这一概念,是斯金纳新行为主义学习理论的核心,并把行为分为应答性行为和操作性行为两种。在华生、斯金纳等人的学习理论基础上的社会学习理论属于新的新行为主义,着重阐明人如何在社会环境中进行学习,从而形成和发展其人格特征。如认为人们从身体虐待的父母那里学会虐待自己的孩子等。行为主义者假定他们对动物研究(通常是鸽子和老鼠)的基本过程代表对不同物种都适应的一般原则。这些原则已被广泛应用于人类问题,并产生了一套更为人性化的教育儿童的方法(通过正强化而非惩罚,如对一个打了同学或兄弟姐妹的孩子予以额外的关注),新的修正行为紊乱的疗法,创建理想化社会的指导方针。

在会展心理学研究领域,与行为主义相关理论相结合的研究还比较少见,但探讨展会与创新之间密切关系的研究成果已有一些,而创新的本质就是展会学习的结果。如已有研究发现,持续参加大型国际展会的企业,其研发人员的创新能力约为非参展企业的两倍以上。因此,结合行为主义理论探讨展会中各种形式的学习及其影响是一个非常值得关注的研究领域。

七、管理心理学

管理心理学是心理学的一个重要分支,在西方又称为工业与组织心理学,是研究组织管理活动中人的行为规律及其潜在心理机制的一门学科。管理心理学的任务就是通过掌握管理工作中个体、群体、组织的心理活动规律,制订出科学的管理方针政策和方法,最大限度调动人的积极性,改善组织结构和领导绩效,建立健康的人际关系,从而提高企业的工作效益和劳动生产率。人的心理活动是管理心理学基本研究内容,以此为基础,延伸到行为和组织层面。具体的研究内容主要包括以下五个方面:动机管理、认知管理、情绪管理、行为管理和组织管理。

19世纪末,科学的进步与发展促进了生产力的飞跃发展,生产关系中劳资矛盾不断尖锐化,寻求新的管理理论与方法的需求越来越强烈。同时,在这一时期,心理学、社会学等学科理论均有了长足发展,这些都为管理心理学的出现奠定了充分的现实与理论基础。第二次世界大战中工程心理学的发展,强调研究人与机关系,同时也提出了解决人与人关系、人与组织关系的问题。战后,许多学者总结了战时经验,认为有必要建立一门研究人的行为的综合科学,把人与社会、人与生产中的诸因素统一加以考虑。1949年在美国芝加哥大学的一次讨论会上,正式提出"行为科学"这一名称。后来美国福特基金会给予经济上的支持,在许多大学中开展有关行为科学的研究,并出版了行为科学杂志。由于行为科学这一名称过于广泛,有人把医学中的行为研究、动物行为研究等也包括在内,不能突出与生产管理有关的工作,因此后来有不少机构与专家采用组织行为学或组织心理学的名称,专指在一定组织内活动的个体和群体行为的研究。在中国则多用管理心理学的名称。

在会展心理学研究领域,会展服务性的行业特质决定了在很长一段时间里研究的关注点是集中于参展商和观众,然后对会展行业从业人员心理特征及其组织行为与心理的研究随之逐渐受到关注和重视。已有相关研究中,管理心理学的应用主要集中在对会展企业中员工、领导以及两者之间关系的研究,如员工工作倦怠、员工资质过剩、员工职场友谊与服务创新等,有一些研究成果但数量还不多。未来的研究可以利用管理心理学的理论与研究方法深耕已有研究主题,同时不断扩展研究范围。

八、其他分支心理学

进化心理学把当代心理学和生命科学的中心思想(达尔文的进化论)联系起来,把极长的进化过程作为中心解释原则,认为心理能力和身体能力一样,经过了几百万年的进化以达成特定的适应性目标。自然选择的思想非常简单,能更好地适应环境的有机体,倾向于比那些适应性较差的有机体更能成功地产生后代(并遗传它们的基因)。在确定了早期人类所面临的适应性的问题(如躲避食肉动物和寄生虫、收集和交换食物、寻找并维持配偶、抚育健康的子女等)之后,进化心理学家产生了关于早期人类在进化过程中用来解决这类问题的心理机制或心理适应的推论。进化心理学家把人类的思维看作应对特殊的环境挑战而数百万年来不断进化的信息加工装置。虽然心理学家对该理论范式褒贬不一,但该理论在一定程度上整合了生物学和心理学,为一些现代心理学理论难以解释的方面或机制及人类本质的深层结构提供了可检验的解释,使心理学特别是认知科学和发展心理学取得了突破性的进展。由于进化心理学家无法做实验来区分进化的过程,因此,他们还必须特别创造性地提供能支持他们理论的证据。

文化心理学研究行为的原因和结果中的跨文化差异。跨文化的观点可以被用在几乎每一个心理学研究的题目上。人们对世界的感知是受文化影响的吗?人们所说的语言影响他们体验世界的方式吗?文化影响个体表达情感的方式吗?文化影响心理失常人的比例吗?以往心理研究往往以西方的人性概念为基础,并且研究对象主要是美国中产阶级白人,针对这一批评,文化心理学应运而生。跨文化心理学家想确定研究者发展出的理论是否适用于所有人,还是只适用于一个更小的特定人群。

在会展研究领域,也可以尝试利用这些心理学理论展开一些研究。如运用进化心理学研究参展现象及其行为是会展心理学研究的起点。参展这种人类行为的起源与根本动机是什么,会展活动在人类的生存和发展进程中扮演着怎样的角色、发挥着怎样的功能等问题都值得运用进化心理学的相关理论进行解释与探讨。

第三节 会展心理学的研究方法

会展心理学是心理学应用学科中的一个分支,其所使用的研究方法主要来自心理学中已经非常成熟的方法,除此之外还有社会学、人类学、社会心理学、统计学、经济学等多学科研究方法。目前,会展心理学的基本研究方法可以分为以下几种。

一、观察法

观察法是指在自然条件下,观察者有目的、有计划地观察被观察者的行为、动作、表情、言论等方面的表现,分析其内在原因以了解其心理活动的某些基本规律的方法。观察法是一种研究人们做什么的主要方法。观察可以集中在行为的过程也可以集中在行为的结果。一般情况下,观察者利用自身的眼睛、耳朵等感觉器官就可以进行观察并有目的地收集相关研究资料,但是照相机、录音设备等器材也是观察法使用中非常有用的辅助条件,尤其是计算机,在收集和分析精确的信息上具有非凡的灵活性。观察法是会展心理学研究中常用的方法之一,尤其是在涉及参展商、观众、相关行业从业人员的心理活动和行为的研究中。

观察法有着自身独特的优点。观察过程直接,没有中间环节,观察所获取的资料比较真实。观察的过程就是行为发生的过程,观察所获取的资料及时、生动。观察法的使用比较简便易行且相对成本低廉,可以涉及广泛的研究内容。另外,通过观察还可以获取一些言语之外的材料。这些优点使观察法在研究初期阶段能够帮助研究者较快获得丰富的研究资料。

当然,观察法也有比较明显的缺点。受时间限制,观察者只能等待需要观察的现象自然出现,因此带有较多的被动性和局限性,有时很难区分观察所获取的资料是偶然性事物还是必然性事物。受观察者本身的生理限制,不能观察到所有的现象,同时观察者的偏见会在一定程度上影响观察结果的客观性。另外,对一些特殊人群无法使用观察法观察他们的行为与表现,同时对于内在心理活动过程和事物本质也无法直接观察。

在一项研究的初期,自然观察,即不改变或干扰自然环境,是特别有用的。它有助于研究者观察到一些自然情况下发生的行为,从而发现某一现象的范围,或者发现一些重要的变量以及变量间的关系,从而有助于明确表达假设或研究计划。但观察法的使用并不简单,对研究者的要求很高,只有经过严格训练的人才能有效使用观察法。同时还要通过科学严谨的方法克服观察者偏见带来的影响,使观察结果尽可能客观、真实。

二、实验法

实验法是指有目的地严格控制或创设一定的条件,人为地引起某种心理现象,从而对它进行研究分析的方法。实验法的目的在于明确一种强烈的因果关系,即一个变量对另一个变量有影响,从而克服因果关系中的模棱两可。实验法主要有实验室实验法和自然实验法两种形式。

实验室实验法是指在实验室内,借助专门的实验设备,在严格控制实验条件的情况下进行的研究方法。实验室实验法的优点在于可以严格控制各种因素以探讨自变量与因变量之间是否存在因果关系。自变量是实验者操纵的变量,因变量是因自变量的变动而变动的变量。设立对照组、对实验参与者进行精确的事前测验和事后测验及实验参与者取样随机化,是实验室实验法使用中需要的三个方面。

自然实验法是指在日常生活情景中,通过适当控制和改变某些条件研究心理活动的方法。自然实验法兼有观察法和实验室实验法的优点。自然实验法是在实际情况下进行,同时研究者对研究过程还进行了有目的的改变或控制了某些条件,可以说研究是依托日常生活场景展开,既有明确的目的又有严密的计划和步骤,因此所得结果比较准确。

会展心理学的研究对象是会展活动中的人,包括参展商、观众、会展行业从业人员等,具有较高的流动性,因此,在会展心理学的研究中,实验室实验法使用难度大、可行性低,但可以结合旅游研究领域关于实验研究法的经验尝试运用自然实验法开展相关研究。自 1972 年出现第一篇应用实验研究方法的旅游研究论文以来,旅游实验研究经历了实验研究引入旅游应用、旅游实验研究范式形成和旅游研究实验化转向三个阶段(参见阅读材料 1-6),近年来成为旅游学科最具吸引力的研究方法之一。

【阅读材料 1-6】 实验法及其应用

实验是科学研究的基本方法之一,是根据科学研究的目的,尽可能地排除外界的影响,突出主要因素并利用一些专门的仪器设备,人为地变革、控制或模拟研究对象,使某一些事物(或过程)发生或再现,从而去认识自然现象、自然性质、自然规律的研究方法;人类最初的实验活动是和探索自然的尝试一起产生的,因此它和人类的起源有着同样久远的历史(林定夷,1986)。20 世纪初,作为自然科学研究支柱的"实验"开始被大量应用于社会科学研究领域,至今已被公认为社会科学研究技术中不可忽视的一部分,为社会科学理论与假说的测试和预测提供了强大支持,为社会科学理论的创造提供了重要的源泉(徐丹,2013)。实验研究方法被社会科学所接受比自然科学领域晚了很多,而且过程中充满了争论。比如,以实验心理学为标志的科学心理学直到 19 世纪才出现,此前的心理学研究者主要由哲学家、医生或生理学家兼任,研究方法则是思辨(郭秀艳,2007)。再如,虽然经济学实验最早可追溯到 1738 年伯努利所进行的圣彼得堡悖论实验,但现代意义上的经济学实验直到 20 世纪中叶才兴起。2002 年将心理学融入经济学研究的心理学家丹尼尔·卡尼曼不仅荣获了诺贝尔经济学奖,而且还发展出了实验经济学;2017 年诺贝尔经济学奖获得者理查德·塞勒创立了心理账户理论,为个人决策的经济分析和心理分析之间搭建了一座桥梁;2019 年诺贝尔经济学奖授予阿比吉特·巴纳吉、埃丝特·迪弗洛和迈克尔·克雷默时官方的颁奖词为"表彰其在全球扶贫问题研究中使用了实验研究方法(For Their Experimental Approach to Alleviating Global Poverty)"。

Viglia 等(2020)在对旅游领域实验研究的文献综述中按照 Rossiter(2001;2002)的研究将知识划分为 3 种类型:第一类知识是指对构念的描述和命名,第二类知识是对构念之间非因果关系的理解,第三类知识则是对构念之间因果关系的理解(通常表述为:如果我们做 X,就会产生结果 Y);并以 2018 年 Annals of Tourism Research 刊发论文为例,指出实验研究的成果只有 7 篇,在总发文量(88 篇)中的比重低于 8%。近几年来,实验研究方法在旅游研究中的应用开始引起旅游学界的广泛关注和讨论,表明旅游学科也由第一类知识和第二类知识生产的阶段发展到了第三类知识生产的阶段。

资料来源:黄潇婷,杨威,王志慧. 实验研究方法在旅游研究中应用的系统回顾与展望[J]. 旅游科学,2021,35(4):1-20.

三、测量法

测量法是指使用测量工具(测验量表)对具有某一属性的对象给出可资比较的数值的方法。在管理心理学的研究中,测量法常用作人员考核、员工选拔、人事安置的一种工具。如测量智力,可以使用 D. 韦克斯勒(D. Wechsler)的儿童与成人智力量表;了解各项人格因素,可使用明尼苏达多项人格调查表(Minnesota Multiphasic Personality Inventory,MMPI),或雷蒙德·B.卡特尔(Raymond B. Cattell)16 项人格因素问卷;了解人格中的价值观,可使用 C. W. 莫里斯(C. W. Morris)13 种生活方式量表,或戈登·W. 奥尔波特(Gordon W. Allport)的价值研究量表。

测量法的优点是把定性变量进行了定量处理,使结果直接、科学,测量时可团体进行,提高了工作效率,使用测量法得到的测量结果既可以用来描述现象,又可对现象的发展进行预测。测量法的缺点是理论基础不扎实,如对什么是人格还在争论,量表的效度则更令人生疑,每种量表都有适用人群,尤其是现在使用的诸多量表都是从国外借鉴过来的,另外,测量法的施测与分析都对研究人员提出了更高要求。在会展心理学的研究中,有不少学者已经开始致力于在会展领域开发并验证适用于会展研究使用的量表(参见阅读材料 1-7),这些工作为更进一步了解参展商、观众等的心理活动过程及其发展规律提供了一种有效的研究工具。

【阅读材料 1-7】 基于参会者体验的会议场景量表开发与验证

在体验经济时代,作为活动管理知识体系(Event Management Body of Knowledge,EMBOK)的重要内容,对会议场景的创意设计已成为会议组织者面临的重要任务之一。通过梳理现有文献可以发现,服务场景方面的研究已涉及多种不同类型的场所,主要包含娱乐场、餐厅、机场、咖啡厅等。随着会议、展览会、节庆等活动领域的不断发展,对服务场景的研究和应用进一步向体育场、会议中心和户外节庆活动等扩展。在会议行业,参会者的与会期望早已不再局限于满足既定的参会目的,而是获取更难忘的参会体验。因此,关注会议场景(Convention Scape)的设计具有重要意义。然而,目前学术界对会议场景的研究并不多见。

鉴于此,本文运用文献研究法对会议场景相关文献进行全面深入的分析,以初步确定会议场景的维度及要素,然后以"2015 中国会展业未来领袖论坛"的参会者在微信平台上发布的评论及图片为数据来源,通过网络文本分析法和图片内容分析法进行量表验证,最终将会议场景的维度划分为 5 大类,即无形氛围、有形环境、社会、社会象征以及目的地 5 个维度。

无形氛围维度主要包含颜色、大小、形状、明亮度、清洁度、气味、温度、音量以及音高 9 个要素;有形环境要素主要包含道具、标识、家具、设备、空间布局、装修风格、食物、人工制品 8 个要素;社会维度主要包含参会者、他人的外显情绪、社会密度、组织者以及组织者与参会者的互动 5 个要素;社会象征维度主要包含群体标志或符号以及群体物品或艺术品两个要素;目的地维度主要包含自然环境、景点、交通、餐饮、娱乐活动、当地居民以及住宿 7 个要素。

资料来源:王春雷,韩建军. 基于参会者体验的会议场景量表开发与验证研究:以 2015 中国会展业未来领袖论坛为例[J]. 旅游学刊,2019,34(1):82-94.

四、调查法

调查法是指为了达到设想的目的,制订某一计划,全面或比较全面地收集研究对象某一方面情况的各种材料,并做出分析、综合,得到某一结论的研究方法。调查法的目的可以是全面把握当前的情况,也可以是揭示存在的问题、弄清前因后果,为进一步研究或决策提供观点和论据。常用的调查法有问卷调查法和访谈法。

(一)问卷调查法

问卷调查法是根据研究内容的要求,由调查者设计调查表,由被调查者填写,然后汇总调查表,进行整理、分类、分析研究的方法。问卷调查法的优点是主动性强,可短时间内获得大量第一手信息,成本相对较低。问卷调查法的缺点是无法保证被调查者的配合程度,需要对所回收问卷答案的真伪进行判断,回收率一般比较低。

问卷调查法是目前会展研究及会展心理学研究中最常用的定量研究方法。在会展心理学的研究中,问卷调查法常常用于了解参展商、观众的需求倾向、感知、态度、购买动机等因素对会展服务结果(如服务质量、满意度、参展绩效等)及后续行为(如忠诚度、再次参展等)的影响。

(二)访谈法

访谈法是指调查者与消费者进行面对面有目的的谈话、询问,以了解消费者对所调查内容的态度倾向、心理反应等的方法。访谈法有结构式访问和非结构式访问两种(或称为控制式的访问和无控制式的访问)。其中结构式访问的优点是针对性比较强,调查的问题明确,方法简单省时,便于整理、归纳,但对被访问者的认识水平及情绪无法控制;非结构式访问的优点是气氛轻松,可以得到比较真实的被调查者的心理想法,但对调查者的要求较高,整理归纳也比较难。访谈是交互式的,好的访谈者除了对社交中发现的信息敏感,对社交过程也是十分敏感的。

在会展心理学的研究中,访谈法常常与其他方法结合使用,是会展研究及会展心理学研究中最为常用的定性研究方法之一。在使用访谈法的过程中访谈者可以根据回答者说的内容变换问题,还应训练访谈者与被访谈者之间建立和善、积极的社交关系,鼓励被访谈者信任访谈者,并愿意与访谈者分享个人信息。

五、投射法

投射法是指用以测定个性心理特征(人格)的一种间接调查的方法。利用投射法设计的测验称为投射测验。投射测验中所用的刺激多为意义不明确的各种图形、墨迹或数字,让受测者在不受限制的情境下,自然做出反应,由对反应结果的分析来推断受测者的人格。

最著名的投射法是罗夏墨迹测验和主题统觉测验。罗夏墨迹测验由瑞士精神病学家赫尔曼·罗夏(Hermann Rorschach)在1921年创立。模糊刺激是对称的墨迹图,要求被试自由反应。主题统觉测验(Thematic Apperception Test,TAT)是投射测验中与罗夏测验齐名的一种测验工具,由美国哈佛大学的亨利·默里(Henry Murray)在1938年创立。向参与者呈现的是模糊情境的图片,要求参与者根据图片讲述一个故事,从而投射出参与者内心的幻想和精神活动(图1-2、图1-3)。

图1-2 主题统觉测验中的一张卡片　　　　图1-3 与罗夏墨迹测验相似的墨迹图

虽然在会展心理学的研究中,投射法的使用极少,但是在人格评估工具中,投射测验最常被心理学从业者使用。投射法的最大优点在于创造了一个比较客观的外界条件,使测试的结果比较真实,缺点是分析比较困难,需要有经过专门培训的实测人员。因此,只有在招聘高层次的管理人员时才考虑运用此方法。值得一提的是,虽然在员工招聘中不可能大规模运用投射测验法,在招聘选拔中也并不能依据投射测试的结果做出决策,但是可以将投射测试的结果作为员工招聘中重要的参考性信息。

第四节　会展心理学的研究意义

会展心理学的本质是心理学相关理论在会展行业发展与研究领域中的实践和应用,因此,会展心理学的研究对会展知识体系的完善与发展,以及会展业的发展都具有十分重要的意义。数字时代背景下,会展业的发展形式与内容都出现了前所未有的变化与挑战,会展活动中人的需求与行为也在千变万化,如何更好地理解、解释甚至引导这些变化,如何更好地结合时代特点为参展商和观众提供更有效的服务,成为会展从业人员和管理者们,以及会展心理学研究者们必须面对的实践挑战与理论发展要求。会展心理学的研究可以对参展商心理、观众心理、会展从业人员心理和管理者心理提供很好的分析和解释,从而开发出可更好满足会展活动需求的产品,提高会展企业的服务质量与竞争力,合理开发与规划会展资源,实现会展发展中社会关系的和谐。这是会展心理学的研究意义所在,也是会展心理学要完成的研究目标。

一、有助于开发能更好满足会展活动需求的产品

研究会展心理学有助于深入了解会展活动中参展商与观众现实的和潜在的需求,满足参展需求,提供丰富多彩的体验。体验是每个人以个性化的方式参与其中的事件,是一个人达到

情绪、体力、智力甚至是精神的某一特定水平时,在意识中产生的难忘感觉。如近两年在年轻人中逐渐兴起的"看展式社交",就体现了年轻群体依托看展对有效社交的需求。得益于互联网时代社交媒体的加持,很多展览成为"网红",使看展的社交属性不断增强,对博物馆、艺术馆等文化艺术场所来说在吸引年轻观众和保持自身的艺术性与思想性之间取得平衡就需要一定的心理学的指导。

会展产品的设计,包括参展商的展台设计都必须对观众的参展体验给予更多的关注,尤其是大型活动要充分调动观众的兴趣,有效刺激观众的感官(包括视觉、味觉、嗅觉、听觉、触觉等),通过提供印象深刻的体验满足观众的需求。如某次展会上,一家公司的展品是各种新型储藏柜。有趣的是观众对于展品本身的兴趣并没有什么特别,但是他们却热衷于打开或关闭储藏柜的柜门,于是参展商把企业主要的宣传材料和公司标识"藏"到储藏柜里面,这种将营销活动与展品有机地结合的形式得到了观众的积极反响,也取得了良好的业务进展。

二、有助于会展业寻找提高会展服务质量的关键

会展业属于现代服务业,还需要根据参展商与观众的心理与行为特点提供能够满足其心愿的最佳服务。服务质量是企业所提供服务的特性和特征的总和。会展活动类型多样,如会议、展览会、节事、演艺、赛事等,服务的过程性是会展服务的基本特征,并直接影响最后的服务结果,因此,会展服务质量包括了过程质量和结果质量两个部分。

会展从业人员要对服务有正确的认识,树立端正的服务态度,并在服务实践中不断发现和了解参展商和观众真实的、潜在的需求,提供能够满足其需求的各项服务。会展服务的过程性特征意味着整体服务意识的重要性,服务中的每一个环节都同等重要,不仅从功能上满足参展商和观众的服务需求,而且还要从心理上满足他们对体验、亲切感及自豪感等的服务需求。

会展服务质量的提高还有赖于会展从业人员的服务技能。既包括咨询、前期策划、广告宣传、现场管理等具体的服务技能,还包括"想其所想,急其所急"这样的心理服务技能,从而通过服务提高参展商和观众的满意度。如江浙一带的参展商,喜欢以组团的方式参展,掌握这一心理需求后,就可以在展会策划与搭建阶段给他们预留彼此相邻的集中位置。

因此,会展心理学不仅要探讨参展商与观众的需求与心理特点,还要从员工及会展企业角度探讨员工及管理者的需求及其心理特点,从供给与需求两个层面探讨会展服务质量的改进与提升。

三、有助于会展企业有效提升市场竞争力

会展行业周期长且产业链较长,涉及的各个环节复杂繁多,直接考验会展企业的管理能力和品牌影响力。会展行业有两个重要跟踪指标:复购率和人均产值。复购率是会展企业品牌影响力的体现,可以衡量参展商对于会展企业的黏性。复购率越高,会展企业为了销售展位所花费的人力和资源越少,也就可以提高人均产值,而人均产值正是会展企业管理能力的重要体现。

一直以来,参展商都是展会的核心关注目标,但在2022年全球会展行业策略顾问公司AMR国际(AMR International)提出的展览3.0新架构中,将关注目标转向了观展者(包括参会者、专业观众等更广泛的群体)的需求,并将数据驱动置于更重要的位置,旨在为观展者提供产品和解决方案。为了实现展览3.0的目标,除了数据、技术的有效运用,会展企业对观众需求

的洞察力变得至关重要。展会存在的根本价值就是解决买家与卖家之间的信息不对称,不管展会的形式如何改变,其本质功能不会变。这就要求会展企业通过提升数据收集和处理能力来理解观展者,掌握观展者的心理与行为活动的特点及规律,发现需求并和潜在客户互动,同时根据这些特点和规律提高管理能力,强化品牌影响力,进而提升市场竞争力。

四、有助于会展资源的合理开发与规划

以参展商和观众的需求为导向是实现会展资源合理开发与规划的指导性原则。只有这样,才能在实现为参展商和观众创造满意的参展需求的同时,最大程度上避免会展资源的浪费。

现阶段我国社会主要矛盾已经转化为人民日益增长的美好生活需要和不平衡不充分的发展之间的矛盾。美好生活需要最显著的体现便是居民消费需求的增长和消费水平的升级,对高品质、个性化商品的需求,中国国际进口博览会(简称"进博会")的举办正是一剂"对症良药"。同时我国新一轮高水平对外开放政策的落实,进博会不仅为参展国家和企业提供帮助和支持,提供参展的各项便利,还对最不发达国家免除参展的费用。为了推进进博会展会资源的合理利用和充分共享,2022年第五届进博会还首创"采购商'买什么'和参展商'卖什么'"双向信息公开,40余万家参加过前四届进博会的采购商,通过邮件、短信等方式获得了精准推送的展品信息。

五、有助于会展发展中社会关系的和谐

会展活动的过程一定程度上也是人际交往、信息与资源共享的过程,在这一过程中,参展商、观众、目的地当地居民以及主办方及当地政府等利益相关群体之间有着错综复杂的社会关系。参展商和观众是其他利益相关者群体存在的前提条件,参展商和观众的到来使会展从业者、目的地当地从事会展相关服务的企业等的存在有了实际意义。但从另一个角度来说,大量涌入的展会参与者也成为了目的地各种资源的挤占者,当这种挤占达到一定程度势必会造成城市交通的拥堵、垃圾污染等一系列环境问题,引发与当地居民之间矛盾冲突的社会问题(参见阅读材料1-8)。会展业是城市经济助推器,但不是无烟工业,还应关注会展与社会文化、环境的和谐关系,使会展业具有绿色生态、可持续性是未来会展业发展的重要方向。

【阅读材料1-8】 城市居民对大型活动影响的感知与态度模式

研究表明,大型活动对城市的影响主要表现在积极影响和消极影响两个方面。举办大型活动所产生的积极影响是多方面的,包括经济、社会文化和环境等方面,如吸引投资、增加商业和就业机会、提升城市形象、提高当地居民生活质量、促进基础设施升级、提升社区发展与凝聚力、加深文化交流与互动、促进道路改造和河道整治、扩大绿化、改造市容、美化环境等。大型活动也可能引来一些消极影响,招致居民的反对,如租金和房价提高、物价上涨、交通拥堵、犯罪率增加、水体/空气/垃圾污染、噪声增加等。Waitt对悉尼奥运会的研究表明举办地居民评价大型体育赛事带来的影响时,会根据个人付出的成本以及得到的收益来判断,如果感到得大于失时,则会予以积极评价,进而支持该活动的开展。

研究结果表明:一方面,要重视和关注城市居民对中国国际进口博览会的感知与态度,以人民为中心,相关政策和管理措施出台前充分调研,多听取市民的感受与建议,在确保展会成功举办的同时将对城市居民日常工作和生活的影响降低到最小,进一步提升居民对政府的信

任程度和支持态度,是促进进博会持续顺利举办的基础和关键;另一方面,要重视进博会给举办城市居民生活质量提升带来的作用,关注城市居民参与观展的需求。

资料来源:卢松,李卓妍. 城市居民对大型活动影响的感知与态度模式:以首届中国国际进口博览会为例[J]. 地理学报,2021,76(12):3025-3042.

会展心理学就是要对这些关系的发生、发展、变化及其规律进行探讨,利用心理学的相关理论与研究方法分析、解释这些关系背后相关的心理活动机制,为参展商和观众的参展决策、政府的管理条例的制订、会展企业的市场决策、会展从业者的服务规范与管理制度的制订等提供一定的理论依据。

【本章小结】

心理学发展至今产生了丰富的观点或概念方法,为会展心理学的发展提供了丰富的理论基础,这些理论基础包括社会心理学、认知心理学、人格心理学、发展心理学、环境心理学、管理心理学、行为主义心理学、进化心理学、文化心理学等。

会展心理学所使用的研究方法主要来自心理学中已经非常成熟的方法,包括观察法、实验法、测量法、问卷调查法和访谈法、投射法等,除此之外,还有来自社会学、人类学、社会心理学、统计学、经济学等多学科的研究方法。会展心理学的研究产生了丰富的理论与现实意义,不仅对参展商、观众的心理可以提供很好的分析和解释,而且还有助于提高会展行业的整体管理能力与服务水平,提升会展行业的吸引力与认可度。

【思考练习】

1. 简述科学心理学的研究内容及其发展历程。
2. 简述会展心理学的研究对象及研究内容。
3. 简述你对会展心理学研究对象之间关系的理解。
4. 简述会展心理学的理论基础。
5. 什么是观察法? 简述观察法的优点与缺点。
6. 什么是实验法? 会展心理学的研究中为什么较少使用实验法?
7. 什么是问卷调查法? 简述问卷调查法在使用中的利弊。
8. 简述会展心理学的研究意义。

【关键术语】

心理学　会展心理学　参展商　专业观众

【案例讨论】

数字艺术展馆成撬动城市活力的隐形支点

"艺术越来越科学化,科学越来越艺术化,两者在山麓分手,有朝一日,将在山顶重逢。"居斯塔夫·福楼拜在19世纪如此展望艺术与科技的超链接形态。

毋庸置疑,处于数字时代,数字技术正从微观层面撬动一切,连带效应之一是数字时代的时空观与感知产生了变形。与此同时,广义的"数字文化"应运而生,其包含不同的艺术实践、形式构造以及美学观念等,涵盖了诸如赛博文化、信息社会、新媒体等相对具体的概念。无论是数字技术、数字时空,还是数字文化框架下的公共艺术,最终都要归于社会与文化历史进程中的艺术更新。

数字技术更新带来的变化,影响了公共空间与公共领域的形态。公共艺术所倚重的空间物理边界正变得越发弱化,"技术语言"在其中扮演了打破观众和艺术作品之间"安全距离"的重要角色,它构建了作品与观众之间新的交流方式,最鲜明的特质是连结性与互动性。生活节奏的加快,使人们更愿意接受通过互动和体验来感受艺术场景、思考艺术理念,而这将在一定程度上改变艺术的性质,艺术的先锋性与启发创新的效应不断增强。在智慧时代,数字和虚拟必然成为艺术馆应有的特征之一。那么,展馆应如何以艺术与科技的跨学科方式成为这个碎片化时代的超链接者呢?

数字艺术互动参与式特点使它极易成为公共艺术的重要一部分,并影响城市居住与生活方式的改变。新展览时代是体验的时代,也是各种新媒体艺术展览、数字艺术类型展馆火爆的原因。

数字艺术展览吸引拍照、引爆流量,强调多重感官的"沉浸式",成为新媒体艺术展一种特别的审美感受。当下,众多城市极力推广的沉浸式展览良莠不齐。当展览强调出片效果而忽略艺术作品本身内容思想的传递时,这样的速食类网红偏离了艺术展的本质。当所有艺术展用此作为营销噱头,数字艺术展览也就沦为商业利益的"工具"。

为此,我们应该思考,作为一个影响城市品牌与形象的数字艺术展馆,要如何创作出更好的内容与具有层次感的体验?它不应该只是消费市场中的艺术快消品。

资料来源:中国贸易报,2022-03-22.有删改.

思考题:

1.请从会展心理学所涉及心理学分支学科的角度,分析本案例可用哪些分支学科进行探讨,数字艺术展馆如何创作出更好的内容与具有层次感的体验。

2.请利用会展心理学研究对象的提出过程,同时结合本案例内容,尝试分析非商业展会涉及哪些主体的哪些心理活动和心理现象。

3.结合本案例情境及相关理论提出一个合理的解决方案。

中篇

会展活动中的心理学

第二章
感知与会展

【本章概要】

本章主要介绍展会中参展商和观众的心理活动过程,包括感性认识阶段(感觉、知觉)和理性认识阶段(记忆、想象、思维),解释两者在参与展会过程中的感觉、知觉及其影响因素,尤其是对会展风险知觉进行详细探讨,最后对常见的四种社会知觉效应及其应用进行了分析。

【学习目标】

(1)掌握感觉、知觉的概念与特征。

(2)掌握感觉与知觉之间的关系。

(3)熟悉记忆的概念及影响记忆效果的因素。

(4)了解想象的概念与特征。

(5)熟悉思维的概念与思维定势。

(6)熟悉影响参展商和观众感知的因素。

(7)掌握会展风险知觉的概念、原因与措施。

(8)掌握四种社会知觉效应。

【开篇案例】

博物馆感官史，以感知为新转向

在过去的时间里，作为非正式教育场所的博物馆，一向以"视觉中心主义"为核心点向人们展示曾经的故事。随着"多感知"观念的崛起，人文、社会、商业经济等纷纷将视角转向感觉领域，博物馆也开始更多地考虑通过视觉以外的触觉、听觉、嗅觉等感官体验来提升观众的认知和情感。在感知转向时，人类学家大卫·霍维斯联合了多位领域专家发出"感官博物馆学"的倡导。在其倡导下，本就有些苗头的感官博物馆不断充实和发展。博物馆在添加五感的实践中，关于气味的运用尤其值得讨论。

近代便有许多博物馆已经开始了气味感知的尝试。位于曼哈顿下东区的移民公寓博物馆呈现了19世纪末美国移民们的拮据生活场景。为了让观众体验到早年移民公寓内的气息，楼内设置了模拟煤炉的气味产生器，还有食物、便壶、衣物等味道，让人从气味中直接感受到7000个移民集聚在一栋楼之中拥挤不堪、密不通风的浓烈气息。

在现代，博物馆的感官体验更加明显。在美国纽约艺术与设计博物馆的"艺术气息"特展中，是首次将嗅觉艺术以主要内容在博物馆中展示。在此次展览中，香氛被视为艺术的传达，通过气味这项无形的媒介来展示艺术。嗅觉的装置设置于经过特别设计的墙面，当观众靠近嗅闻时，从墙面的凹陷处散发出来的气味便传达至人的鼻息中。这样的展览手法使观众可以更加自主自由地体会气味带来的情绪反应与感觉判断。比如说《小红马》一书中马厩的味道，《人鼠之间》老狗的气味，《科特斯海航行日记》的红树林散发的气息，这些气息有的令人心动，有的则令人不喜，但却是真实还原了小说中所描述的气味。

国内台州博物馆的"海滨之名"展项更是采用了五感体验模式，从场景、声音、触觉、气味以及味道五个角度展现了台州海滨渔村的发展史。当观众进入展馆中时，入眼便可看到渔村的样貌，听到海浪的声音，海风拂过脸颊的触感，闻到阵阵传来的鱼腥味和可以直接品尝的小鱼干，这样全面的五感冲击，让观众真实感受到了海滨渔村日常的生活场景。

在传统博物馆中，观众只是单纯地走走看看，非常的单一和流程化。观众要做的就是无作为地静静观赏，而博物馆在转向感官模式时，能主动地让观众带情感地参与进来，这就有效地传达了展览的原意，也为观众提供了一个可以感悟和怀念的心灵场所。

资料来源：乐闻与行，有删减.

第一节 感觉与知觉概述

在普通心理学中，认知过程是指人脑通过感觉、知觉、记忆、想象、思维等形式反映客观对象的性质及对象间关系的过程。其中感觉与知觉属于感性认知阶段，记忆、想象、思维属于理性认知阶段。

一、感性认识阶段

（一）感觉

1. 感觉的概念

从心理学的角度来看，感觉就是人脑对直接作用于感觉器官的客观事物个别属性的反映。这里的感觉器官通常是指眼、耳、口、鼻、手等。人类的认识活动就是从感觉开始的，它是最简单的一种心理现象，也正是通过对客观事物的各种感觉我们认识到了事物的各种属性。

根据刺激的来源，可以将感觉分为外部感觉和内部感觉。外部感觉来自外部刺激，反映的是外界事物属性，主要包括视觉、听觉、嗅觉、味觉和触觉五类。如看到梵高作品中耀眼的色彩，开车时听到的摇滚乐的曲调和节奏，春天野花的芬芳，酷暑中吃到爽口的西瓜，还有儿童亲吻的温柔接触等。内部感觉来自有机体内部刺激，反映身体的位置、运动和内脏器官不同状态，主要包括运动觉、平衡觉、机体觉。如我们可以感觉到身体的倾斜、双脚的跳跃、肠胃的剧烈收缩等。这里主要阐述外部感觉。值得一提的是，我们通过眼睛获得的有关外部世界的信息比通过其他感觉器官获得的要多得多。

感觉虽然是一种最简单的心理活动过程，可它却是各种复杂的心理过程（如知觉、记忆、想象、思维）的基础。感觉帮助我们分辨客观事物的各种属性，如颜色、声音、软硬、粗细、重量、温度、味道、气味等，还帮助我们了解自身各部分的位置、运动、姿势、饥饿、心跳等。感觉不仅是人的心理活动的开端和来源，而且也是人从事各种实践活动的必要条件。

2. 感觉的特征

（1）感觉的适应性

感觉的适应性是指刺激物持续不断地作用于人的感觉器官而产生顺应的变化，使感觉阈限升高或降低。感觉的适应性有视觉适应、嗅觉适应、听觉适应、肤觉适应和触觉适应等，其中视觉适应尤为明显。如在户外待一段时间后，太阳光看起来就没有那么耀眼了。人类所具有的最幸运的适应体验就是嗅觉，尤其是对恶臭的适应。"入芝兰之室，久而不闻其香，入鲍鱼之肆，久而不闻其臭"就是嗅觉适应的体现。听觉适应一般较困难，而痛觉则根本不能适应或很难适应，因为痛觉是伤害性刺激信号，如果太容易适应，就会危及有机体的生存。感觉的适应能力是人类在长期进化过程中形成的，它对我们感知外界事物、调节行为具有重要意义。

但不是所有的外部刺激都能引起人的反应，只有当刺激达到一定强度和范围时才能产生感觉。我们把能够引起感觉持续一定时间的刺激量称为感觉阈限。这里还需要提到绝对阈限和差别阈限。能够引起感觉的最小刺激量叫作绝对阈限（表 2-1）。低于绝对阈限的刺激我们无法感觉到。我们把刚好能够引起差别感觉的两个刺激物的最小变化量叫差别阈限，也称作最小可觉差。标准刺激越大或越强，达到最小可觉差需要的刺激增量越大。如为了得到最小可觉差，对标准刺激为 20 毫米的视觉刺激，需要增加大约 2 毫米，而对标准刺激为 40 毫米的视觉刺激，则需要增加 4 毫米。但感觉系统的进化使人类对新的环境输入比较偏好，这也是所谓的适应过程而导致的结果。

表 2-1　不同感觉通道对几种熟悉的普通刺激的绝对阈限水平

感觉通道	觉察阈限
视觉	晴朗黑夜中 30 英里①处看到的一根燃烧的蜡烛
听觉	安静条件下 20 英尺②外手表的滴答声
味觉	一茶匙糖溶于 2 加仑③水中
嗅觉	一滴香水扩散到三室一套的整个空间
触觉	一只蜜蜂翅膀从 1 厘米高处落在你的面颊

资料来源:格里格,津巴多. 心理学与生活[M]. 王垒,等译.16 版. 北京: 人民邮电出版社, 2012.

(2)感觉的对比性

感觉的对比性是指同一感觉器官接受不同刺激会产生感觉的对比现象。不同感觉器官之间的相互作用,会引起感觉的增强或减弱。属性相反的两个刺激在一起或相继出现,在感觉上都倾向于加大差异,如在灰色和黑色两种不同背景下,同样的白色在黑色背景上比在灰色背景上显得更白。感觉对比可以分为同时对比和继时对比两种。同时,对比是指多个刺激同时作用于一个感受器而产生的感受性上的变化,如万绿丛中一点红、鹤立鸡群。继时对比是指几个刺激先后作用于同一感受器所带来的感受性上的变化。如吃完药再吃糖,觉得糖格外甜,反过来就会觉得药特别苦。如在服装展中,可在冷色环境中展示暖色服装,使暖色服装更受瞩目,还可以通过灰色背景对艳丽服装进行衬托,又或者通过低纯度色彩的使用来增加高明度服装的光泽。

(3)感觉的补偿性

感觉的补偿性是指一种感觉缺失,其他的感觉提高以弥补这种缺失。某种感觉有缺陷,可以由其他感觉来补偿。如盲人视觉感觉缺失,听觉和触觉都会变得更加发达,以此来弥补视觉上的缺失。人一出生就具备各种感觉器官和初步感觉能力,从而为各种感觉能力的发展奠定了基础。随着后天个体所从事实践活动的不同,某些感觉能力的发展水平就出现了差异。如有丰富经验的管钳工人,在展台搭建中只要用手一握螺纹钢管,就可判断细微的粗细差别,有效提高工作效率;又如一般人对黑色只能分出深黑、浅黑等几个等级,而有经验的染布工人则可以把黑布按深浅程度区分为 43 个等级。

(4)感觉的联觉性

感觉的联觉性是指一种刺激产生多种感觉的心理现象,又被称为感觉的相互作用。如颜色联觉,红、橙、黄色往往给人带来温暖感、接近感、沉重感,而绿、蓝、紫色,则往往给人带来凉爽感、深远感和轻快感。正因如此,同样大小的房间,墙壁、地板、家具等颜色不同,会产生大小、冷暖乃至温暖、压抑等不同感觉。如展台布置中灯光的使用,出色的展台设计可以通过运用光线来烘托整体环境,以达到想要的或温馨或浪漫或自然等效果,或者利用光线来体现展示产品的豪华、高贵、时尚、亮丽等。

---

① 1 英里 = 1.609 344 千米。

② 1 英尺 = 30.48 厘米。

③ 1 加仑(美) = 3.784 12 升。

值得一提的是,同一刺激作用在感觉器官上时并非仅仅作用于某一个感觉器官,往往是会作用于多个感觉器官,同时,感觉器官产生的感觉也并不是相互独立的,通常是交互作用的。再如朱自清的《荷塘月色》中所写的"荷花的香气像高楼上渺茫的歌声",香气这一外部刺激不仅引起嗅觉上的反应,还引起听觉上的感受。已有实验证明,芬芳的气味能够唤起愉快的记忆。科学家已证实了嗅觉对味觉具有很大的影响作用,嗅觉失灵的人在面对同样美味的食物时会感觉味同嚼蜡。

【阅读材料 2-1】　数字气味技术与应用的探索

2022 年第十届中国电子信息博览会为观众带来一场从视觉触觉创新延伸至嗅觉的科技盛宴,思考力科技作为全国性的数字气味空间运营商展示了嗅觉科技与生活融合的场景。他们主要利用数字气味技术进行嗅觉空间的运营和创作,将数字气味技术与艺术相结合,依托长期积累的技术实力和前瞻性的创意空间运营能力,为文化、旅游、娱乐、广告、影视等行业的客户提供数字气味嗅觉空间运营服务。如通过佩戴气味设备,在观影时观众不仅能体验到常规的视听觉感受,还能触发第三感官——嗅觉的体验。这里的气味不单可以渲染环境氛围,还可以推动电影剧情的发展,从根本上改变了电影现有的视听语言叙事方法,通过数字气味技术结合智能硬件播放设备,实现气味在电影场景中的精准播放,带来身临其境的观影体验。

将气味与艺术展览结合起来是另一个有着诸多探索经验的领域。对当代策展人来说,如何将画作与多重感官体验结合是策展人面临的一大难题。嗅觉展览的灵感并非来自当代策展人的凭空想象。自 1827 年"整体艺术"产生以来,这个概念一直作为核心原则激励着沉浸式策展变革。尽管越来越多博物馆从业者愿意尝试这些新兴的互动装置,但是在实际策展中,普通展览究竟如何突破技术瓶颈、打破仅仅以香水展示为主的气味展览?

嗅觉策展实践在博物馆中的历史并不久远,最早可追溯至 20 世纪末,英国约克维京历史博物馆设计出一款刮刮卡,游客通过刮开卡片涂层获取独特气味。1999 年,德国汉堡施泰德艺术博物馆(Speicherstadt Museum)曾举办过一场食物展览,策展人将葡萄酒的甘甜味和啤酒花的清香通过天花板的管道输送进展馆中,带给观众多重感官体验。近几年,嗅觉在展览中的应用与呈现方式愈发多样化。2022 年西班牙普拉多博物馆(Museo Nacional del Prado)使用 Air-Parfum 技术扩散气味为当代观众还原了 17 世纪艺术家在创作时的气味灵感。与以往需要机械化施压不同,观众只需点击交互式触摸屏,便可闻到那些特别调制的气味。

资料来源:根据相关资料整理.

(二)知觉

1. 知觉的概念

知觉是指人脑对直接作用于感觉器官的客观事物的各种属性的整体反映。知觉是对通过感觉所获取信息的整合,与感觉一起都是对事物的直接反映。通过感觉我们知道某个物体的颜色、气味、温度等个别属性,而知觉通过选择、组织和解释刺激,使原本杂乱的感觉变成大脑中对某个事物连贯的、有意义的完整映像并作出如杯子、楼房、树木等的判断。这些活动是知觉组织的过程,通常是在没有意识觉知的情况下迅速而有效地完成。

知觉并非感觉信息的机械相加,而是源于感觉又高于感觉的一种认识活动。当人感知一个熟悉的对象时,只要感觉到它的个别属性或主要特征,就可以根据经验而知道它的其他属性或特征,从而完整地知觉它。如果感觉的对象是不熟悉的,知觉会更多地依赖于感觉,并以感知对象的特点为基础,把它知觉为具有一定结构的整体。因此,可以看出,感觉是知觉的基础,知觉是感觉的深入,两者往往同时出现,统称为感知。不同点在于,感觉反映的是事物的个别属性,知觉是一种整体反映;感觉的水平由身体感觉器官的生理机能所决定,而知觉更依赖于人的主观态度和知识经验。

【阅读材料2-2】　感觉和知觉组织的分离

理查德博士是一个受过良好训练和富有经验的心理学家,不幸的是他的大脑受到损伤,并改变了他对世界的视觉经验。但幸运的是,脑损伤并没有影响他的大脑语言中枢,因此,它能相当清楚地描述脑损伤后不同寻常的视觉经验。总体而言,脑损伤似乎影响了他整合感觉信息的能力,理查德博士说,当视野中有几个人而他看其中的一个时,有时会把这个人的某些部分看成是分离的而不是属于同一个单一的整体。在把声音和同一个视觉事件结合时他也有一定的困难。当看一个人唱歌时,他可以看到嘴在运动并听到声音,但是声音却好像来自一个外国电影中的配音。

要把事件的部分看成一个整体,理查德博士需要某些起"胶水"作用的东西。比如,当被看成碎片的那个人走动时,所有的部分都往同一个方向运动,理查德博士这时就能把那些碎片知觉成同一个人。即使在这时,知觉"胶水"有时也会产生荒谬的结果。理查德博士常常把空间上分离但具有相同颜色的物体,如香蕉、柠檬、金丝雀等,看成是在一起的。在人群中穿相同颜色衣服的人看起来会融合到一起,理查德博士的视觉经验被解体,被切碎,变得很奇怪,与他的大脑受损之前大不一样。

资料来源:格里格,津巴多. 心理学与生活[M]. 王垒,等译.16 版.北京:人民邮电出版社,2012.

2.知觉的特征

(1)知觉的选择性

个体并不是感知所有的对象,而只是对其中某些事物有比较清晰的知觉,这就是知觉的选择性。知觉的选择性取决于以下三个功能。

首先是知觉的负荷功能,即人的知觉能力是有限的。知觉的主观性和感受性共同导致了知觉的负荷功能。一般来说,人平均每一次所能考虑的刺激数量难以超过 7 个。

其次是知觉的感受功能,即消费者对刺激物的反应有精确度和速度的不同。个体对自认为有价值或感兴趣的刺激往往会表现出较高的感受性,能够准确地、迅速地感知。

最后是知觉的防御功能,即个体对造成恐惧或感到威胁的刺激倾向于回避、阻滞或反应迟缓。如对暂时购买不起的商品就会以有意回避或粗略浏览而过的办法来抵制其诱惑。

知觉选择的关键在于选择哪些事物作为知觉对象,选择哪些事物作为知觉背景。被选为知觉内容的事物称为知觉对象,其他衬托对象的事物称为知觉背景。某事物一旦被选为知觉对象,就好像立即从背景中凸显出来,变得更鲜明清晰。如图 2-1 所示经典的人面花瓶两可图(也称双关图),体现的就是知觉选择性中的对象与背景关系原则(参见阅读材料2-3)。花瓶还是人脸,会有两种解释,但是在同一时刻不会有两种经验,并且一旦能够看出两种解释,知觉就会在两种解释之间来回变换。这种不稳定性是两可图形最重要的特点。

【阅读材料2-3】　格式塔心理学与知觉

为了使世界有意义,我们必须知道一个东西在哪结束、另一个东西在哪开始。如在视觉中,我们必须将房子的前门和其余部分分开;在听觉中,我们必须将他人的低语和电话铃声分离开,划分世界的过程发生得如此迅速和毫不费力。格式塔心理学家认为人自出生起就具备这种能力,或者在婴儿早期就出现,是发育成熟的结果。

格式塔心理学兴起于20世纪初的德国,是心理学的重要流派之一,又称为完形心理学,由韦特默、科勒和考夫卡三位德国心理学家在研究似动现象的基础上创立。格式塔是德文Gestalt的译音,意即"模式、形状、形式"等,意思是指"动态的整体"。格式塔心理学最重要的观点就是:在心理现象中,人们对客观对象的感受源于整体关系而非具体元素,也就是说知觉不是感觉元素的总和而是一个统一的整体,部分之和不等于整体,因此整体不能分割;整体先于元素,局部元素的性质是由整体的结构关系决定的。这是因为人类对于任何视觉图像的认知,是一种经过知觉系统组织后的形态与轮廓,而并非所有各自独立部分的集合。为了理解格式塔心理学试图探索和解压的过程,请考虑你的思维如何自动感知你熟悉的人的脸部。即使脸部无疑由核心特征组成:鼻子、耳朵、眼睛等。你的大脑是如何做的? 是从整体上理解特征吧,这就是格式塔心理学发现它的中心所在。

格式塔原则描述了视觉系统将感觉基本要素集合成知觉单位的策略,如图 2-1 所示体现的对象与背景的关系原则,此外,Max Wertheimer,Stephen Palmer 以及其他当代格式塔理论家还提出了其他一些众所周知的格式塔原则,包括相似原则、接近原则、连续原则和封闭原则等(图2-2)。这些格式塔原则将在知觉整体性特征中详细解释。

图 2-1　花瓶还是人脸?　　　　　　　　　　　图 2-2　格式塔原则

格式塔心理学家首次研究人们如何用视觉方式将世界组织成有意义的单位和模式,并提出了一个清单来总结视觉感知的基本原理,这已经成为了设计师们的非常有价值的工具。

资料来源:根据相关资料整理.

一般情况下,面积小的比面积大的、被包围的比包围的、垂直或水平的比倾斜的、暖色的比冷色的,以及同周围明晰度差别大的东西都较容易被选为知觉对象。知觉对象和知觉背景之间的关系是相对的,即一种状态下的知觉对象可以成为另一状态下的知觉对象,而另一状态下的知觉背景也可以成为当前状态下的知觉对象。当然,这种选择性会受到个体已有的知识经验、生活经历以及兴趣爱好、价值观等因素的影响。

(2)知觉的整体性

知觉的对象都是由不同属性的许多部分组成的,人们在知觉它时却能依据以往经验组成一个整体,这就是知觉的整体性(或完整性)。如一株开有红花的绿树,绿叶与红花均是一部分刺激,但将红花绿叶合起来在心理上所得的美感知觉,却超过了红与绿两种物理属性之和。

知觉的整体性常遵循一些原则,这些原则也被称为格式塔原则,描述的是脑将感觉信息组织成有意义的单位和模式的策略。常见的知觉整体性的原则有接近原则、相似原则、连续原则、封闭原则等。

①接近原则。当客观事物在空间和时间上比较接近时,容易被知觉为一个整体。如图 2-3 所示,根据原点之间距离的大小,将 A 图知觉为四个纵列,B 图知觉为四行。如接近原则在第五届进博会宣传海报(图 2-4)中也得到有效应用。由于小图标彼此紧密排列,因此可以轻松地将这些小图标知觉并组合视为 5,其中所展示的每个图标都有一定的象征意义。

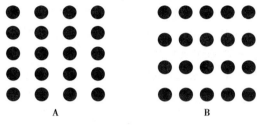

图 2-3　接近原则　　　　　　　　　　　　　　图 2-4　进博会官方 Logo

②相似原则。当客观事物的物理属性(如大小、形状、颜色等)相似时,容易被知觉为一个整体。如图 2-5 所示,圆点和斜叉各自相似,所以我们会将它知觉为一个大斜叉组成的方阵中套有一个小的圆点组成的方阵。当提到国内知名会展城市的时候,我们往往会想到北京、上海、广州等城市,并将其知觉为同一类型的会展目的地城市,尽管这三个城市各有千秋,距离远近不同。又如进博会的官方 Logo(图 2-6),我们会将它知觉为由左边的图形与右边的字符组成的标识。因为它们不仅接近(见上面的接近原则),而且相似,同时又有机地组成了一个整体。

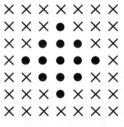

图 2-5　相似原则　　　　　　　　图 2-6　第五届进博会宣传海报

③连续原则。具有连续性或共同运动方向的事物,往往容易被知觉为一个整体。如图 2-7 所示,一般我们总是将它看成是一条直线与一条曲线多次相交而成,而不会看成多个不连接的弧形与一条横线的组合。知觉上的连续未必是指事实上的连续,很多时候是指心理上的连续。以实物形象上的不连续使人产生心理上的连续知觉,从而形成更多的线条或色彩的变化,借以增加美的表达。这一点常常应用在展台、会展场馆的动线设计中。展台设计时可以通过展位的参观动线图(图 2-8)引导观众先看什么,再看什么,然后看什么,进而促成观众能动心并坐下来洽谈、成交。另外,展馆的参观路线有很多种,直线路线、环形路线以及自由路线等,无论选择哪种参观路线,都要注意参观路线的连贯性、方向的一致性,避免观众分辨不清、走冤枉路、错过展区等问题的发生。

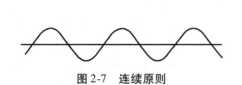

图 2-7　连续原则

图 2-8　连续原则

图 2-9　连续原则

图 2-10　纽约自行车
博览会的海报

④封闭原则。共同包围一个空间的客观事物也容易被知觉为一个整体。知觉的整体性纯粹是一种心理现象。有时即使引起知觉的刺激是零散的,但所得的知觉经验仍然是整体的。如图 2-9 所示,可以看出零散的图形信息,不规则的黑色图片,一些黑色线条等,知觉刺激物本身的条件并不闭合,也不连接,我们在知觉时会自觉或不自觉地把不闭合的三块黑色无规则的图片看成一个完整的黑色方块;同时把不闭合不连接的黑色线条或由黑色方块缺口形成的线条在心理上连起来,闭合而成一个边为黑色(白色)线条的三角形。事实上,不管是黑色方块还是三角形,在实际的图形中根本是不存在的,只存在于我们的知觉经验中。像此种刺激本身无轮廓,而在知觉经验上却显示"无中生有"的轮廓,称为主观轮廓(Subjective Contour)。由主观轮廓的心理现象看,人类的知觉是极为奇妙的。这种现象早为艺术家应用在绘画与美工设计上,使不完整的知觉刺激形成完整的美感。图 2-10 这幅纽约自行车博览会的海报,设计师将其中的一半描绘成一个自行车轮子,另一半描绘成井盖。虽然在纹理和颜色上有所不同,但在观众眼中,它们就是一个封闭且对称的图形。

需要注意的是,闭合原则主要发生在人们观察熟悉的视觉形象时,会把不完整的局部形象当作一个整体的形象来感知,但是如果局部形象过于陌生或者简略,则不会产生整体闭合联想。

(3)知觉的解释性

人们在感知事物时,总是运用过去所获得的知识和经验去理解和解释它们,这就是知觉的解释性。因此,个体的知识和经验越丰富,对事物的感知就越深刻,尤其是专业知识在解释中发挥着极大的指导作用,并帮助作出正确的评判和选择。个体的知识经验、需要、期望不同,对同一知觉对象的理解也不同。如同样是看上海国家会展中心,建筑设计师和一般的观众相比有着更为深刻的理解和解释。当知觉时,对事物的理解和解释是通过知觉过程中的思维活动达到的,而思维与语言有着密切的关系,因此语言的指导能使人对知觉对象的理解更迅速、更完整。知觉的解释性在参展商和观众参与的会展活动中有着十分重要的意义,它可以使参展活动更生动、深刻,甚至是富有乐趣。熙熙攘攘、人声鼎沸的展会现场,原本或为展示,或为营销,但是经过会展产业的加工,尤其是参展商与观众的解释就变得有参展意义了。一般来说,参展经验越丰富,就越能增加知觉的解释性。

（4）知觉的恒常性

当物体的基本属性和结构不变,只有外部条件(如角度、距离等)发生一些变化,自己的印象仍能保持相对不变,这就是知觉的恒常性。知觉的恒常性与个体的先前经验和已有知识的多寡密切相关。越是在熟悉的环境中,越容易形成知觉的恒常性。知觉的恒常性包括大小恒常性、明度性、颜色恒常性、形状恒常性和方向恒常性。

大小恒常性是指在一定范围内,个体对物体大小的知觉不完全随距离变化而变化,也不随视网膜上视像大小的变化,仍按实际大小进行知觉的特征。根据光学原理,同样一个物体,在视网膜上成像的大小随观察者距离的变化而改变。实际上人在知觉物体的大小时,尽管观察距离不同,但形成的知觉大小都与物体实际大小相近。在知觉大小和知觉距离之间存在一种密切的关系。

明度恒常性是指当照明条件改变时,人知觉到的物体的相对明度保持不变的知觉特征。即使在阴天,雪仍然是白色的,又如你穿着一件白衬衫从光线昏暗的房间走到阳光灿烂的室外,虽然在阳光下白衬衫反射的光线要强得多,但在两种环境中,你会觉得衬衫的亮度是一样的。这是因为脑记录了场景中的总光照并自动对它作出了调整。

颜色恒常性是指个体对熟悉的物体,当其颜色由于照明等条件的改变而改变时,颜色知觉趋于保持相对不变的知觉特征。如一面红旗,不管在白天或晚上,在路灯下或阳光下,在红光照射下或黄光照射下,人都会把它知觉为红色。我们对世界的认识也进一步帮助我们了解颜色恒常性,如我们知道苹果通常是红色的,香蕉通常是黄色的,因此,当光照改变时,脑会按照经验重新调整这些物体的颜色。

形状恒常性是指个体在观察熟悉物体时,当其观察角度发生变化而导致在视网膜的成像发生改变时,其原本的形状知觉保持相对不变的知觉特征。如在观察一本书时,不管你从正上方看还是从斜上方看,看起来都是长方形的。

方向恒常性是指个体不随身体部位或观察方向改变而改变所知觉物体实际方位的知觉特征。人身体各部位的相对位置时刻在发生变化,弯腰、倾斜、倒立等,当身体部位一旦改变,与之相应的环境中的事物的上下左右关系也随之变化,但是你知道这些物体不会自己移动,你也知道你的身体在移动,所以你知觉到身边环境中的事物是静止不动的。

3.知觉中的错觉

（1）知觉的类型

根据不同的划分标准,可将知觉进行不同的分类。根据知觉过程中起主导作用的感觉器官,可将知觉分为视知觉、听知觉、嗅知觉、味知觉和触知觉等;根据知觉是否正确,可将知觉分为正确的知觉和错误的知觉。根据知觉的不同对象,可将知觉分为空间知觉、时间知觉、运动知觉、错觉等。

空间知觉是指个体对物体的形状、大小、远近、方位等空间特性形成的知觉,具体表现为形状知觉、大小知觉、距离知觉、深度知觉(立体知觉)、方位知觉等。对个体生活而言,空间知觉是一种必不可少的能力,因为个体生活在三维空间内,在一切活动中,必须随时随地对远近、高低、方向作适当的判断,否则就难免发生困难甚至遭遇危险。如生活中的上下台阶、穿越马路、工具操作等,无一不是靠空间知觉的判断。空间知觉是多种感觉器协同活动得到的产物,包括视觉、听觉、触觉、运动觉等的活动及相互联系,其中视觉系统起主导作用。空间知觉是在人的后天实践中形成、发展和完善起来的。

时间知觉是指个体对事物发展的延续性和顺序性的知觉,具体表现为对时间的分辨与确认、对持续时间的估量以及对时间的预测。时间知觉的特殊之处是它并非由固定刺激所引起,也没有提供线索的感觉器官。在缺乏计时工具作为参考标准的情况下,获得时间知觉的线索可来自外在线索,比如太阳的升落、四季的变化或生活、工作中的工作程序等,也可来自内在线索,如人体自身的呼吸、脉搏、消化以及生物节律等。时间知觉也是在人的实践活动中逐渐发展起来的。

运动知觉是指个体对物体空间移动特性的知觉。物体距离与运动速度直接影响着运动知觉。如当物体由远而近或由近及远运动时,物体在视网膜上成像大小的变化,向人脑提供了物体"靠近"或"远去"的信息。物体运动太快或太慢都不能使人形成运动知觉。如人们很难用肉眼观察到手表上时针的移动或光的运动。

(2)错觉

错觉是指在特定的条件下,客观事物在人的头脑中的歪曲的反映。错觉是知觉的一种特殊形式。一般认为错觉不是观念问题,而是知觉问题,因为即使知道是错觉,也无法通过主观努力去纠正,另外,错觉不存在个体差异,所以错觉与生活中个体所形成的一般的不正确认识是不同的。错觉还是日常生活中的基本组成部分,我们随时会感受到生活中的错觉现象,如尽管知道太阳处于太阳系的中心,我们每天依然还能看到日出和日落,再如生活中"月亮走我也走"的错觉现象。

正如有大小、形状、位置、亮度和颜色恒常性一样,也有大小、形状、位置、亮度和颜色的变化,从而导致错觉。当相同颜色的两个物体所处的环境不同时,我们可能会错误地认为它们的颜色不同(图2-11)。一般,发生在同一感觉通道的错觉有视错觉、听错觉、嗅错觉等,最常见的错觉是视错觉(参见阅读资料2-4);发生在不同感觉通道间的错觉有视听错觉、形重错觉、运动错觉等。

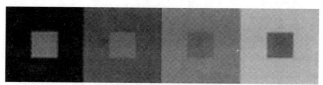

图2-11　背景的颜色与错觉

【阅读材料2-4】　视错觉:当所见正在误导我们

虽然错觉在任何感觉模态中都可能发生,但是视错觉是研究得最充分的。当通常能带来正确知觉的策略被过度扩展到不适用的情况时,有时会出现视错觉。日常生活中,大部分错觉是无害且有趣的。但是,一个错觉偶尔会干扰人们的任务或技能表现,甚至可能导致一场事故。例如,因为大的物体似乎比小的物体移动得慢,一些司机低估了铁路十字路口处火车的速度。他们认为他们可以在火车到来之前穿过铁路,有时候结果是悲惨的。

一些错觉仅仅是物理问题,例如,半杯水中的筷子看起来折断了,这是因为水和空气对光的折射不同。其他错觉的发生,是由于来自感觉器官的误导信息,如感觉适应。还有,其他错觉的发生是因为脑错误地解释感觉信息,正如缪勒-莱尔错觉。

或许,当瑞典的研究人员欺骗人们,让人们感觉自己正和另一个人体模特交换身体时,最终的知觉错觉就发生了。参与者戴着具备虚拟现实功能的护目镜,护目镜与另一个人(或人体模特)头上的摄像头相连。这使参与者从他人角度看世界,因为实验者用一根杆子同时击打两人。大多数人很快就会有一种奇怪的感觉,那就是对方的身体实际上是他们自己的;当对方的身体被戳到或受到威胁时,参与者甚至会畏缩。研究人员推测,身体交换错觉有一天可能会对婚姻咨询有所帮助,让夫妻双方真正地从对方的角度看问题,或者会对治疗那些身体图像扭曲的人有所帮助。

资料来源:卡罗尔·韦德,等. 心理学[M].白学军,等译.13 版.北京:中国人民大学出版社,2023.

几何图形错觉:又称"几何光学错觉""几何错觉",是指在由线条组合成的几何图形中,因构成图形的几何元素之间彼此影响而使观察者对几何图形的长度、方向、大小和形状等的经验与事实不符的现象,如经典的缪勒-莱尔(Müller-Lyer)错觉(图 2-12)。你可能会知觉左边的线比右边的稍微短些,但它们实际一样长。心理学家们经常创造新的错觉或重新构造已有的错觉现象,以此来证明知觉加工的重要特征。

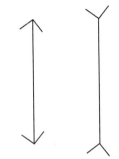

图 2-12　缪勒-莱尔错觉

视听错觉:是指视觉与听觉之间相互影响而产生的错觉。最早发现这一现象的是英国心理学家 H. 麦格克(H. McGurk)。在听觉系统和视觉系统收集的信息存在相互矛盾时,人类会优先相信视觉通道传输进来的信息。因为与视觉系统相比,听觉系统获得的信息没有那么强的确定性,这一现象被称为"麦格克效应"(McGurk Effect)。如儿童早期发音的学习中,如果视觉和听觉没有得到好的整合,儿童就容易产生错误的发音。另外,视力不好的人,如果摘下眼镜,会感觉自己的听力也同时下降了。

形重错觉:是指对形状大小与重量之间关系的错觉。如一千克棉花和一千克铁块,虽然物理重量相同,但当用手提起会产生铁块比棉花重的错误知觉。

运动错觉:运动和静止的物体同一空间同一时间下作用于感觉器官,动、静相对调,如在火车未开动之前,常因邻近车厢的移动,会觉得是自己所在的车厢已经开动。

时间错觉:人的情绪带来的对时间流逝速度的不同知觉。"欢乐良宵短,愁苦暗夜长。"同样的时间长度,快乐的时光却总是觉得过得太快。

人们能够通过控制错觉来获得期望的效果,因此错觉在现代艺术、园林设计、展会及节事、演艺等大型活动现场设计等方面都有着很好的应用。如中国园林景观常常利用人的错觉增加审美效果,在构造园林景观时常常利用人的错觉,起到渲染风光和突出景致的作用;再如展台设计利用人的错觉提供丰富多样的展示空间,以给观众带来或惊艳或新奇或有趣的参展体验(参见阅读材料 2-5)。

【阅读材料 2-5】　营销型展台视错觉应用:小"屋"见大"屋"

营销型展台在设计时就将视错觉应用到了极致,不仅丰富了展示内容、改善空间环境,更重要的是突出商品形象,这也是营销型展台种种超越传统展台的方面之一。

1. 点的作用

在展览展示中,一个体积很小的商品、标志、装饰色块等,都可以看成是点。点可以标明或强调位置,形成视觉注意的焦点。利用点的无规则排列能给人一种视错觉上的动感,形成轻快、活泼的氛围。而通过点的重复,可使点转化为面,形成"近大远小""近实远虚"的空间动感。

2. 线的作用

在展览展示中,长度方向较宽度方向大得多的构件均可视为线,如直线型或曲线型的展架、馆内的梁柱、各种装饰线等。展览展示空间重视对立面的分割。利用延长线条长度的方法,会给人一种"扩大"空间的错觉。假如展览展示空间较小,可以装饰一组水平线条,就会使空间看着"长"了不少;如果展示空间太低,在两边装饰以垂直线条,可以使其变"高"。如果空间很"扁",则采用竖向分割,通过垂直线条把注意力引至上下移动,使视线提高,也使陈列空间得以更充分地显现。

3. 色彩的作用

色彩是构成视觉美感的最为主要因素之一。其中色彩对比是取得展示效果非常重要的手段。通过展品与展品、展品与展具、装饰物与背景的色彩差别,可以表现展示主题,突出展品形象。

4. 利用同时对比突出展品形象

同时对比可以使相邻的色改变原来的性质,向对应色彩方向发展。利用色彩的这种视错觉,可以保证展品色彩的正确显现。以服装类展品为例,在冷色环境中展示暖色服装,可以使暖色服装更受瞩目。而通过灰色背景对艳丽服装的衬托,能够增加服装的鲜艳程度。此外,还可以通过低纯度色彩的使用来增加高明度服装的光泽。

5. 肌理和材质的作用

肌理,又称质感,是展览展示设计不可缺少的重要因素。由于物体的材料不同,其表面的排列、组织、构造各不相同,会产生复杂、简单、平滑、粗糙、发光、不发光等不同效果。因此,正确选择材料和利用肌理效果,对创造独具特色的展示环境尤为重要。比如,在质地柔软的服装展示中,运用石灰石台阶、混凝土、青石地面和金属衣架来反衬,更能凸显服装的细腻柔美和品牌个性。这样产生粗中见细的作用,就是对比下形成的视错觉。

但需要注意的是,视错觉的利用,不能泛滥。过分地使用视错觉,会引起视幻觉,它是一种不健康的视觉状态。正是这种原因,在展览展示设计中使用视错觉,应对使用的处理作出正确交代,让人知道它是经过处理的,而他们知道后又能不影响感知的享受,这是视错觉利用的一个关键问题。

资料来源:毕加展览,有删减.

二、理性认识阶段

(一)记忆

1. 记忆的概念

过去感知过的事物、思考过的问题,经过一段时间后,其印象仍然保留在头脑中,并在一定条件下重现出来,这种心理现象称为记忆。记忆的基本过程包括识记、保持、提取三个环节。识记是记忆过程的开端,是对事物的识别并形成一定印象的过程;保持是储存已获取的信息,是对识记内容的一种强化过程,使之能更好地成为人的经验;提取是再现和使用这些信息,包括再认和再现两种提取形式。记忆过程中的这三个环节是相互联系、相互制约的。识记是保持的前提,没有保持也就无法进行提取,而提取又是检验识记和保持效果好坏的指标,三个环节缺一不可。

德国著名心理学家艾宾浩斯是在心理学史上第一个对记忆进行系统实验的。通过系列深入研究,他对记忆进行严格数量化的测定,同时对记忆的保持规律作了重要研究并绘制出了著名的"艾宾浩斯记忆遗忘曲线",这也是他对记忆研究的两大突出贡献。1885 年艾宾浩斯出版了《论记忆》一书,从此,记忆成了心理学研究的重要领域。

2. 记忆的三箱模型与记忆的类型

许多认知心理学家喜欢将人脑类比成信息处理器,并据此提出了认知加工的信息加工模型,并大量借鉴计算机、编程的相关术语,例如输入、输出、访问和信息提取。信息加工模型由三个记忆系统组成:感觉登记、工作记忆和长时记忆,被称为记忆的"三箱模型"。

感觉登记是暂时保存感觉信息的一种记忆系统。感觉登记就像一个储物箱,所有输入的感觉信息首先必须在这一记忆的入口通道上有一个短暂的停留。不同的感觉器官构成了不同的感觉登记子系统。视觉图形通常在视觉子系统中最长保持半秒,而听觉刺激在听觉子系统保持的时间稍长,但不会超过 2 秒。感觉登记以高度准确形式保持信息,指导我们从感知丰富的刺激流中选择注意的项目。

工作记忆是短时记忆的一种形式,可以短时地将信息保持一段时间,并且使信息在当前可用。工作记忆保持信息也是短暂的,一般不会超过 30 秒,在特定的任务下信息的持续时间最长可以达到几分钟。对大部分来说,工作记忆在一个时间上只能保持 5~9 个。工作记忆的内容不再是精确的感觉图像,而是编码的形式,如单词、短语、句子甚至是图像,这取决于个体以往的经验。对绝大多数中国人而言,数字 1949 是一个小组块,而不是 4 个独立的数字,因为它代表了新中国诞生的年份。

长时记忆是信息的存储时间很长的记忆系统。长时记忆容量似乎没有什么实际限制,也正是大量的长时记忆使我们能够了解、理解环境、建立身份感知和个人历史。我们可以通过语义分组的方式来组织长时记忆中的信息,如橘子属于水果,还可以用熟悉度、相关性或者与其他信息相关的方式组织起来。如有关进博会的信息,与自己和朋友看展时社交的信息存储方式肯定不一样。

除此之外,根据记忆的内容,还可将记忆分为形象记忆、情感记忆、逻辑记忆和动作记忆。其中形象记忆是指以感知事物的形象为内容的记忆;情感记忆是指以体验过的某种情感为内容的记忆;逻辑记忆是指以事物的意义、性质和内容关系为内容的记忆;动作记忆是以过去做过的动作为内容的记忆。

虽然按照不同依据可以将记忆分为不同的类型,但这些记忆形式之间既有区别,又紧密联系在一起。如动作记忆中具有鲜明的形象性,逻辑记忆如果没有情绪记忆,其内容是很难长久保持的;感觉登记、工作记忆和长时记忆虽各有自己的对信息加工的特点,但从时间衔接看是连续的,关系也是很密切的。

3. 影响记忆效果的因素

研究表明,影响记忆效果的因素不仅有个体因素(包括神经化学物质、先前经验、动机、情绪等),还包括情境因素。记忆的目的性、记忆的理解性、记忆的活动性及记忆的系列位置,这些因素都会影响记忆的效果。一般情况下,有意记忆的效果好于无意记忆,理解性记忆效果好于机械性记忆效果,另外,识记对象在材料中的位置不同,被人们遗忘的程度也不同,中间项目被遗忘的程度相当于两端的 3 倍。

现阶段记忆研究呈现跨学科特征,社会学、人类学、社会心理学、运动康复学、传播学等学科均有涉及。目前在展览研究中关于记忆的研究尚未涉及,将范围扩大至大会展理念中的节事研究、博物馆研究,有零星研究涉及集体记忆、文化记忆、城市记忆等,但在会展实践中对如何吸引观众的探索与举措实际上都体现了对记忆一定的关注(参考阅读材料2-6)。未来将记忆引入会展研究领域,从研究思路上来看,会展关于记忆的研究可将营销学中关于体验的思想、社会学关于记忆的理论以及会展研究中最关注的参展商及观众结合起来。

【阅读材料2-6】 会展设计中影响观众记忆的五大因素

会展设计是展览的灵魂和核心,它能引发观众兴趣、吸引他们的注意力,并传达品牌的独特价值。为达成这一目标,可从以下方面入手抓住观众的注意力,增强记忆。

①展品的选择。展品是参展商给观众留下深刻印象的最重要因素。根据一项观众的记忆因素统计得知,其中"吸引人的展品"占了39%,所以参展商应遵循针对性、代表性和独特性的原则选择展品。针对性是指展品应符合展览的宗旨、政策、性质和内容;代表性是指展品应反映参展商的技术水平、生产能力和行业特点;独特性是指展品应具有自己的独特性,以区别于其他同类产品。

②显示方式。在大多数情况下,展品本身并不能解释所有情况并显示所有特征。它们需要配合图表、材料、照片、模型、道具、模型等实物,并借助装饰、布景、灯光、视听设备等手段对其进行解释、强调和渲染。如果展品是机械或仪器,需要安排现场演示,甚至让参观者自己做;如果是食品和饮料,应允许游客现场品尝,并准备小包装免费分发;如果是服装或背包,可使用模型展示或安排特殊表演。

③展台设计。展台设计的基本要求是好看,根本任务是帮助参展商达到参展的目的。在注重视觉冲击力的同时,展台设计要与整体氛围相协调,同时考虑参展商的公众形象,不宜过于创新,同时注意展示、会议、咨询、休息等基本功能。

④人员配备。展位工作人员的合理配置是展览成功的关键要素之一,还需要根据展会性质选择合适的工作人员。这里的合适体现以下几个方面:一是工作人员数量合适;二是工作人员基本素质良好,如仪容仪表、主动性、专业水平等;三是工作人员的工作方法恰当,如若是大众消费品,要着重树立有亲和力的品牌形象,若是新产品,就要突出不同之处,若是原创产品,则应强调其技术突破。

资料来源:根据相关资料整理.

(二)想象

想象是人脑对通过感知获得的并通过记忆保持的客观事物的形象进一步加工改造而形成新形象的过程。想象的内容、性质和水平要受到客观现实的制约,受到个人意识、兴趣、能力和习惯的限制。

想象与思维有着密切的联系,都属于高级的认知过程,它们都产生于问题的情境,由个体的需要所推动,并能预见未来。想象就是人们将过去经验中已形成的一些暂时联系进行新的结合,是人类特有的对客观世界的一种反映形式。想象能突破时间和空间的束缚,达到"思接千载""神通万里"的境界。

虽然目前的学术文献中,"想象"与参展商、观众的结合尚不多见,但参展中想象是无处不在的,甚至在到达之前就已经开始了对展会的各种想象。与梦想、幻想、神话、叙述、刻板印象、传统等一般性想象行为不同,但与旅游想象一样,会展中的想象也应属于现代性范畴。旅游想象具有现代人类文化体系特征,是对人们向往的目的地或居所的描绘。Rachid Amirou 定义旅游想象为旅游目的地的潜在力,并与其他人类想象相关联,尤其是对乐园、天堂等理想地的想象相关联。会展研究与想象的结合可以借鉴现有旅游想象的研究成果来展开一些有趣的探索。

（三）思维

思维是指人脑对客观事物的间接的和概括的反映，是借助于语言揭示事物本质特征以及内部规律的理性认识过程。思维是人的认识过程的高级阶段。

概括性是思维最显著的特性。概括是思维活动的速度、灵活迁移程度、广度和深度、创造程序等智力品质的基础。概括性越高，知识性越强，迁移越灵活，一个人的智力和思维能力、创造能力就越发达。间接性是思维的另一重要特性。间接性就是思维凭借知识经验对客观事物进行间接反映。由于思维的间接性，人类才可能超越感知觉提供的信息，通过"去粗取精，去伪存真，由此及彼，由表及里"的思维活动，认识事物不直接作用于人的感官的各种属性，揭露事物的本质规律，预见事物的发展变化。

20世纪50年代以后，脑科学有了新的重大进展，罗杰·斯佩里（Roger Sperry）等人对左脑和右脑功能的研究，对大脑机能区的定位研究，对神经回路的研究，对脑物理和脑化学的研究等，都进一步揭示了思维的物质运动性质；与此同时，让·皮亚杰（Jean Piaget）等人对儿童思维和成人思维的研究，新近兴起的认知科学对人脑信息加工机理的研究，则丰富了人脑反映事物本质之机制的知识。这些研究成果为思维科学积累了新的科学资料。当代各学科的多层次和横向渗透发展，尤其是信息论和计算机科学的诞生，为深入地研究人的思维开辟了新的途径。

思维是一个复杂的心理过程，包括比较、分析、综合、抽象、概况等基本活动过程。按照思维形态可将思维分为抽象思维、形象思维和动作思维三大类，按照思维品质可将思维分为常规思维、创造思维等。虽然按照不同依据可以将思维分为不同的类型，但这些思维形式之间既有区别，又紧密联系在一起。

思维与会展的结合，常常表现为参展商的思维、观众的思维、会展研究者的思维以及会展行业发展中的会展思维等几个方面。参展商和观众在会展活动中表现出来的行为就是其思维结果的直接体现，带有比较明显的企业特征、个人特征；会展研究者的思维是指在研究探讨与会展发展相关主题时的所展现出来的思维形式与思维品质等；会展思维往往是指在发展会展业过程中要结合会展行业自身的特征进行因地制宜地发展。对会展的认识既要依靠常规思维的力量，更要通过创新性思维不断深化对会展的理解与掌握。如对展会的理解，从最开始的展会就是产业集聚网络这一认知到展会是一种临时性的产业集群，再到展会作为临时性产业集群与永久性产业集群很相似的思索，这时永久性与临时性这对二元对立逻辑观就跳出来了，从而也为我们理解为什么展会被认为是生产性服务业提供了学理性上的剖析视角。思维的乐趣就这么显现出来了。

第二节 会展活动中的感知觉

一、含义

会展活动中感知觉的主体主要是指参展商和观众。通过对感觉与知觉的学习可知，感知是指感觉与知觉的综合，其中会展活动中的感觉是指参展商和观众的大脑在会展活动过程中对直接作用于感觉器官的各种刺激的个别属性的反应，会展活动中的知觉是指参展商和观众的大脑在会展活动过程中对直接作用于感觉器官的各种刺激的各种属性的整体反应。

金融领域中有一个很有趣的研究,研究者对 26 个国家的天气对股票市场表现展开讨论,发现当一个国家主要的证券交易所的所在地阳光明媚时,该股票市场更有可能出现上涨行情①。这个研究充分体现了身体感官对人类活动产生影响进而影响了经济表现。在会展活动中也有类似的现象,参展商,尤其是观众在会展活动中所经历的热情的接待、新颖的展品、可口的食物、特殊的香味等,它们刺激感官后留下的身体记忆都会促使其做出行为的选择和判断,进而做出相应的重复参展或推荐行为。

【阅读材料 2-7】 感官营销与具身认知

感官营销理论则特别地强调身体在消费者认知过程中的重要作用和影响力,号召发挥感官的潜在影响力,通过创造感官体验影响消费者的感知、判断和行为。感官营销理论为目的地营销研究提供了一个全新的理论视角,它关注"感官—心理"联系,而非仅仅是信息意义的心理加工过程。

感官营销是营销者通过操控外部营销环境直接地刺激消费者的不同感觉器官,进而影响消费者的认知、情感及行为,完成由外部到内部、由生理到心理的影响过程。在这一过程中,感官并不是独立于认知之外、与认知割裂的,而是参与到了认知的过程中,这恰好符合心理学中具身认知(Embodied Cognition)理论的思想。

传统的离身认知心理学常用计算机来形容人的身心在认知过程中起到的作用,将身体视为计算机的硬件,心理(脑)思维视为计算机的软件。硬件只负责输入和输出,而真正进行认知加工的只有软件系统。举例来说,文字和语言在传播过程中产生的视觉及听觉感官效果,对于不同的接收个体来说几乎没有差异,但是不同个体对其语义的理解却可能千差万别,即同一硬件条件下,同一外部信息的输入,由于软件系统的加工不同,会导致不同的输出结果。

与离身认知理论不同,具身认知理论认为大脑本身并不能独立完成高级认知功能,对于心智的理解必须放到与身体的关系背景中,即"身心一体"共同参与认知的过程(这个身体是与外部世界互动的身体)。代表性研究观点如身体的温度往往与人际的亲疏相联系,物理上的温暖能够促进人际的温暖感,反之温暖的人际关系也可以促进人生理上的温暖感知,社会排斥和孤独则令人感觉寒凉。此外,研究还发现,洗手的动作能够消除心理的负罪感、商品摆放位置的高低会影响消费者对商品价值的判断,店铺中播放的音乐会使顾客趋向于选择与音乐风格相一致的商品……大量身心联系的研究结果证明,认知是依赖于身体而非完全脱离身体的。目前,具身认知已经成为心理学中一股巨大的学术思潮,区别于信息加工范式,成为心理学实验研究中的一种新范式。

资料来源:吕兴洋.目的地感官营销:原理与工具[J].旅游导刊,2020,4(2):1-8.

二、会展活动中感知觉的影响因素

罗宾斯指出影响个体知觉过程和结果的因素包括知觉者、知觉对象与知觉情景等,因此,在分析影响参展商和观众感知的因素时可以从客观和主观两个方面进行。

---

① HIRSHLEIFER D, SHUMWAY T. Good day sunshine: Stock returns and the weather[J]. The Journal of Finance, 2003,58(3):1009-1032.

（一）客观因素

1.个体的生理条件

个体的生理条件对知觉的影响是决定性的。生理条件不同,知觉必不相同。知觉的信息接收必须以个体感觉器官的完好和功能正常为基础,这一点往往受到个体性别、年龄及其他特殊身体条件等的影响。

一般来说,参展商和观众自身的生理条件直接影响了他们在会展活动中的感知,包括对现场色彩、声音、气味、拥挤程度等的感知,这些感知内容是形成最终印象的基础。

2.知觉对象的特征

知觉是由知觉对象引起的,知觉对象的特征影响着知觉效果。会展活动中不同身份的参与者对不同知觉对象特征的敏感度是不一样的。

参展商是展览会的主体之一,为观众提供展品及相应的服务,其最重要的知觉对象是观众,尤其是带有商务目的的专业观众,因此参展商需要通过对观众的仪容仪表、言谈举止、咨询内容等方面的知觉,识别出现实和潜在观众(即客户),并提供相应的展品信息与服务。观众是展览会的另一主体,分为专业观众和普通观众,也是展会重要的消费者,其最重要的知觉对象就是参展商所展示的展品、展示的方式以及与参展商的互动等。相对而言,处于变化和动态的事物比处于静态的事物更容易成为观众的知觉对象,因此,参展商在展位和展厅设计中互动体验的设计尤为重要。同时,受"探新求异"心理的影响,展会上的刺激物越是观众闻所未闻、见所未见的,越容易引起观众的注意并被感知,也就越能留下深刻的印象。

3.知觉对象的背景

知觉背景与知觉对象反差越大,个体对知觉对象的知觉就越清晰,反之则越不清晰。由于知觉具有选择性的特征,因此,参展商和观众在参展过程中总会有选择地把一些展会刺激物作为知觉对象,把另一些展会刺激物则知觉为背景。如在同一个展会现场,有的参展商会首先知觉到同行参展商,把展会现场整体作为知觉背景,有的可能恰好相反。对观众来说亦是如此,展会上最有特色、最有人气的展台往往会更容易成为知觉对象,其他的人、事、物、信息等则成为知觉背景。

4.他人的提示

他人的提示有助于知觉活动的开展,特别是知觉的选择。俗话说"外行看热闹,内行看门道",展会活动开展过程中,会展从业人员尤其是参展商专业、生动的讲解将会极大提升观众对展品刺激物的知觉体验,甚至直接影响交易目标的实现以及整体的参展质量评价。当然他人的提示还可以是来自网友的在线评论、亲戚朋友的建议、专家权威的意见等。

（二）主观因素

1.动机与需要

人们的需要和动机不同在很大程度上决定着人们的知觉选择。凡是能够满足参展商和观众的某些需要和符合其动机的事物,则较容易成为知觉对象和注意中心。参展目的不同的参展商和观众所感知的参展体验是不同的,他们往往会首先知觉到与其目的直接相关的对象。如以销售为参展目标的参展商与以非销售目标(如收集信息、建立关系等)的参展商对展会的感知往往会存在明显差异。因为客观世界是个体认知并进行解释后的客观世界,而不是客观世界本身的样子。

2. 知识与经验

一般来说,人的知识经验越丰富,对事物的知觉就越迅速、全面、深刻。参展商在参展之前充分的准备、资料收集以及丰富的参展经验都会大大提高其对目标观众的识别与沟通效率,顺利实现参展目标,获得满意的参展体验,反之,参展商的参展体验可能就是负面的、肤浅的,甚至是错误的。同样地,观众的观展经验越丰富,对参展商、展品、展会服务等的信息了解越充分,越有利于形成正面的、深刻的、满意的观展体验。

3. 兴趣与情绪

兴趣不同导致知觉选择不同。一般是最感兴趣的事物往往被首先感知到,其他知觉对象往往被排除在知觉之外,成为知觉背景。参展商对自身所处行业的各种专业展会往往是最感兴趣的,当然还有一些综合性的展会也会引起参展商的兴趣。如一家新能源汽车品牌不会错过成为汽车展览会的参展商的机会,同样,一家食品加工企业也更有可能参加美食展览会。对观众来说,兴趣也是推动其参加各种展会的重要因素之一,如作为上海城市名片之一的中国国际工业博览会(简称工博会)对那些对最前沿信息与技术感兴趣的观众有着强大的吸引力。

情绪反映了个体在知觉客观对象时个人的主观态度和精神状态,在很大程度上影响着个体的知觉水平。一般情况下,参展商和观众的兴趣所在,往往也能引起他们积极的情绪,情绪越积极,知觉水平就越高,对知觉对象的感知就越生动深刻,并且影响对整体展会及产品质量的评价。

4. 期望与价值观

期望不同导致知觉结果不同。参展商和观众往往会带有一定的期望前往展会,当知觉到的客观刺激符合期望值就会产生满意甚至惊喜的知觉体验,否则可能就会是不满意,甚至影响对展会的整体评价。展会能够给参展商和专业观众提供一个很好的商业机会,可以降低沟通成本、集中促成交易、结识潜在客户、了解行业发展新趋势、展示自身形象与实力等,这些是参展商和专业观众所期望的,也是影响他们对展会评价的重要影响因素。价值观反映了个体认定事物、辨明是非的一种思维或取向。参展商和观众在参展过程中对与自身价值观相关的客观事物往往比较容易知觉到,当这些客观刺激与自身价值观相符时会产生肯定、愉悦的知觉结果。

三、会展活动中的风险知觉

(一)风险知觉概述

1. 概念

风险知觉是指个体不能预见购买决策的结果时所遇到的不确定因素。这里会展活动中的风险知觉主要是针对参展商和观众。因为参展商需要通过购买展位才能参加展会,专业观众和普通观众也是展会的消费者,所以他们在参展过程中都会涉及购买决策。任何决策都包含着不确定和不可知因素,加上会展产品的特殊性,在展会活动中有时还会出现意料之外的状况,从而对参展商和观众的体验和感受产生负面影响。

2. 风险知觉的条件

风险知觉必须满足两个条件:①风险的后果不可忽视,而个体又主观认为避免它是很重要的;②这种风险确实有发生的可能。因此,参展商和观众必须采取各种措施,来减少或消除参展过程中可能遇到的各种风险。参展商和观众对风险的感知与其购买行为紧密关联,加上展会具有临时性和集中性的特性,因而参展商和观众感知到的风险要比一般的购买行为要高。

3. 会展活动中风险知觉的种类

（1）功能风险

功能风险是指由会展活动中购买的产品和服务的低质量带来的使用价值缺失。一般来说,当参展商和观众购买的产品和享受的各种服务不能像预期那样令人满意时,就存在着功能风险。参展商参加展会的目的包括展示贸易、宣传推广、收集信息等方面,如果展会上的专业观众、同行参展商的规模和质量都未达到预期,就会体验到功能风险。专业观众和普通观众作为展会的消费者,如果在展会上购买的产品名不副实、售后服务烦琐,同样也会知觉到功能风险。

（2）资金风险

资金风险是指由会展活动中购买的产品和服务的质价不符带来的货币价值损失。当参展商和观众的货币付出没有得到物有所值的回报时就发生了资金风险。参展商的资金风险一般来自以下几个方面:一是参展商支付金钱参加展会得到的产品和服务是质价不符的,如没有达到最初承诺标准的专业观众数量与质量、展位的位置、展馆服务等;二是在展前搭建、展中和撤展阶段发生了盗窃或意外伤亡事件,带来了财务和展品方面的损失,使参展的花费大大超过最初的预算;三是选择物流公司不当,导致展品无法按时运达展会现场,或展会结束后参展产品迟迟没有运回来并被要求支付各种附加费。

（3）时间风险

时间风险是指在会展活动无法按照预定时间完成,从而产生不能按计划行动的参展效率的损失。时间是完成会展活动的关键因素之一,如何保证按照时间计划完成会展活动是衡量参展成败的标准之一。按照计划完成会展活动,对主办方、参展商和观众来说都是非常重要的。造成时间风险的因素包括政治因素、经济因素、社会因素、政策因素、自然因素等宏观层面影响因素,往往也是参展商和观众无法控制的因素。如中国国际工业博览会的正常举办周期是一年一次,但受疫情影响,第23届中国国际工业博览会（2023年）距离上一届（2020年）时隔了三年才回归,对参展商,尤其是国际参展商、境外展品的参展产生了直接影响。

（4）安全风险

安全风险是指参展商和观众所购买的产品或服务可能带来危害健康和安全的损害。安全是会展活动中参展商和观众最为在意的因素之一。安全风险的影响因素除了政治因素、社会因素和自然因素等宏观层面因素,更多是来自微观层面的影响因素。如展馆内部及周边环境对人身和财产安全的保障,会展组织者对知识产权保护、网络与信息安全、展位搭建或改造施工安全等的保障,会展服务供应商提供的餐饮、住宿、旅游接待等的安全保障,发生突发事件时应急安全措施齐全及现场救援处理得当等都可以在一定程度上降低或抵消参展商和观众的安全风险知觉。

（5）社会风险

社会风险是指参展商和观众购买某种会展产品或享受某种会展服务对其自身形象、社会地位等可能产生的不利影响。社会风险产生的原因可以分为客观原因和主观原因。从客观原因角度来说,为了避免发生社会风险,参展商和观众往往倾向于参加一些品牌展会。如参加具有UFI资格认可和UFI使用标记的名牌展会。从主观原因的角度来说,参展商在开展期间由展品、展台服务等方面所带来的对企业形象不利的做法或舆论事件等。如展品发生了知识产权纠纷,或者在展台服务方面发生了如 2023 上海车展宝马 Mini 展台冰淇淋事件等类似情况。

（6）心理风险

心理风险是指参展商和观众购买的会展产品或服务没有满足他们的精神需求,从而引起的失望。参展商在制订参展决策时往往倾向于选择有利于促进营销推广、提高企业形象、展示企业实力等目标的会展产品或服务,否则就会引发失望,知觉到心理风险。会展行业发展快速的同时也出现了一些"骗展"现象,如展会宣传主题和实际主题不一致、展会规模远远小于宣传规模且不够专业、专业观众数量少且质量低等,甚至有些展会组织者通过不正当手段骗取参展商的资金,这些都会给参展商带来强烈的心理风险知觉。

（二）会展活动中产生风险知觉的原因

前文提到会展活动中感知觉的影响因素既有客观的因素,也有主观的因素。会展活动中的风险知觉是参展商和观众知觉中的一种,因此,影响参展商和观众风险知觉的因素也是多方面的。首先是知觉者,参展商和观众所属企业的参展经验以及出现在展会现场的参展商工作人员和观众的个人特点,如受教育程度、专业水平、参展经验等都会影响到对风险的知觉水平。其次是知觉对象,参展商和观众对不同会展产品或服务的风险知觉水平是不同的。一般来说,参展成本越高,参展商和观众的风险知觉水平就越高。虽然参展商和观众知觉到的风险并不等于实际存在的风险,但风险一旦被参展商和观众知觉到,就会影响他们的决策。让参展商和观众产生风险知觉的原因主要有以下情况。

1. 参展目标不明确

无论是因受邀请、参展成本低、展会自身评价好还是竞争对手参展等缘由参加展会,参展商和观众都应在参展之前做好详细计划,如参展商的参展目标是以销售为主,还是注重关系构建、互动交流等,专业观众的观展目标是购买为主,还是意在获得行业新动向、寻求新产品新品牌或新的合作伙伴等,否则将产生一定的风险感知。尤其是对于第一次参加展会的企业,或者是参加首次举办的展会,参展商和专业观众内心都会明确感觉到相关风险的存在。

2. 参展过程无经验

参展经验的缺乏,会使参展商在参展预算、展位设计与搭建、展品物流、现场营销推广等方面,专业观众在参展费用、购买预算、合作意向参展商等方面犹豫不决,从而对参展决策的制订以及展会现场工作的开展非常不利。这种摇摆不定会提高参展商和专业观众的风险知觉水平。另外,参展效果难以量化,展会推广效果难以评估,也提升了缺少购买经验的参展商和专业观众的风险感知。

3. 展会信息不充分

缺少信息或相互矛盾的信息来源也会使参展商和观众知觉到风险。参展商和专业观众是展览会上利益密切相关的两大主体,对彼此信息的获取不够充分将直接影响风险知觉。这是因为不充分的信息与风险有着本质的联系,或者说,不充分信息就是风险形成的根本原因。风险概念的核心是不确定性,而信息就是用来消除某种不确定性的关键因素。如果信息增加,不确定性就会减少,风险程度也就相应降低。

4. 相关群体影响大

参展商所处行业群体以及对其能够产生影响的其他相关企业,尤其是所在行业龙头企业的参展及其参展行为、展会专业观众的质量与规模等都会直接或无形中影响参展商的决策制订。对专业观众而言,是否有行业标杆企业参展、是否集中了行业主要供应商、展会自身的行业专业水平等群体因素都是其参展决策的直接影响因素。

5.经济条件不允许

一般,参加展会的费用包括展位费、展位搭建费、物流费以及参展人员的差旅费等,面对高昂的参展成本,参展商有时只能选择规模或品质较低的展览会,但一分价钱一分货,经济条件不允许情况下这种退而求其次的选择,常常会使参展商知觉到较高水平的参展风险。

另外,参展商和观众的风险感知存在显著的社会人口统计学分异特征,这就是说即使是面对同一展览会,不同的参展商和观众对风险的感知都是存在差异的,参与同一会展活动所面临的风险来源也是不同的。

(三)会展活动中风险知觉的应对措施

1.做好充分的展前准备、展中管理和展后维护

参展商需要在参展前做好充分的准备,确保展位搭建、展品准备、人员培训等一切就绪,并提前与目标客户进行联系,邀请客户参观展位,为展位流量提前蓄能。同时,使用数字化工具做好展中管理,如利用展会管理软件来管理展位、客户信息、销售数据等,还可以使用数字化营销工具如邮件营销、微信营销、社交媒体营销等来扩大自身的影响力。对于优质、目标客户还需要做好展后的及时跟踪并提供相关的产品和服务。

2.购买品牌产品或享受优质服务

2011年中国会展经济研究会开展展览业统计工作以来,中国境内纳入统计的展览城市由最初的83个增至2019年的187个。在此期间,展览总数由7 330场增至2019年的11 033场,展览总面积从8 173万平方米增至2019年的14 877.38万平方米[①]。2011—2019年,中国经贸展览的数量和展览总面积年均增长率为5.61%和9.11%。会展数量上的快速增加,叠加监管、规范不足,问题日益凸显,突出表现为"小散乱"会展项目横行,因此,在参展预算允许的前提下,选择品牌展会或享受优质服务可有效降低参展商和观众的风险知觉。品牌会展往往具有较高的知名度、较好的规模成效、较强的权威性和规范的服务和完善功能,从而可为保护参展商和观众的正当权益提供有力保障(参见阅读材料2-8)。

3.获取更多的信息

展览会的关键主体是参展商、专业观众和主办方,他们三方之间存在着彼此的利益关系。主办方依靠组织参展商参展而获取收益,参展商之所以愿意付费租用展位,因为主要目的是与专业观众进行交易、沟通。因此,三者之间相关信息的及时公开、充分获取可大大降低因信息不对称而产生的风险知觉。如中国国际进口博览会(简称进博会)从第三届开始,提前一个月就开始分批次编制并免费对外提供展商展品信息名录,公开参展商、展品信息,及时将展商展品信息提供给专业观众及相关单位,便利展前对接洽谈,极大地降低参展商和专业观众的风险知觉。

【阅读材料2-8】　品牌展览会的基础要素

品牌展会是指那些具有一定的规模,且能代表和反映某行业的发展动态及发展趋势,同时对该行业具有很强的指导作用和影响力的展会。品牌展览会所具备的基础要素有以下几点。

[①]　2020年会展业受到严重冲击,为了直观显示我国会展业的快速发展,故引用2019年的相关数据。

1. 权威协会和行业代表的坚强支持

在国际上,政府一般不干预企业办展,会展的成功与否,多取决于整个行业和企业的认可度。会展企业若能得到权威行业协会和该行业内主要代表的支持和合作,无疑就增加了该会展的商誉和可信度,使之规模不断扩大,并带来巨大的宣传效果和影响力。

2. 代表行业的发展方向,具有较高的知名度

代表行业的发展方向是品牌化会展的共性。能代表行业发展方向的会展就会有明确的目标市场和目标客户,就能够提供几乎涵盖整个行业的所有信息。会展提供的信息越是全面、专业,观众就越积极,参展企业也就越踊跃,品牌会展就会在一定的区域内有较高的知名度和较强的影响力,普遍得到业内的承认和肯定。

3. 较好的规模效应

品牌会展有明显的成效,能吸引众多参展商、专业观众的参与,同时具备相当的展位规模,一定是本行业中名列前茅的。

4. 提供专业的会展服务

专业的会展服务要求会展企业的整个运作过程迅速高效、服务周到。品牌会展从市场调研、主题方向、寻求合作、广告宣传、招展手段、观众组织、活动安排、现场气氛营造、会展服务,甚至包括会展企业对外文件、信函的格式化、标准化,都须具备较高的专业水平和从业员工的严谨处事态度,同时会展期间有针对性地安排相关的配套活动,如峰会论坛、商贸洽谈、信息发布等,以便为参展商和专业买家提供服务。

5. 强势的媒体宣传

新闻媒体宣传是塑造品牌的一个重要环节。一个好的会展虽在行业本身有一定的知名度,但频繁的新闻报道和适当的"炒作"更能促进会展宣传,以此形成良性互动,使会展更具吸引力。世界上几家著名的贸易展览公司,如 Miller Freeman 和 Reed 集团,同时都经营着世界上著名的商业出版社。这些得天独厚的条件为其会展的品牌提供了竞争优势和条件。

6. 获得"UFI"资格认可

全球展览业协会(Union of International Fairs, UFI)对申请加入其协会的展览项目和其主办单位有着严格的要求及详细的审查程序。由于有了这套较为成熟的资质评估制度,UFI 资格认可和 UFI 使用标记就成了名牌展览会的重要标志。截至 2022 年,我国一共有 200 个展览会获得了"UFI"资格认可,其中,境内 186 个,境外 14 个。

7. 坚持长期的品牌战略

培养一个品牌会展并不容易,必须有长远眼光,要敢于投资、敢于承担风险、精心呵护、耐心培育。会展企业必须确立长远的品牌发展战略,从短期的价格竞争转向谋取无形资产的长期竞争,用先进的品牌营销策略与品牌管理技术抢占会展市场的制高点。

资料来源:根据相关资料整理.

第三节　会展活动中的社会知觉效应

一、知觉与社会知觉

社会知觉的概念最初由美国心理学家 J. 布鲁纳(J. Bruner)于 1947 年在知觉研究中采用,是指人对各种社会性的人或事物形成的直接的整体印象,其中主要是对人的知觉。布鲁纳认

为社会知觉具有社会决定性，即知觉不仅决定于知觉客体本身，也决定于知觉主体的目的、态度、价值观和过去经验。社会知觉中的知觉一词，其含义与传统普通心理学中的知觉有所不同。在传统普通心理学中，知觉不包括判断、推理等认识过程。社会知觉里的知觉既包括对人的外部特征的知觉，也包括对人的个性特点的理解，对人的行为的判断和解释。这里的知觉相当于认知，因此在社会心理学书籍中有人主张用"社会认知"一词来代替社会知觉。

可以看出，社会知觉带有明显的主观性。受到主观因素的制约，个体对外在事物的知觉很可能与实际情况存在很大的偏差，即产生一些知觉效应。从严格意义上来说，社会认知与社会知觉有着本质的区别（参见阅读材料2-9），我们这里主要探讨的是社会知觉所带来的知觉效应，因此对社会知觉与社会认知不作细致区分。

【阅读材料2-9】 社会认知与社会知觉的区别

有部分的社会心理学家主张社会知觉与社会认知是没有本质区别的，认为社会知觉又称社会认知，即个体对他人、群体以及对自己的知觉。其中对他人和群体的知觉是人际知觉，对自己的知觉是自我知觉，对行为原因的认知也属于社会知觉的范围。

但是在金盛华主编的《社会心理学》中，这是两个不一样的概念。在这本书中他指出，社会知觉是指人对各种社会性的人或事物形成的直接的整体印象，其中主要是对人的知觉，即对各种担负社会角色并具有个性色彩的人，或是人与人之间的关系，或是对群体所建立的最初印象或概念，这种印象通常是关于对象的外部特征的认识。而社会认知是关于特定社会对象的全部认识过程，其中包括社会知觉，也包括社会推理；包括对于其他人和外部世界的认识，也包括对自身的认识、有关态度形成等内容。也就是说，社会认知包含了社会知觉。具体来说，在过程中，社会知觉只是社会认知过程中的一个阶段；在结果上，社会知觉只是社会认知的一个部分。社会认知不仅包括对有关对象的外表特征的知觉，还涉及对有关对象的记忆、推理、判断、解释等复杂环节。

一般情况下，我们可以不用纠结社会认知与社会知觉的区别，但在进行科学研究时，我们还是建议要对两者进行严格区分。

资料来源：根据相关资料整理.

二、会展活动中的社会知觉效应

在会展活动中，对参展商和观众的知觉产生影响的社会知觉效应主要有以下几种。

（一）首因效应

首因效应也叫首次效应、优先效应或第一印象效应，是一种"先入为主"的意识控制，是指个体在与不熟悉的对象第一次接触后会形成较强的印象，继而影响其对对象的进一步判断。首因效应说明了第一印象的重要性。第一印象会给人们留下鲜明、深刻、牢固的印象，形成一种很难改变的心理定式，使得人们在接下来的活动中，会下意识地在"先入为主"的影响下，把当前的知觉印象同第一印象联系起来，并根据第一印象对当前的知觉对象进行归类并做出判断。首因效应在第一次参加展会，或者参加首次举办的展会的参展商或观众身上表现得更为明显。

通常来说，一场展会的正式展出时间往往只有3～5天，参展商和观众对很多事物根本无法进行反复、深入的了解，所以参展商和观众对于场馆、城市的第一印象某种程度上会直接影响后续服务体验，甚至下一次的参展决策。参展商和观众对会展举办城市的印象包括城市基础设施、环境管理、城市文化以及相关的会展活动政策;对展会场馆的第一印象包括场馆的建筑设计外观是否好看、内部是否好用,双方的初次接触是否感受到了良好的互动体验。"一见钟情"更容易激发后续的愉悦体验。

会展是一种临时性的产业集群,具有强大的整合营销功能,因此专业化是会展质量的直接衡量指标。专业化的展会与展览不仅能够为参展商和观众提供更多的信息与选择,而且能够带来良好的会展首因效应。会展专业化发展主要体现在四个方面:一是场馆建设的专业化,包括会展场馆建设的场地选址、场馆布局、场馆管理、运作流程等方面;二是服务水平的专业化,包括展馆翻译、物流、广告、酒店、餐饮等方面服务水平的专业化;三是管理人才的专业化,包括专业的会议策划人才、专业的大型展会活动组织人才、招展招商人才、场馆管理人才等;四是参展人员的专业化,包括专业的参展机构,专业的参展商以及专业的观展观众,尤其是参展商对其所在行业的了解程度以及能够提供解决方案的专业程度。

【阅读材料 2-10】 生活中的首因效应及产生的原因

生活中"新官上任三把火""恶人先告状""先发制人""下马威"等说法,其实都体现了首因效应。在日常人际交往、招聘、求职等社交活动中的"给人留下好印象"也是对首因效应的正面应用。

首因效应产生的原因有两种解释。一种解释认为,最先接受的信息所形成的最初印象,构成脑中的核心知识或记忆图式。后输入的其他信息只是被整合到这个记忆图式中去,即这是一种同化模式,后续的信息被同化进了由最先输入的信息所形成的记忆结构中,因此后续的新的信息也就具有了先前信息的属性痕迹。另一种解释是以注意机制原理为基础的,该解释认为,最先接受的信息没有受到任何干扰地得到了更多的注意,信息加工精细;而后续的信息则易受忽视,信息加工粗略。

首因效应本质上是一种优先效应,当多种不同的信息结合时,人们总是更加重视前面的信息,即使对后面的信息也加以看重,但也会认为后面的信息是偶然的。人们更加习惯按照前面的信息解释后面的信息,哪怕前后信息不一致,一般也会屈从于前面的信息来形成整体一致的印象。

首因效应的产生与个体的社会经历、社交经验的丰富程度有关。如果个体的社会经历丰富、社会阅历深厚、社会知识充实,则会将首因效应的作用控制在最低限度。另外,通过学习,在理智的层面上认识首因效应,明确首因效应获得的评价,一般都只是在依据对象的一些表面的非本质的特征基础上而作出的评价,这种评价应当在以后的进一步交往认知中不断地予以修正完善。因此,我们既要正确利用首因效应,又要注意避免首因效应导致的错误判断或结论。

资料来源:根据相关资料整理.

(二)晕轮效应

晕轮效应指的是人们在交往认知中从对象的某种特征推及对象的整体特征,从而产生丑化或美化对象的印象。晕轮效应最早是由美国著名心理学家爱德华·桑戴克(Edward Lee Thorndike)于20世纪20年代提出的。就像月晕那样,由于光环的虚幻作用,使人看不清事物的真实面貌。晕轮效应不但常表现在以貌取人上,而且还常表现在以服装定地位、性格,以初次言谈定人的才能与品德等方面。在对不太熟悉的人进行评价时,这种效应体现得尤其明显。

对日常经验的考察发现,晕轮效应是影响我们对某些人或事物建立"好感"的重要因素。

"影响源"如同具有光环或者辐射而渗入人们的知觉判断。按照这一影响原则,晕轮效应对观众观展体验中好感的建立也是有效的。如展位设计、品牌 Logo、产品陈列、服务接待、文创产品、互动游戏等都有可能成为建立好感的影响源,进而影响观众的观展体验。

可以看出,首因效应和晕轮效应之间有不同,也有共同之处。首因效应是从时间角度指出,由于前面印象深刻,后面的印象成为前面印象的补充。晕轮效应则是从内容角度指出,由于对对象的部分特征特别深刻,这部分特征泛化为对象的整体特征。从本质上来讲,这两种效应都带有强烈的主观色彩,以偏概全,以主观推断代替客观事实,常常是只见树木不见森林。因此,在会展服务中,巧妙利用这两种心理定势可使参展商和观众对整个服务产生良好的知觉印象,同时注意做好服务中各个环节的衔接与协调,避免因一些小的失误导致参展商和观众对整个服务的全盘否定。

(三)经验效应

经验效应指的是个体凭借以往的经验进行认识、判断、决策、行动的心理活动方式。经验效应的产生与知觉的解释性有关。在知觉当前事物时,人们总是根据以往的经验来理解它,并为随后要知觉的对象作好准备。经验可以说是一种财富,也是一种包袱。经验效应体现了经验在人们接受信息、处理信息方面的优势,但又有其局限性的一面,不考虑时间、地点的照搬套用,往往会导致人们在认知过程中出现知觉偏差。

经验效应产生的心理基础是人们认识的连续性和心理惯性。人们总是基于现有的认识、经验来对外界作出反应,以往的经验、经历是当前思考和行动的基础。这些经验和经历就不可避免地被带入新的认识过程中,从而导致经验的产生。在认识一些不太熟悉的人或事时,由于其给予的信息较少,缺乏必要的线索,人们就可根据经验来对之进行推理和归类,从而迅速作出反应判断。但经验的使用不能生搬硬套,就如爱因斯坦说,如果你根据能不能爬树来判断一条鱼的能力,那你一生都会认为它是愚蠢的。

对参展商和观众而言,如果因为某次参展经历不够满意而草率地决定再也不来参加此类展会,那么这种主观偏见就有可能导致其失去一些机会。因为影响展会体验的因素是多种多样的,如场馆功能设计、餐饮、交通等配套服务、专业观众规模与质量等,而这些问题往往在后续举办过程中会逐步得到改善。除此之外,会展活动中存在的盲目跟风现象也体现了经验效应。如越来越多的会展活动迷上了"炫技",无论是展陈形式还是产品描述都必须加入"智慧""智能"等概念。这种一味追求"科技化"噱头的行为,对观众而言记住了体验互动却没有记住产品的内容。流量需要只有转化成商机才有价值,如在车展上使用虚拟现实以及增强现实等技术让观众在互动中更直观地感受产品性能,将新技术与产品本身进行完美结合才能真正实现双赢的目标。

因此,既不要迷信经验,也不要一概否认经验。同时,在当今这个变化万千的世界里,用一种固定的经验千篇一律地看待一切人和事,难免就会使人的认识陷入僵化和停滞,甚至闹出许多笑话。既要充实经验,又要更新经验、发展经验。

(四)刻板印象

刻板印象指的是社会上部分人对某类事物或人物所持有的共同的、固定的、笼统的看法和印象。这种印象不是个体现象,反映的是群体的共识。刻板印象广泛存在,包括民族刻板印象、职业刻板印象、性别刻板印象、年龄刻板印象等。如一般认为美国人喜欢新奇、重实利、好自由,德国人勤勉、认真、守纪律,英国人冷静、寡言少语、有绅士风度等;再如认为年轻人朝气蓬勃、有想法、易冲动,年纪大的人经验丰富、沉稳、较保守等。刻板印象有助于人们对众多的人的特征作概括了解,运用这些共同特征去观察每一类人中的个别人,是知觉别人的一条有效途径。但"人心不同,各如其面",刻板印象只是一种概括而笼统的看法,具有一定的局限性,落实到个体身上时有时也会出现很大的出入或不同,所以还应清醒地认识到刻板印象的这一局限性,避免出现认知错误。

刻板印象对参展商和观众来说也是一种知人、识事、辨物的手段,有助于参展决策的做出和参展目标的实现。如前所述,参加品牌展会可在一定程度上降低展会风险感知,实际上这一认知过程中也存在一定程度的刻板印象,如提到国内知名会展城市,就会想到上海、北京、广州、深圳、重庆等城市,提到世界一流会展中心,就会想到上海国家会展中心、米兰国际会展中心、汉诺威展览中心、慕尼黑展览中心等,提到品牌展会,就会想到中国国际进口博览会(进博会)、中国国际工业博览会(工博会)、中国进出口商品交易会(广交会)等。值得注意的是,虽然有些展会不是品牌展会,却可以通过精心的组织实现良好的参展效果,因此还需参展商和观众广泛关注展会发展动态及变化,以克服刻板印象可能带来的机会错失。对会展企业来说,可以在展会开始之前提供参展商及其产品与服务、专业观众(采购商)的基本信息,以较高的信息透明度降低刻板印象有可能产生的负面影响,同时还需要会展企业及服务人员注意克服刻板印象的影响,提供周到及时的服务。

【阅读材料2-11】　用展会打破对环卫的刻板印象

2023深圳(国际)城市环境与景观产业展览会在深圳会展中心举办,本届展会以"美丽城市、美好生活"为主题,是全国首个以市容环境产业为核心内容的展览会。在深圳会展中心2号展馆城市环境卫生主题展区,宇通、盈峰环境、东风、开沃等环卫机械设备企业纷纷亮相,展出造型各异、大小不一的智慧、新能源机械设备。环卫现代化究竟是什么?它不仅包括一线环卫工人们清洁设备的更新,也囊括垃圾分类、资源回收、无人化管理等后端内容。如展会中亮相的光大环境集团最大的垃圾焚烧发电业务,在处置垃圾的同时,也避免了垃圾填埋和燃煤发电带来的碳排放,从而实现碳中和,在做环境治理的同时也参与到国家,甚至是国际的碳减排的行动中。满满科技感打破了观众对环卫行业"脏、累、从业人员年龄大"的刻板印象。

资料来源:根据相关资料整理.

【本章小结】

我们身体中有各种各样的感受器或感觉器官,它们接受各种信息并传达到大脑,产生感觉和知觉,并形成我们对世界的认识。感觉是一切认知过程的开始,记忆、想象和思维等人类的高级思维活动也是以此为基础。对参展商和观众来说,感觉和知觉是建立良好参展体验的基础,也是构建会展目的地及会展企业形象和品牌的基础。

参展商和观众的感知受到各种主观因素和客观因素的影响,进而影响其参展决策。但任何决策都包含着不确定和不可知因素,加上会展产品和服务的特殊性,因此,会展活动中的风险感知不容忽视。参展商和观众需要在了解会展活动可能产生的风险类型及其原因的前提下,做好相应的应对措施。与此同时,还需要注意到社会知觉效应(主要包括首因效应、晕轮效应、经验效应和刻板印象)对参展商和观众感知和评价的影响。

【思考练习】

　　1. 简述感觉的概念和特征。
　　2. 简述知觉的概念和特征。
　　3. 结合实例分析会展活动中视觉、听觉、嗅觉、触觉、味觉等方面的应用及其效果。
　　4. 简述记忆、想象与思维的概念,分析三者之间的关系。
　　5. 简述会展活动中风险感知的概念、产生的原因和应对措施。
　　6. 参展商和观众的感知会影响他们的后续参展行为吗? 如何影响?
　　7. 简述四种社会知觉效应及其产生的原因,分析四者之间的内在关系。
　　8. 结合实例分析社会知觉效应如何应用并提升会展营销效果。

【关键术语】

感觉　　　　知觉　　　　参展商感知　观众感知　　风险感知
社会知觉　　首因效应　　晕轮效应　　　经验效应　　刻板印象

【案例讨论】

未来会展需重视"社交+"场景打造

　　2023 年转眼就要过去一半了,多数会展企业的业务量并未出现期待的快速反弹和爆发。虽然行业总量有所恢复,少数展会也出现了大幅增长的情况,但对于大多数展会项目来说,仍存在着参会观众"卖家多,买家少""人旺财不旺"的状况。在会展业发展中重视社交场景的打造或许可为这一问题的解决提供一些思路与启发。

　　一是打造社交场景,展会主办方的重视是关键。从目前情况看,很多国内展会项目的社交场景设置比较简单,基本上就是会议、茶歇、晚宴的传统模式。社交则主要是参展企业和参会者自己的事情,与主办方的关系不大,主要是熟人之间的约谈、见面。可以说,多数企业不熟悉如何才能获得更好的参展效果,往往是展会开幕后静待观众自行参观,用一句话概括就是:参展企业"守株待兔",观众"走马观花"。归根结底,就是因为没有足够多的专业观众。当下进入互联网时代,消费群体获得各种商业信息的渠道多了,同类展会也多了,主办方还是采用传统宣传方式很难吸引到高质量的专业观众。与此同时,观众参观展会的主要目的也不再是获得各类市场信息和产品信息,而是希望能够结识到更多"正确"的人,未来达成合作。有鉴于此,展会项目需构建社交场景,通过策划体验感、互动感、参与感,人性化很强的社交场景,才能吸引人流并留住人。相比于国外的会展项目在社交场景的策划及实施上,国内展会还存在较大的差距。之所以国内主办方忽视社交场景的打造,主要原因还是基于投入成本上的考虑。还有很多主办方多以销售驱动型为主,更注重当下的经济效益,而将客户体验放在次要的位置。

二是重视会展团队成员社交能力提升。社交场景构建除投入成本原因外，另一个主要原因是多数会展企业团队人员社交能力的不足。传统会展企业强调团队人员销售能力和执行能力，而未来更需要的是同时具备策划能力和沟通能力的高情商会展人才。会展企业管理者要重视团队社交能力的提升、培养和训练，如开展社交能力培训和教育课程，学习如何与参展商和观众进行有效的沟通和互动、如何策划社交场景提升参会者的体验。

三是社交场景策划和运营也要用好数字化平台。可利用依托会展企业或展会项目的小程序实现现场的短交互场景，如注册报名、签到、扫码支付、收藏等。然后根据报名人员以及关注的话题快速组织线下聚会，三个人以上就可以成局。快闪小聚会的互动就是要让彼此加深了解，开展深度社交来设计的，如进行自我介绍、需求表达、案例分享、话题讨论等，可以帮助参会人员建立彼此间的信任，促成潜在合作机会。

未来，会展现场将是社交场景的现场，从而达到展前有效邀约、展中深度社交、展后持续链接、最终实现共创共赢的目标。会展企业需要利用好会展数字化平台，加强会展社交的体验和效率，为参展商和观众提供更多的交流机会。

资料来源：中国贸易报，有删改.

思考题：

1. 结合案例内容分析本案例涉及本章的哪些理论与知识点。

2. 请结合本章相关知识点分析会展"社交+"场景打造中对感知觉的应用。

3. 请结合案例分析现有会展社交场景打造中体现了哪些心理定势？

HUIZHAN
会展经济与管理

第三章
需要、动机与会展

【本章概要】

本章首先在解释需要的概念及类型的基础上提出了会展需要的概念，并分析了会展需要产生的主观条件及客观条件，然后在一般动机相关知识点的基础上提出了参展动机的概念及其产生的条件，结合已有研究成果梳理了参展商、专业观众和普通观众参加展会的动机类型，最后结合参展动机的形成条件提出了激发参展动机的措施。

【学习目标】

(1) 熟悉需要的概念和类型。

(2) 掌握会展需要的概念和产生的条件。

(3) 了解会展需要高层次性的特征。

(4) 熟悉会展需要的类型和特点。

(5) 掌握动机的概念、类型与功能。

(6) 了解动机冲突类型。

(7) 熟悉动机产生的影响因素。

(8) 掌握参展动机的概念和产生条件。

(9) 掌握参展商和专业观众的参展/观展动机类型。

(10) 掌握参展动机的激发。

【开篇案例】

中国银行在中国国际服务贸易交易会上的"双重身份"

2023 中国国际服务贸易交易会(以下简称"服贸会")在国家会议中心和首钢园区举办,服贸会是当前全球服务贸易领域规模最大的综合性展会,也是中国扩大开放、深化合作、引领创新的重要平台,为国际服务贸易领域传播理念、衔接供需、共享商机、共促发展发挥了积极作用。从展前招展招商,到展中配套活动,中国银行紧跟服贸会节奏做好全方位服务。在总行的支持下,中行境内外机构紧密联动,积极参与支持开展各项路演招商活动。2023 年 6 月,在贵州举办本年度服贸会境内首场推介路演活动;同年 7 月,支持举办服贸会首场海外推介会巴黎站专场活动,积极邀请各国企业机构来京参展参会,推介优质服务和产品,搭建中外经贸合作桥梁。

近年来,中国银行积极融入数字经济发展,深入推进集团全面数字化转型战略。2022 年服贸会,中国银行在首钢园区开设数字人民币大道,引入文创、畅销书籍、老字号等消费场景,推出一系列数字人民币体验活动,受到现场参展观众普遍欢迎,令人印象深刻。服贸会是推动区域高质量发展的重要窗口,也是展示银行形象与服务的绝佳平台。在本届服贸会上,中国银行在展区内专门打造了"未来银行"场景,聚焦"智能+开放",集中展示"VR 虚拟营业厅""元宇宙""数字人"等金融领域前沿技术应用,为观众提供沉浸式服务体验。

作为持续经营时间最久,全球化、综合化程度最高的中资银行,中国银行积极服务构建新发展格局,还制定了"一点接入,全球响应"的工作机制,任何客户在中国银行任一机构"一点接入",即可享受到来自中银集团覆盖境外 63 个国家和地区的全球化高效对接和优质服务,有效满足客户全球业务需求。通过该机制,中国银行已为京东方集团、施耐德集团、京能集团等提供多维度、全球化金融服务。本届服贸会上,中国银行还特别设置展台区域,展示"一点接入,全球响应"工作机制框架下的跨境金融服务概念化场景,同时还在展会上集中发布了一系列金融服务成果,聚焦于不断提升对外贸易及投资领域的金融服务水平,为全球参展、参会企业提供优质高效服务。

可以看出,对服贸会来说,中国银行既是金融服务支持者,又是展会的参展企业,这样的"双重身份"背后,中国银行有着怎样的参展需要和参展动机值得探讨,这也体现了会展业和展会平台所具有的重要作用。

资料来源:华夏时报,有删改.

第一节　需要概述

一、需要的含义和特点

(一)需要的含义

需要是指个体由于缺乏某种生理或心理因素时产生的一种主观紧张状态。需要是客观要求在人脑中的反映,是个体积极性的源泉。

需要通常以意向、愿望和渴求等形式表现出来,被人们意识到的需要就称为行为的动机。人们的需要包含在人类一般需要之中,它反映了人们某种生理体验的缺乏状态并直接表现为人们获取消费对象(商品或劳务)的要求和欲望。马克思说"没有需要,就没有生产",需要的不断产生是个体接连不断的购买行为发生的内在原因和根本动力。

(二)需要的产生

1.生理状态

人的生理状态是心理活动的基础。生理状态直接影响人会进行怎样的心理活动以及心理活动的持续时间。一个饥饿的人,所有的心理活动都指向食物以及如何得到食物,这一心理活动直到食物问题得到满足才会消失。也就是说,只有解决了最基本的温饱问题才能产生基本需求之外的心理活动。随着生产力的发展,人们的物质文化水平不断提高,人的需要变得复杂多样,心理活动也变得越来越丰富。会展需要就是人类社会发展到一定阶段的产物。

2.社会因素

个体作为一个社会人,不仅有一般生物都具有的生理上的要求,而且同时具有社会属性,除生理需求外,人还有精神方面的需求,并且人的各种需求无一不受各种社会因素的影响和作用。如感到孤单和寂寞,会产生对交往与娱乐的需要;感到知识的匮乏,会产生对学习的需要等。人的需求还常受到相关群体的示范效应,邻居和朋友的介绍、广告宣传和各种促销活动的刺激和影响等。

3.个人的认知

个体对客观事物的认识水平和驾驭能力既有其先天方面的影响因素,又有来自后天的培养。思维、想象、对比和联想等都可能使人不断产生新的欲望和追求;学习、理解、信息加工及眼界的开阔等也可以不断丰富人们的需要的内容和层次。

(三)分类

1.按照需要的起源,可将需要分为自然需要和社会需要

自然需要又称生理需要,是人类对维持生命和繁衍后代的必要条件的需要,如饮食、睡眠、空气、阳光等。生理需要是驱使人们进行各种行为的强大动力,是人的所有需要中最重要、最有力量的部分。只有当生理需要得到一定程度的满足之后,人们才会产生更高层次的需要。

社会需要是指人类在一定的社会环境中,对劳动、知识、社会道德、审美、宗教信仰、成就、尊重等方面的需要。人类对这些因素的需要是为了达到心理上的平衡。社会需要是人们在成长过程中通过对各种经验的积累和学习获得的,可以反映出在一定社会条件下,个体对社会生活的要求,对维系人类社会生活、推动社会进步有重要作用。

2.按需要的不同对象,可将需要分为物质需要和精神需要

物质需要是指满足人们需要的对象是一定的物质或物质产品,既包括自然的物质需要,如吃、穿等,又包括社会的物质需要,如飞机的头等舱、奢侈品等。物质需要随着社会的进步和生产力的发展而不断提高。

精神需要是指人们对精神生活和精神产品的需要。如对知识、审美、艺术鉴赏、宗教信仰、道德、友谊、荣誉、成就、地位等方面的需要。

物质需要和精神需要两者紧密相关。物质需要是精神需要的基础,精神需要脱离不开物

质需要,对物质需要的追求中包含一定的精神需求。随着社会经济发展水平的提高,物质需要和精神需要往往交织在一起,如对服饰的追求不再是仅仅要求遮羞保暖,更要求品牌款式,又如请客吃饭,不仅仅是要吃饱,更要吃好,还要增进感情。

3. 按马斯洛需要层次理论,可将需要进行从低到高的划分

1943 年,美国心理学家亚伯拉罕 H. 马斯洛(Abraham H. Maslow)在他的著作《人类动机的理论》中提出了著名的需要层次理论。在这个理论中,马斯洛把人的需要从低到高分为生理需要、安全需要、社交需要、尊重需要和自我实现需要。1954 年,马斯洛又对理论进行了修改,将需要的数量增加为 8 个,即在尊重需要和自我实现需要之间加入了认知需要和审美需要,在自我实现需要之后又增加了超越需要(图 3-1)。但现在广为使用的版本依然是马斯洛最初提出的包含 5 种需要的理论模型。

马斯洛认为,人类具有一些先天需求,人的需求越是低级的需求就越基本,越与动物相似;越是高级的需求就越为人类所特有。同时这些需求都是按照先后顺序出现的,当一个人满足了较低的需求之后,才能出现较高级的需求,即需求层次(Hierarchy of Needs)[1]。在某一个时刻可能存在几类需要,但各类需要的强度并不是均等的。

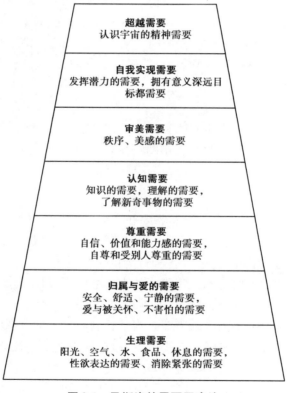

图 3-1 马斯洛的需要层次论

按照马斯洛的观点,在到达下一等级之前每一等级的需要都必须满足。生理需要是这个需求层次的最底层,在其他任何需要开始起作用之前,这些基本生理需要必须满足。如果基本的生理需要很紧迫,其他需要就处于压抑状态,而且不可能影响人的行为。当它们得到合理满

① 霍瑟萨尔,郭本禹. 心理学史[M].郭本禹,魏宏波,朱兴国,译.4 版.北京:人民邮电出版社,2011.

足后,下一个层次的需要,即安全需要就会对人产生激励作用。当一个人不再关心安全问题时,他/她就又会被爱和归属的需要所激励。如果饮食无忧并且安全,而且有社会归属感,人就会上升到尊重需要——喜欢自己,认为自己有能力和有效率,以及去做能赢得别人尊重的事情。人类是会思考的动物,拥有需要思想激励的复杂大脑,我们就会被这样的认知需要所激励,想要了解自己的过去、理解现在状态的奥秘以及预测未来,也正是这些需要的力量使科学家把毕生的精力都花在探索新知识上。马斯洛需要层次的下一级就是人类对秩序和美感的渴望,以审美需要的形式展现了人性富有创造性的一面。当一个人生活富裕,安全,被别人爱以及爱别人,有信心,善于思考并有创造力,那么就意味着他/她已经超越了人类基本的需要而寻求潜力的充分发展,即自我实现。一个要自我实现的人有自知之明,能理解自己,在社会中反应灵敏,有创造性,自然优雅,愿意接受新事物和挑战①。马斯洛还提出,在自我实现之后,还有一个需要,即超越需要,会导致更高层次的意识状态和人在宇宙中角色的宇宙观,但很少有人超越自我来获得这种精神力量的联合。

二、会展需要

会展需要是一种高层次的需要,是物质需要和精神需要的集合体。我们将主要围绕展会来探讨与会展需要相关的内容。

(一)会展需要的概念

会展需要是指人脑对生理需求和社会需求的反应在展会中的体现。根据马斯洛需要层次理论可知,会展需要是需要层次中的一个特殊的方面,在需要层次中属于较高层次的需要。会展需要的主体是展会参与者,这里主要是指参展商和观众,包括现实参展商和潜在参展商,以及现实观众和潜在观众。潜在参展商的需要是指具有参展倾向的参展商的需要,参展商的需要是指现实参展商在展会参与过程中的需要。潜在观众的需要是指具有观展倾向的观众的需要,观众的需要是指现实观众在展会参与过程中的需要。

会展需要的对象是展会,包括展会本身及展会举办过程中所涉及的各种要素。凡是以展会为对象的需要都是会展需要,而不是仅限定在人们对展会及其相关产品和服务的愿望与要求。本章结合马斯洛需要层次理论,想要探讨的是参展行为究竟源于参展商和观众的哪些需要,以及参展行为可以满足参展商和观众的哪些需要,只有弄清楚了这些问题才能更好地激发潜在参展商和潜在观众,尤其是潜在专业观众,使其变为现实参展商和现实专业观众,同时更好地满足现实参展商和现实专业观众的需要。

(二)会展需要产生的条件

会展的起源最早可以追溯到集市的出现,然后逐步发展到现代的会展业。可以看出,会展需要是人类社会发展到一定阶段的产物,是参展商和观众的一种主观意愿和要求。这种主观状态不仅受到以参展商和观众为代表的参展企业主观条件的影响,而且还受到外部客观条件的限制。内在的主观因素和外在客观条件共同作用,最终才能产生会展需要,这些条件缺一不可。

---

① 格里格,津巴多. 心理学与生活[M]. 王垒,等译.16 版.北京:人民邮电出版社,2012.

1. 主观条件

(1)参展企业的基本需求失衡并被感知

这种被参展企业体验到的失衡状态促发了企业走出自身发展的惯常环境以求展示自己以及观察和学习行业趋势的参展需要。参展企业所在行业市场竞争带来的紧迫感和企业寻求未来发展方向的不确定感引起的平衡失调，使参展企业产生对这种状态进行调整以达到新的平衡的要求。随着互联网时代的到来，各行各业的竞争和创新节奏日益加快，尽管企业清楚地知道自己的发展水平以及行业价值，甚至是有着引以为傲的行业地位，仍然会不定期地产生信息交流和关系建立的内在冲动。与现存和潜在客户的交流，是企业参与展会最重要的动力。已有研究发现，60%以上的参展企业提到，他们参与展会最重要的目标是告诉客户他们的存在，保持并密切联系现有客户[①]。参加展会恰好可以满足这样的需求，因为展会本身就是一种临时性的产业集群。

通过参加展会不仅可以直接进行销售，还可系统获取市场中竞争者、供应商和目标消费群体各方面的信息，发现合适的伙伴并建立与长距离伙伴的信任，从而提升企业的长期竞争力，而不仅仅是获得一个短期的销售机会。因此，参加展会已经成为参展企业维系和拓展对外联系不可替代的渠道之一。

但是参展企业对这种平衡失调状态及由此产生的平衡驱动力的感知并不是一蹴而就的。需要在被明确之前，通常是以意向和愿望的形式存在并被体验到。这种模糊体验到的意向，虽然能够让人意识到一定的活动方向，但却不明确活动所依据的具体需要是什么以及应该用什么样的途径和方式来满足。明确地意识到并想实现的参展需要就是参展愿望。参展需要是企业的一种主观倾向，往往以静态的形式存在着。因此，当参展需要明确地被企业感知到，并开始付诸实际行动，如会展信息搜寻、参展决策制订等，这种参展需要才真正地成为参展活动的动机。

(2)参展企业的好奇心

好奇心是个体遇到新奇事物或处在新的外界条件下所产生的注意、操作、提问的心理倾向。苏联著名教育实践家和教育理论家苏霍姆林斯基曾说过："求知欲，好奇心——这是人的永恒的，不可改变的特性。"好奇心是个体认知和探索的内在动机之一，这也是促使企业外出参展的一个基本原因。企业的发展离不开创新的支撑，而创新就是在好奇心的基础上，通过将创造性的思维付诸行动，创造出新的解决方案和理念的过程。已有关于会展业与城市发展的关系研究表明，展会与产业创新升级有着密切联系，对本地产业创新具有显著的溢出作用。

新奇性和复杂性是能引起好奇心的刺激要具备的两个条件或两者之一，是决定吸引力的基本因素。展会与产业创新关联密切。因为在展会中参展企业不仅可以向市场展示最新产品和设计，与现实或潜在的买家接触，还可以利用这些活动获得对其产品的反馈，打开新思路，了解新技术和市场趋势，同时，由于参展者来自不同国家、不同经济背景和专业，参展企业通过与其他展会参与者进行面对面的交谈可以获得有关市场和创新的知识流动，这种互动同时满足了新奇性和复杂性两个条件，不仅有利于参展企业对复杂知识的理解，为企业参与跨地域学习、知识获取和知识共享提供了良好的平台，还为参展企业实现行业学习、产业创新升级带来

① 朱贻文，张旭敏，曾刚. 国际会展业发展趋势及上海提升国际会展之都能级的对策[J]. 科学发展，2023(8):34-41.

了有利的契机。

2.客观条件

主观条件仅仅为参展需要的产生提供一种可能,因为面对同样的企业生存与发展的压力,同样是为了获取先进知识和市场信息,不是所有的企业都会选择参加展会,不同的企业会选择不同的交流方式和满足途径。需要的发展性、差异性及社会历史制约性的特征告诉我们,参展企业产生参展需要还要满足一系列客观条件。这些客观条件主要包括经济因素、时间因素、社会因素和会展自身因素等。

(1)经济因素

经济条件是产生参展需要和实现参展需要的基本前提。经济条件决定了是否能够产生参展需要,产生什么样的参展需要,还影响着参展需要产生的持续性。从企业的角度来说,外出参展是一种较高层次的消费行为,根据马斯洛需求层次理论可知,一些企业,尤其是中小企业,由于自身财务状况的限制,企业的营收水平仅仅能够维持基本的收支平衡时,处于较高层次的参展需要就很难产生或产生后也无法实现。参加展会是企业拓展国内或国际市场的重要途径之一,但参展也意味着一定的成本投入。参展成本中,展位费用是最大的成本项,一般来说,展位越大、位置越好越能够吸引人流量,费用也就越高。以2023年上海国际汽车工业博览会为例,根据其招展书可知,此次展会的室内光地为1 800元/平方米、标准展台为2 000元/平方米。一般来说,大型车企都会选择室内光地,即主办方提供一块空地,车企自行搭建展台。车企的展位大多在2 000平方米以上,大一点的车企或联合展台可以达到3 000~4 000平方米。这样一算的话,车企仅展位费这一项就要花费360万~720万元。

除了展位费用,企业还需要考虑搭建费用、宣传费用、展品运输费用和参展工作人员费用。搭建费是指搭建展台的费用,一般按平方米收费;宣传费用包括宣传资料制作、广告投放、公关活动等;展品运输费用包括运输费用、保险费用等。人员费用包括参展人员的差旅费用、住宿费用、餐饮费用等。企业在参展预算中可支配的额度越大,参展支付能力就越强,外出参展的可能性就越高。

需要明确的是,经济条件只是产生参展需要的客观必要条件之一,并不意味着经济条件好的企业就一定会外出参展。

【阅读材料3-1】　国内与国际参展费用知多少

以2023年江苏某纺织品有限公司赴日本参加日本杂货展为例,在杂货展上他们选择的是3米×3米的标准展位,算上摊位费、会刊费以及部分增租道具之后,整体的参展费用达到了人民币52 000元。再加上人员出国的签证、差旅等费用,参展费用不可小觑。从时间成本上来算,虽说是为期3天的展会,但首日上午客户观众排队进场的时间以及最后撤展的半天都是几乎没有人流的,真正有效的参展时间实际只有2天,平均下来参展成本达到26 000元/天,每小时就要花费三四千元。倘若是以如此高昂的"时薪"为标准,这个9平方米无精装展位的年租金甚至可以达到1 000万元,真可谓是寸土寸金。

该公司2023年还参加了第116届上海百货会,在百货会上他们选择的是36平方米的特装展位,其中展位费需要6万元,装修则耗费4万元。如果不算特装费用,海外参展一个平方米的租金在5 000~6 000元,而国内展位则在1 500元左右。参展成本差距一目了然。

正是考虑到海内外参展成本的巨大差异,为鼓励企业产品出口,国家会对部分海外展会给予一定的经济扶持。根据具体情况不同,展位费补贴50%~90%。当然,政府的补贴数额和比例也不是企业确定是否参展的决定因素,展会本身的人流量和参展效果才是企业放在首位要考虑的。

资料来源:根据相关资料整理.

(2)时间因素

参展在大部分情况下需要离开企业所在地,在举办展会的城市花上一段时间展开各种参展活动,所以,时间因素成为产生参展需要的另一客观必要条件。可自由支配的时间越长,越能推动参展需要的产生。按照展会对观众正式开放的时间,展会的展期一般为1~3或3~5天,少数展会可能长至5~6天。但除了正式开展时间,还有开展前的布展期和展会结束后的撤展期,所以一次参展所花费的时间往往要远长于开展时间。另外,根据展会举办时间特点可知,展会可分为固定性展会和非固定性展会,这都对参展企业在时间条件上提出了较高的要求,需要在参展时间与企业生产实践安排之间进行平衡。

(3)社会因素

参展需要的产生与国家或地区的经济发展、文化特征、社会氛围有密切关系。

一个国家或地区经济发展水平越高,一方面,企业自身的经济条件就越好,也越有可能产生参展需要;另一方面,经济越发达,才越有足够的实力提供会展发展所应具备的各种条件,提供设施设备完善的会展场馆和良好的会展服务,提高会展综合吸引力和接待能力,形成开放文明的会展行业环境。如重要的全球城市(如巴黎、米兰和法兰克福等)也是重要旗舰展会的举办场所,这些城市具备较大的展览空间和较强的综合服务能力。这样的会展发展环境会进一步带动当地企业的参展需要。

近现代展会活动的起源可以追溯到欧洲中世纪。中世纪时期,展会最初只是一个"临时的交易市场",进行简单的交易活动,后来逐渐发展成为专业展会。目前对会展业影响面广、关联度高,对城市经济发展产生巨大的带动效应和综合影响这一观点,在业界与学界都已达成共识,将城市作为展会目的地宣传,成为城市名片和经济发展的重要元素。同时,丰富而有差异的展会参与者有助于参展商和观众实现取长补短,通过互动学习,与来自其他地区的产品和尖端技术进行比较,进而进行新的实践和技术创新。这样的会展文化和群体影响多了,也就形成了更为广泛的会展发展社会氛围,同样也会促进参展需要的产生。

当然,参展商和观众参展需要的产生会直接受到会展目的地社会稳定状态以及双方关系好坏的影响,一旦出现会展目的地动荡或双方关系紧张时,出于安全的考虑,参展商和观众往往会选择放弃既定参展计划或转向其他会展目的地。

(4)会展自身因素

会展目的地往往是来自不同地区会展参与者的临时聚集地,其自身所具备的交通条件、经济条件、接待条件、服务业水平、政府支持与企业能力、开放性、自然和社会文化环境等都会对参展需要产生影响。

作为展会主办城市,其一要有高效的市内交通系统,如果是国际展会,还要拥有一定的大型航空节点,以便建立本地与国内其他城市以及海外的快捷联系。其二是经济条件,许多经济发展水平较高的城市带动了相关产业展会的发展,如上海依托产业发展重点打造的"上海家博会""上海国际汽车工业展览会""上海国际纺织工业展览会"等。对参展商和观众来说,参展的过程也是一次跨区域旅行,会展目的地酒店、餐饮和其他配套设施等接待条件与服务水平就变得很重要。

现阶段我国会展业的发展还离不开政府的大力支持,包括政策支持、城市政治地位、监管机构、行业协会等。虽然政府在许多方面提供了不可或缺的支持,但展会举办最终还是要交给专业组织机构运行,如上海、广州、成都等会展中心城市都拥有世界级的展业展览集团,包括上海市国际展览有限公司、上海博华国际展览有限公司、广州琶洲国际会展中心、成都国际会展中心有限公司等,这些专业会展机构对提升当地重大展会的质量和成效起到了关键作用,也是吸引众多参展商和观众的关键因素。除此之外,来自异地的参展者和观众可能更喜欢去一个自然与社会文化环境有吸引力、开放程度高的旅游目的地,从而将展会与旅游有机地结合起来。

需要注意的是,安全是会展吸引力存在的前提条件,没有安全保障,一切吸引力都会归零。

【阅读材料3-2】 上海建设会展之都的基础条件

《上海市推动会展经济高质量发展 打造国际会展之都三年行动方案(2023—2025年)》明确指出,到2025年,上海会展配置全球资源能力进一步提升,将全面建成国际会展之都。会展产业集群则是上海会展业参与全球竞争的主要载体。近年来,上海举办展会及活动数量逐年攀升,以2019年为例,上海共举办展会及活动1 043场,成为国内举办专业展会最多的城市,广州(690场)和北京(324场)紧随其后。上海还重点打造"中国国际进口博览会""上海家博会""上海国际汽车工业展览会"等数十个优秀品牌展会项目。

2020年以来,全球各类展览活动举办数量及规模明显下降,上海会展行业发展也受到较大冲击。在挑战面前,上海仍持续推动会展业高质量发展,推出专项扶持资金等措施,最大限度地保证会展业正常运营。据统计,2021年上海共举办国际展142个,较2020年减少39个;国内展341个,较2020年增加83个;举办展会活动59场。2021年,上海举办国际展览面积占各类展会及活动展览面积的85.89%,较2020年增长7.03%。在不利条件下,上海会展业仍不乏亮点。一是国际化、品牌化发展成效初现。2020年上海共举办国际展181个,展览面积874万平方米。在《进出口经理人》杂志发布的世界百强商展名单中,上海入榜的展会数量为14个,入榜展会数量和规模在全球主要会展城市中列第1位。2021年第四届中国国际进口博览会国家展共有61个国家或国际组织参加,其中,5个国家首次参加进博会,15个国家首次参加国家展,进博会的国际影响力进一步扩大。二是展览规模快速反弹。2020年7—12月,上海举办展会面积为1 067万平方米,恢复至上年同期近90%的水平。三是线上线下展会逐步融合。"云展平台"中2020年有近20个展会上线运行,多个展会线上线下同步进行,组织境外展商通过"云洽谈、云签约"等方式参与展会。机遇与挑战并存,上海会展行业在应对挑战时展现了良好的基础条件、广泛的影响力和发展弹性,敢于在变局中开新局、于危机中育先机。

资料来源:朱贻文,张旭敏,曾刚.国际会展业发展趋势及上海提升国际会展之都能级的对策[J].科学发展,2023(8):34-41.

(三)会展需要的类型

人的需要是多种多样的,同样,参加会展活动中涉及的需要类型也是多种多样的,用不同的标准可以有不同的分类。这里我们将会展需要分为一般会展需要和核心会展需要。

1.一般会展需要

一般会展需要是指参展商和观众在参展过程中所具有的共同的基本需要。按照马斯洛需求层次理论,这些一般会展需要包括较低层次的物质需要,如餐饮、住宿、交通、安全等需要,以及较高层面的精神需要,如结交朋友、认知探索、审美、艺术等的需要。会展需要的专业性特征决定了精神层面的需要是参展商和观众更高层次的需求。

2. 核心会展需要

核心会展需要是指参展商和观众基于展会功能而产生的特殊需要。会展具有强大的经济功能,包括联系和交易功能、整合营销功能、调节供需功能、技术扩散功能、产业联动功能、促进经济一体化等。其中直接销售是展会最主要的功能之一,这也是传统意义上参展商参加展会的核心需要之一。但近年来,这一功能的重要性正在逐渐下降,知识交流需要、建立关系需要、获取信息需要、提升市场影响力需要等成为现在参展商参加展会的主要目的。企业通过参加展会长期、惯例式的集聚,能够通过学习获得重要信息,发现合适的合作伙伴,建立与长距离伙伴的信任。也就是说,参展商更看重展会所带来的长期竞争力,而不是只是把它当作一个短期销售的平台和机会。除此之外,通过宣传推广展示企业实力、展出最新技术成果也是参展商参加展会的重要需要之一。

(四)会展需要的特点

1. 多样性和差异性

参展商和观众会展需要的差异性和多样性既表现在不同参展商和观众多种需求的差异,也表现在同一参展商和观众多元化的需要内容中。由于参展企业在社会文化环境、行业特征、行业地位、发展规模与发展阶段、发展理念等方面的不同,需要的内容、层次、强度和数量方面是千差万别的。对同一个参展商或观众来说,需要也是多元的,并且同一个参展商或观众对某一特定的展会常常兼有多方面的要求。

2. 层次性和发展性

马斯洛需求层次理论告诉我们,参展商和观众的会展需要可以划分为高低不同的层次,一般是从低层次开始满足,不断向高层次发展,但在特殊的情况下,需要的层次也可能变化。另外,参展商和观众的会展需要还常常受到时代精神、风尚和环境等多种因素的影响。时代发展变化了,参展商和观众的会展需要和偏好也会发生变化。如伴随着互联网技术和数字经济时代的到来,线上和线下参展都是必不可少的方式,线上参展短平快、范围广,线下则可实地展示、面对面交流互动,两者有机结合共同满足参与者的各种会展需要。可以说,正是参展商和观众会展需要的层次性和发展性推动了会展业以及会展服务与产品的发展。

3. 可变性和可诱导性

参展商和观众的会展需要是可以引导和调节的。通过调节可以使参展商和观众的会展需要发生变化和转移,潜在的参展欲望会变为现实的参展行动,微弱的参展需要会转变为强烈的参展需要。会展参与者的需要还可以通过人为地、有意识地给予外部刺激和诱导发生变化,这也是在会展业发展过程中政府和龙头会展企业不惜代价努力推广和招商,对企业前来参展和展后的商业活动提供适当优惠政策和服务保障的原因所在。

第二节　动机概述

一、动机的概念及产生

动机概念是心理学中使用最广泛的概念之一,最早来源于拉丁文 Movere,原来的意思是推动,用来说明个人为什么会有这样那样的行为。在社会生活中,个人任何行为的背后肯定都有特定的动机存在。动力概念最早由美国心理学家 R. S. 武德沃斯（R. S. Woodworth）1918 年提出并应用于心理学,认为动机是决定行为的内在动力。

（一）动机的内涵

动机是指激发个体行动,并使行动朝向一定目标的心理倾向或内部动力。动机是推动人们去从事某种活动、达到某种目的、指引活动满足一定需要的意图、愿望和信念。动机是人们一切行为的内在动力,是人们从事某种活动的直接原因。心理学家研究动机的一个终极原因就是为了解释有机体遇到困难时为什么还要坚持把行为继续下去。动机使一个人即使筋疲力尽也要按时工作和学习,动机会帮助一个人坚持比赛并把能力发挥到极点,即使当输了或意识到自己不会赢时仍旧如此。

（二）动机的产生

有些动机存在于人的意识层面,能够被明确地认知,而有些动机则存在于潜意识中,没有被明确地认知。动机的产生是内在需要和外界诱因共同作用的结果。

1. 人的需要

动机来源于需要,离开需要,就不可能产生任何动机。需要构成了动机产生的内在条件。有一些动机看起来很简单,如果你饿了,就要吃东西,渴了就要喝水。1952 年理论家 C. 赫尔（C. Hull）提出驱力理论,认为最重要的行为是由内驱力激发的。他指出,驱力是一种内部状态,它是对动物的生理需要做出的反应。生物体为了维持体温、能量供应等目的会寻求一种平衡状态。但是当某种需要出现破坏了这种平衡状态,就会产生一种心理上的紧张,驱力就会被唤醒。驱力会推动生物体采取行动消除紧张,紧张消除后生物体就会停止这种行为。因此,当个体长时间没有进食,就会产生饥饿感从而激发出寻找食物及进食的行为。这种寻找食物和进食的行为会得到加强,因为这些行为和进食紧张感的消除是联系在一起的。同样,企业外出参加展会的动机也是来源于企业的会展需要。展会为参展企业提供了一个集中、高效、便捷的交流平台,能够满足参展企业多样且富有变化的参展需要,因而成为促使企业产生参展动机的内在条件。

2. 外界的诱因

外界的诱因是指那些能够吸引个人采取行动,追求需要满足的外部刺激。诱因构成了动机产生的外在条件。消除由于缺少某种内在需要引发的紧张感只能够解释一部分行为的产生。如当把一群饥饿的老鼠放在一个全新的环境里时,虽然新环境里到处都是食物和水,但是这些饥饿的老鼠却先是四处探索,满足好奇心之后才开始进食和喝水。这说明了行为不仅是由内部驱力所激发,还会受到外界诱因的影响。外界刺激和奖赏往往与生理上的需要并无直接联系。如当这些老鼠与它们周围环境中的事物保持协调,而不是与它们的心理状态保持协调时,行为就表现出是受诱因所控制。人的很多行为也是由各种各样的外界诱因所控制。如展会上的观众面对丰富且新颖的展品会表现出强烈的尝试意愿;又如有的参展企业会因竞争对手参加展会也选择参加展会,尽管有着参展成本的压力,但同样无法抗拒地具有一种探索新发展趋势的冲动。

二、动机理论

动机理论用以解释行为动机的本质及其产生机制的理论和学说。早期的动机理论,实质上都是关于人性论的引申。在中国古代,性善性恶的争论,对"志"与"气"、"性"与"情"关系的不同观点,都可以看作是对动机的不同解释。

（一）本能理论

本能理论是最早出现的行为动力理论。本能理论最早由 C. R. 达尔文（C. R. Darwin）提出,其基本观点是,人的行为主要是受人体内在的生物模式驱动,不受理性支配。W. 麦独孤（W. McDougall）是本能理论的代表,他列举了人的 18 种本能,认为人类的所有行为都是以本能为基础的,有什么行为就有什么样的本能与其对应,本能是人类一切思想和行为的基本源泉和动力,个人和民族的性格和意志也是由本能逐渐发展而形成的。

本能理论过高地估计了本能对人类的重要性,人类除了拥有和动物一样的生物本能,还有许多社会本能如同情、谦虚、社交和爱也同样在发挥作用。虽然到了 20 世纪 20 年代,心理学家已经整理编纂了一万多种人类的本能,但与此同时,用本能来解释人类行为的观点因受到强烈的批评而开始动摇。尤其是当行为心理学家证明了重要的行为与情感是后天习得的,而不是先天就有的,给了本能理论致命一击。

（二）驱力理论

美国生理学家 W. B. 坎农（W. B. Cannon）提出稳态的概念,认为生物必须保持机体内环境的平衡。体温、血液、激素、营养等代谢因素,若失去平衡都需要调整。自主神经系统是这类调整的机构,它的活动是不自觉的。但正如生物反馈技术所证明的那样,这些过程也可置之于中枢神经系统的控制之下,成为有意识的行为。

而让驱力理论得以大力推广的是 C. 赫尔（C. Hull）。他提出了驱力减少理论。该理论认为机体的需要产生驱力,驱力迫使机体活动,需要得到满足,进而减少驱力,但引起哪种活动或反应,要依据环境中的对象来决定。有些驱力来自内部刺激,不需要习得,称为原始驱力,有些驱力来自外部刺激,是通过学习得到的,称为获得性驱力。驱力理论强调了经验和学习在驱力形成中的作用。只要驱力状态存在,外部的适当刺激就会引起一定的反应。这种反应与刺激之间的联结是与生俱来的。如果反应减弱了驱力的紧张状态,那么反应与刺激之间的联结就会和条件反射的机制一样得到加强。由于多次加强的累积作用,习惯本身也获得了驱力。所以,赫尔认为行为的强度是先天的刺激-反应联结和后天获得的习惯共同决定的。驱力为行为提供能量,而习惯决定着行为的方向,人类的行为主要是由习惯来支配,而非生物驱力。但很显然,驱力降低理论无法解释需要保持甚至提升兴奋度或唤醒水平的现场。

（三）唤醒理论

唤醒理论又被称作"激发论"。唤醒理论由英国行为主义心理学家 D. 贝里尼（D. Berlyne）提出,他在对人的感觉经验进行考察时发现,人对新奇的刺激的感觉,是随着刺激的重复出现和历时的长短而展开的,刺激重复得越多,时间越长,感知表象的新奇性就会逐渐降低。人在审美活动中获得的愉悦是由这样两种"唤醒"引起的:一种是"渐进性"唤醒,即审美情感的紧张度是随着感知和接受的过程而逐步增加的,最后到达度的临界点产生愉悦体验。另一种是所谓"亢奋性"唤醒,就是情感受到突发的冲击迅速上升到达顶点,然后在"唤醒"下退时获得一种解除紧张的落差式愉悦感。对唤醒水平的偏好是决定个体行为的一个因素,一般人们偏好最佳的唤醒水平,刺激水平和偏好之间的关系是一条倒 U 形曲线。

（四）诱因理论

20 世纪 50 年代以后，许多心理学家认为，不能用驱力降低的动机理论来解释所有的行为，外部刺激（诱因）在唤起行为时也起到重要的作用，应该用刺激和有机体的特定的生理状态之间的相互作用来说明动机。例如，吃饱了的动物在看到另一个动物在吃食，将会重新吃食物，这时的动机是由刺激引起的。人类经常追求刺激，而不是力图消除紧张使机体恢复平衡。诱因理论强调了外部刺激引起动机的重要作用，认为诱因能够唤起行为并指导行为。

诱因分为两种，凡是个体趋向或接受它而得到满足的诱因称为正诱因，凡是个体因逃离或躲避它而得到满足的诱因称为负诱因。动机是由需要与诱因共同组成的。因此，动机的强度或力量既取决于需要的性质，也取决于诱因力量的大小。实验表明，诱因引起的动机的力量依赖于个体达到目标的距离。距离太大，动机对活动的激发作用就很小了。同时，动机的社会意义与动机的力量也有直接的关系。成就理论告诉我们，除了目标的价值以外，个体对实现目标的概率的估计或期待也有重要的意义。

（五）认知理论

当代的心理学家用认知分析来探索激发各种各样的个人和社会行为的力量，并认为重要的人类动机不是来自外部世界的客观实体，而是来自对这些实体的主观解释。认知取向解释了人类为什么常常被对未来事情的期待所驱动这个问题。一旦生物体开始思考其行为，这也是人类常做的事情，对什么该发生和什么不该发生的期望也就产生了动机，会思考的动物会有选择地把有些动机归因到他们自身，把有些动机归因到外部世界。

美国心理学家 E. C. 托尔曼（E. C. Tolman）通过对动物的实验研究提出行为的目的性，认为行为的动机是期望获得某种目标，或者企图躲避某些讨厌的事物。我们期望通过某些途径或手段来达到我们行动的目的，这就是期望理论的出发点。期望是如何将动机的内部和外部力量联系起来的呢？F. 海德（F. Heider）认为，对行为的结果归因影响着个体的行为方式，即归因理论。如果你认为考试分数很差是因为缺乏努力造成的，你下次就可能会更加努力，但如果你认为分数很差是由于考试不公正或者自己能力不够，有可能你就会放弃努力。因此，把动机来源看作内部的还是外部的，在一定程度上依赖于个体对客观实体的主观认识。

综上所述，心理学家用动机的概念将生物学与行为联系起来，用它来解释行为的变化。动机理论往往试图识别哪种动机来源于内部因素，即生物体内，哪种来源于外部，即外部环境和文化因素，但行为的做出往往是内在需要和外界诱因同时作用的结果。

三、动机的功能及类型

（一）动机的功能

1. 激活功能

激活功能是指动机有发动有机体活动的作用。动机是行为的原动力，它能够启动人的行为。如唐代诗人李白，一生漫游天下，"五岳寻仙不辞远，一生好入名山游"正是其原因和动力。又如爱集邮的人，看到一张精美的邮票就会产生占有它的动机。个体一旦产生这种动机，就会想方设法买到或用其他物品换到这张邮票。这里的"买"或"换"的活动就是在"占有"的动机的推动下进行的。如果没有这种动机就不会产生"买"或"换"的行为。再如进博会是迄今为止世界上第一个以进口为主题的国家级展会，有着惊人的市场机会，对从世界 500 强企业到全球各国的中小企业产生了巨大的吸引力,一旦有可能就会产生参展的动机。

2. 指向功能

指向功能就是指动机使人们的活动指向特定的对象。动机能引导行为活动的发展方向,动机种类不同,行为活动的方向也就不同。如一个人有了想吃东西的动机,他的活动就指向食物,他会去寻找或购买食品;在学习动机的支配下,人们会到书店买书或去图书馆借书。又如想要宣传自己、打开中国市场的全球各国的中小企业,就会去参加进博会。

3. 维持功能

维持功能是指动机使人们在某种行为上能够维持多长的时间,表现为行为的坚持性。在日常生活中,为了追求成功或成就,人们能够持续工作相当长的时间,甚至献出生命。但是,一旦人们追求成就或其他目标的动机减弱,人们的行为也会很快结束。一般情况下,如果动机指向的目标没有实现,人的需要没有得到满足,动机就会一直保持不变,长期推动人的行为。

4. 调整功能

人们的动机是需要与诱因共同作用的产物,既可能表现出稳定不变的持久性,也可能在需要与诱因发生变化时,表现出可变性。表现在两个方面,一方面,动机指向的目标已经实现,需要得到满足,行为动机自然消失。另一方面,在追求目标实现的过程中,人们发现了更有价值的新目标,或者遇到了难以克服的困难,不得不放弃原来的目标,从而产生新的动机,追求新的目标。后者就是动机可变性的最典型表现。

(二)动机的类型

1. 生理动机和社会动机

根据动机起源,可以把动机分为生理动机和社会动机两大类。生理动机来自人的生理需要,包括饥食渴饮,休息睡眠、解除痛苦等;社会动机来自人的社会需要,包括交往、成就、尊重、威信、归属等。严格地说,由于人类生理需要的满足受社会生活的影响,因此,人没有纯粹的生理性动机,如吃饭本来是满足人对食物的需要,但朋友间的请客吃饭,就不单纯是为了果腹,而包含一定的交往动机。一般,企业参加展会时有增加销售的经济动机,也有建立关系、互动学习等社会动机,这些动机往往可以同时出现在一个参展企业身上。

2. 主导动机和非主导动机

根据动机对行为作用的大小和地位,可以将动机分为主导动机和非主导动机。主导动机是个体最重要、最强烈的、对行为影响最大的动机。非主导动机是强度相对较弱、处于相对次要地位的动机。人的行为实际上是由不同重要性的动机构成的动机系统决定。在这个动机系统中,主导动机可以抑制那些与其目标不一致的动机,对个体的行为起决定性作用,非主导动机则起辅助作用。通常所说的"公而忘私"就是主导动机作用的体现。在这里,"公"是主导动机,"私"则是非主导动机。对于参展企业而言,参加展会之前在制订参展计划时就应列出明确的主要参展动机和辅助参展动机。

3. 内部动机和外部动机

根据动机的原因,可以将动机分为内部动机和外部动机。内部动机是由内部因素引起的动机。内部动机指向行为本身,行为能够使人获得最大限度的需要满足,是对自己的一种奖励和报酬。如很多的创造发明,并不需要外界的表扬与奖励,创造者已经在自己的行为中得到了乐趣。外部动机指向行为之外的其他刺激,这些刺激可能是行为的结果、社会对行为的评价、由行为带来的奖罚等。如有人为评先进而努力工作,有人为避免批评而完成工作指标,都不是对工作本身感兴趣。例如,有的儿童刻苦学习是因为他们在学习方面有强烈的好奇心、求知欲等,这种学习动机就是内部动机;有的儿童努力学习只是为了得到父母和老师的表扬与奖励,避免受到惩罚与批评,这种学习动机就是外部动机。相对而言,内部动机比较稳定,会随着目标的实现而增强,而外部动机则是不稳定的,往往会因目标的实现而减弱。同样,企业外出参加展会既有内部动机的影响,也有外部动机的推动,两种动机会随着参展目标的变化而变化。

应当指出,内部动机和外部动机的划分不是绝对的,在一定条件下,外部动机可以转化为内部动机。个体的许多社会性动机就是通过外部动机转化而来的。

4. 近景性动机和远景性动机

根据动机引起的行为与目标之间的远近关系,可以将动机分为近景性动机和远景性动机。近景性动机是指与近期目标相联系的动机,远景性动机则是与较长远的目标相联系的动机。如学习英语,有的只是为了四六级考试取得一个好分数,有的则是为了将来能很好地使用英语这个工具。近景性动机与远景性动机的划分也是相对的。与一种动机相比是近景性动机,而与另一种动机相比则可能是远景性动机。对参展企业而言,利用参加展会的机会进行推广销售属于近景性动机,而与专业观众建立良好的长距离关系就属于远景性动机。

(三)动机的相互作用

人的同一时间往往有多种动机,这些动机有的是目标相互一致的,有的则是相互矛盾或对立的,人的行为到底是由什么动机决定的,主要取决于这些动机相互作用的结果。

1. 动机的联合

当个体同时出现的几种动机在最终目标上基本一致时,它们将联合起来推动个体的行为。例如,个体有在将来找到好工作的动机,有喜欢学习的动机,有追求当前物质利益(如奖学金)的动机,而取得好成绩是这些动机的共同目标,这些动机就联合起来,推动个体的学习活动。

在几种相互联合的动机中,强度最大的是主导动机。主导动机对其他动机具有调节作用。这种调节作用主要表现为两方面。一方面,主导动机有凝聚作用,将相关动机联合起来,指向最终目标;同时主导动机还决定个体实现具体目标的先后顺序。另一方面,主导动机具有维持作用,将相关动机的行为目标维持在一定的目标上,阻止个体行为指向其他目标。非主导动机的影响力较小,但其作用也是不可忽视的。非主导动机可以增强或削弱这种动机联合的强度。

2. 动机的冲突

当个体同时出现的几种动机在最终目标上相互矛盾或相互对立时,这些动机就会产生冲突。如果几种相互对立的动机在强度上差异较大,强度较大的动机很容易战胜其他动机,成为主导动机,这时的动机冲突就不明显,不易为人们所察觉。如果几种相互对立的动机在强度上差异较小,这时的动机冲突就显得十分激烈。通常,动机冲突是专指这种较为明显的两种动机之间的冲突。常见的动机冲突有双趋冲突、双避冲突、趋避冲突。

双趋冲突是指,当个体的两种动机分别指向不同的目标,只能在其中选择一个目标而产生的冲突。如晚上既想看书,又想看球赛,这就是双趋冲突。当企业需要在两个都想去参加的展会之间做出选择时就会感受到明显的双趋冲突。

双避冲突是指,当个体的两种动机要求个体分别回避两个不同目标,但只能回避其中一个目标,同时接受另一个目标而产生的冲突。如冬天有的人既怕寒冷而不愿早起,又怕因迟到而受到老师的批评,这就是双避冲突。外出参加展会需要付出一定的参展成本,但是如果企业既不想错过展会带来的各种信息与机会,又不愿付出相应的参展成本时,就会面临双避冲突,需要在两者之间做出抉择。

趋避冲突是指，当个体对同一个目标同时产生接近和回避两种动机，又必须做出选择而产生的冲突。俗话说的"想吃粥，又怕烫"就是指趋避冲突。如参展企业想要参加展会却又担心参展效果不理想时，这种情形就是一种典型的趋避冲突。

四、影响动机形成的因素

（一）价值观

价值观是由个体评价事物的价值标准所构成的观念系统。个体的兴趣、信念、理想是价值观的几种主要表现形式。

价值观是在个体需要的基础上形成的，是个体需要的系统反映。人们的需要是各种各样的。一方面，需要本身有强弱之分；另一方面，在社会生活中，只有一部分需要能够满足，有时满足某种需要是以抑制其他需要为前提的。这样个体就逐渐形成了各种需要按强弱的程度组成的一个需要系统。这个需要系统为个体所意识到，就成为一定的观念系统，亦即价值观。它从整体上控制着人们对事物价值的评价。

价值观一旦形成，就具有很大的稳定性。它对需要的作用具有重要调节作用。它可以抑制或延续一些需要，同时激活或强化另一些需要，从而影响个体的动机。如参展动机的产生，参展商或观众离开熟悉的日常工作场所，到陌生的城市尤其是展馆里过上一段时间。这就是参展商和观众抑制了自己对工作控制感的需要，激活了好奇心、社交、尊重与自我实现等需要的结果。

（二）情绪

情绪是个体对需要是否满足而产生的愉快或不愉快的体验。当需要得到满足，个体就会出现高兴、快乐等积极情绪；如果需要得不到满足或需要的满足一再受到阻碍，就会产生悲痛、愤怒、恐惧等消极情绪。情绪对已有的需要有放大的作用。愉快的情绪会加强已有的需要，大大提高个体活动的积极性；而不愉快的情绪则削弱已有的需要，抑制个体活动的积极性，降低活动的效率。如婴儿在母亲边时，由于其情绪较为愉快，表现出较多的探索活动，当母亲不在身边时，则产生不愉快的情绪，其探索活动明显减少。在会展活动中，当参展商和观众的某种或某些参展需要得到满足时，就会感到满意与快乐，进而更加积极参与各项展会活动或者积极配合展会服务人员的工作。

（三）认知

一项活动是否值得做？成功的把握有多大？对这些问题的认知直接影响着个体的动机。因此，认知是影响个体动机的重要因素。心理学在这方面进行了大量的研究。

J. W. 阿特金森（J. W. Atkinson）认为诱因能否引起个体的行为动机，关键在于个体对行为的价值和成功的概率的估计。对行为价值的估计称作效价，对成功概率的估计称作期望。他提出行为动机是效价与期望的乘积的观点。虽然这种估计是主观的，但个体对行为的效价和期望估计越高，其动机的强度的确就会越大。

B. 韦纳（B. Weiner）认为个体的期望大小是与个体对成败的归因有关。每个人都力求解释自己的行为，分析行为结果的原因，这种认知活动就是归因。个体对成败的归因直接影响行为动机的强度。如果将行为结果的成败归因于内部的、可以控制的因素（如努力程度、方法），则会增强相应的动机;如果将成败归因于外部的或不可控制的因素(如运气、难度等),则会削弱相应的动机。

A. 班杜拉(A. Bandura)提出,个体的期望大小与其自我效能感有关。自我效能感是个体根据以往的经验,对自己从事该活动的能力进行的估计,是一种主观的估计。自我效能感强的人喜欢富有挑战性的工作,遇到困难能坚持不懈,情绪饱满。自我效能感弱的人则相反。参展商和观众对参展活动的认知往往也会经历以上这些心理活动过程,从而影响自身的参展动机及其在会展活动中的行为。

(四)行为的结果

动机作用产生的行为,其结果对动机本身产生一定的影响。首先,行为结果的成败对动机有重要影响。成功的结果会增强自己的信心,提高自我效能感,从而加强已有的动机;相反,失败的结果则会削弱已有的动机。其次,行为结果的及时反馈对动机有重要影响。一般而言,及时知晓行为的结果既能使个体发现自己的成功和进步,增强活动的热情,又能发现自己的不足,以调整自己的行为。如果个体不能及时知晓行为的结果,则行为结果的反馈作用就会减弱或消失。最后,他人对行为结果的评价对动机有重要影响。表扬和奖励等正面评价对已有动机有强化作用,批评与惩罚则对已有动机有削弱作用。参展活动的结果对参展商和观众的后续参展行为有着直接的影响,因此会展企业与会展服务人员应重视会展服务中的每一个环节,提高参展商和观众的满意度,才能激发他们的参展动机,成为回头客,成为忠诚顾客。

第三节 参展动机的产生与激发

一、参展动机类型及产生的条件

(一)概念

参展动机是推动参展商和观众外出参加展会的内在原动力,是引发和维持参展商和观众进行参展活动①,以满足其参展需要的一种心理倾向。参展商和观众参与展会的行为是在参展动机的推动下产生并维持的。参展动机一旦产生就会推动参展商和观众实施一系列的准备活动以促成参展活动的进行,如收集与评估各类展会信息、寻找参展时间与地点、制订参展决策等。参展动机还会让参展商和观众在参展准备阶段克服各种困难使行动朝向一定的会展参展目标前进,并在参展活动结束后进行评价,进而指导以后的参展行为。探讨参展商和观众的参展动机是了解参展商和观众做出参展决策的关键路径,同时能为会展管理者的服务决策提供科学信息,因此近年来对参展动机的研究受到了越来越多的关注,并产生了一些具有实践和理论价值的成果。

(二)参展动机的类型

会展需要具有多样性,参展动机来源于参展商和观众的参展需要,因此,参展动机也呈现出明显的多元化。由于研究的角度及划分标准不同,对参展动机的分类也多种多样。展会是

---

① 一般,我们使用"参展"一词时,其所指的主体为参展商,"观展"一词则可更准确地表达出出现在展会上的观众的行为特征,也更常用。本章节中有时为行文方便会将两者统一表述为"参展",理解时还需注意区分清楚。

一个多边市场,参展商和专业观众是展会运行中最为重要的两大主体,也是参展动机研究中获得较多关注的两大主体。但除了专业观众,普通观众作为参展商的潜在客户,也应对其参展动机给予一定的关注。

1. 参展商的参展动机类型

一直以来,参展商都是展会的核心关注目标。参展商指的是为了宣传产品、推介品牌、拓展市场、增进交流与合作而在一定时期内参加展会活动的企业或组织。参展商的数量与质量是评价一个展会是否成功的重要标志之一,同时也是展会组织者收入的最重要来源。因此如何吸引企业参加展会是展会主办方和展会组织者以及政府最为关心的一个问题,而更好地吸引企业参展就需要明确参展商的参展动机。

目前关于参展商的参展动机,不同学者提出或归纳出了各种不同动机。Hansen认为,参展商参加展会的动机有销售动机和非销售动机,销售动机包括服务老客户、获利、介绍新产品与新产品市场测试、开发新客户及直接销售;非销售动机包括搜集竞争对手的资讯、提升公司士气、提升客户信心、搜集市场资讯、找寻新的供应商及加强公司形象。Blythe认为,参展商参加展会动机有找寻新客户、销售新产品、争取订单、与旧客户互动、推销现有产品、强化公司形象、市场调查、找寻新的经销商、跟随竞争者、收集竞争资讯。张翠娟和徐虹在2017年通过质性研究方法扎根得出展会核心主体之间价值共创动机为交易动机、信息动机和市场动机。其中,交易动机表现为结识新客户、新经销商和代理商、关注新产品、推销老产品、采购产品等;信息动机表现为搜集资源、产品、客户、展会等信息;市场动机表现为了解消费者需求、市场供应状况、竞争对手情况、扩大客户量、市场开拓、增加销路、渠道拓宽、扩大辐射等[①]。虽然关于参展商的参展动机类型还没有形成统一的观点,但根据已有研究成果可将参展商的参展动机分为销售动机和非销售动机两大类,其中交易(销售)动机、市场动机、信息动机、关系动机、宣传动机等构成了参展商参展动机的基本类型。

展会作为一种有效的市场营销工具,直接销售是会展最主要的功能之一,这也是传统意义上参展商参加展会的主导动机之一。但近年来这一功能的重要性正在逐渐下降,由参展商参展需要的变化可知,知识交流动机、获取信息动机、建立关系动机、提升市场影响力动机等成为现在参展商参加展会的主要动机。

2. 专业观众的观展动机类型

展会观众是指通过注册获取参观证或接受邀请等形式得以进入展会现场参观的自然人、企业以及其他相关市场主体。按照展会观众的身份、目的等通常将其分为专业观众和普通观众两类。专业观众又称贸易观众,是通过注册获取参观证免费参观展会以及与参展商洽谈交流的各类个人和团体,包括商务客户、政府机构、购买团体等。专业观众通常从事与展出商品或服务的设计、开发、生产、销售或者为其提供相关配套服务。无论对参展商而言,还是从主办方的视角来看,展会的成功很大程度上依赖于专业观众,尤其是对参展商来说,在展会上专业观众越多,他们所获得的利益就会越大。2022年全球会展行业策略顾问公司AMR国际(AMR International)提出的展览3.0新架构中,提出应将关注目标转向观展者(包括参会者、专业观众等更广泛的群体),这种理念使展会传统上在大城市及邻近区域举办开始转向生产基地及专业

---

① 张翠娟,徐虹. 参展商和专业观众参与展览会价值共创机理研究:基于结构方程模型的量化分析[J]. 旅游学刊, 2019, 34(3):57-70.

观众众多的地域举办。

　　目前关于专业观众的观展动机,国内外学者都做了一些探索。1999 年 Munuera 与 Ruiz 的研究将小型和中型企业作为观众,选择西班牙 158 家企业作为对象,分析结果显示企业以参观者身份参观展会,其目的主要是收集市场与新产品的信息以及同潜在供应商建立联系。同年,Smith 与 Smith 以国际木工及家具供应展(International Woodworking and Furniture Supply Fair)为研究对象,将观众分成销售商(Distributer)和最终用户(End-user),得出销售商更看重关系建立(Relationship Building),而最终用户以查看展品为动机,两者采购动机均较弱。Hama 与 Smith 以邮寄问卷的方式收集了 190 位参观东京与达拉斯两地建材展的日本参观者,发现两展会中均是非购买动机占主导,观看新品介绍、了解行业趋势是最高均值动机[1][2]。Kozak 与 Kayar 以 2006 年在土耳其举办的东地中海国际旅游展(EMITT)为案例,基于 295 名观众问卷调查数据发现,观众在参观过程中最重要的动机是学习最新的产品与服务发展内容。

　　刘助忠、龚荷英是国内最早对会展观众的观观动机及影响因素进行研究的学者,指出观众的观展动机包括采购(或购买)动机、市场动机、科研动机、价格动机、质量动机、关系动机、娱乐动机[3],但并未严格区分专业观众和普通观众。罗秋菊 2008 年以东莞为研究取样地,发现专业观众的观展动机包括搜集信息、建立市场关系、考察奖励、采购行为,并发现了与 Hama 与 Smith 2001 年研究相一致的结果,即专业观众的非购买动机高于购买动机。后续还有一些学者探讨了专业观众的观展动机,除了购买动机,更多的是建立关系、获取信息、学习或欣赏、技术预期等动机。

　　虽然关于专业观众的观展动机类型还没有形成统一的观点,但是可以将其观展动机分为购买动机和非购买动机两大类,其中信息动机、关系动机、学习动机、购买动机等构成了专业观众观展动机的基本类型,并且呈现出非购买动机高于购买动机的特征,这一点在贸易类展会上体现得更为明显。

　　3. 普通观众的观展动机类型

　　虽然对普通观众在会展发展中的作用还存在一定的分歧,但随着会展行业发展以及相关研究的深入,对普通观众的态度与关注也在不断调整与提升。普通观众是指参加展览会但并不一定购买和采购,或采购量非常少的观众。不同于有着明确商务目标的专业观众,普通观众参观展会往往是因"看看""了解""陪同他人"等原因来到展览会现场,通常与其职业行为无关。但普通观众中也不乏专业人士,尤其是随着新兴行业中层出不穷的新产品和新技术,普通观众在信息、知识等方面的贡献将显得非常宝贵,他们是有可能成为参展商的顾客,因此属于潜在顾客。由此可见,普通观众与专业观众在观展动机上存在着一定的差异。但目前关于普通观众参展动机的研究极少,对其观参展动机的理解基本是建立在对专业观众观展动机的归纳总结上。

　　【阅读材料3-3】　普通观众的观展动机有哪些

　　该研究运用动机理论,结合过去展会观众动机的研究文献,对参加动漫游戏展的普通观众观展动机指标体系进行了梳理和完善,形成了动漫游戏展普通观众观展动机指标体系。

---

①　罗秋菊. 专业观众展览会参观动机研究:来自东莞的证据[J]. 暨南学报(哲学社会科学版),2008,30(2):47-52.

②　赵汗青. 工业类会展观众动机与满意度研究[D]. 上海:上海交通大学,2018.

③　刘助忠,龚荷英. 会展观众参展动机研究[J]. 当代经济(下半月),2007(1):38-39.

研究发现参加动漫游戏展的普通观众的观展动机主要分为 5 个,根据观众对其的重视程度由高到低为:探索因子、产品因子、兴趣因子、信息因子、外部因子。这 5 个因子基本解释了普通观众参加动漫游戏展的动机,探索因子表明了普通观众参加动漫游戏展主要是为了探索和感受现场,将参加展会看作一种度假方式。同时,产品因子和兴趣因子也说明了普通观众更看重展会现场的展出产品和活动,特别是新推出的产品以及有各类明星参与的互动活动,这才是他们参观展会的有力吸引物。在消费类和综合型展会上观众对于购买有比较强的动机,在动漫游戏展上普通观众虽然有一定的购买意图,但主要还是以对产品的了解和试用为主,这就说明普通观众在动漫游戏展的直接消费有限,但存在潜力。不同于专业观众在贸易展会上虽然购买动机不大但是在信息收集方面需求比较突出,动漫游戏展的普通观众对相关的专业性知识的需求不大,信息因子的排名较后。

本研究还发现,外部动机也是对普通观众观展不可忽视的影响因素,特别是廉价的门票和展会交通的便利都对观众参观决定有着重要的影响。值得注意的是,在大量展会观众动机的文献中都将"社交"作为一项参观展会的主要动机因子,但在本文对动漫游戏展的研究中发现,社交并不是普通观众参观的主要目的,而更多被看作获得信息、交流想法、享受分享乐趣的手段。在展会活动中,社交有着较强烈的目的性,因此参加展会进行社交的目的才是吸引观众的动机所在。

资料来源:周媛媛. 大型动漫游戏展普通观众参观动机研究[D]. 北京:北京第二外国语学院,2018.

(三)参展动机形成的外在条件

1. "推-拉"动机理论模型(Push and Pull Theory)

在旅游研究领域,推-拉理论可以有效地研究旅游者动机和出游行为的关系。美国学者 G. M. S. 丹恩(G. M. S. Dann)将旅游者动机分为推力和拉力两种。这就是旅游者动机研究中广为引用的"推-拉"动机理论模型(Push and Pull Theory)。该模型中的推力是指一种发自内心的渴望,即旅游者"想做什么",而拉力则指外部环境所产生的拉动作用,主要是指目的地的属性,即旅游者"能做什么"。前者与旅游者的需求有关,后者则用目的地的特征、吸引物或属性来衡量。

将推-拉理论运用到展会参展商和观众的参展动机研究中,推力因素就是参展商和观众参展的内在需求,体现为各种参展动机,拉力因素则是指展会吸引参展商和观众的外在诱因,也称为外在条件。如 Lee 2004 年在对世界文化博览会的研究中使用了旅游动机研究中的推-拉理论为理论框架,提取出了文化探索、家庭团聚、展会吸引、社交、新奇性、逃离这几个动机因素。朱诗荟和姜洪涛 2012 年基于推-拉理论框架结合南京梅花节的实际情况拟定了 15 个推力动机项和 6 个拉力动机项,并发现拉力因素中媒体的宣传和公众舆论对参与动机影响力较大。对应到本章内容,参展商和观众的会展需要及其激发的参展动机是推力因素的表现,而参展动机形成的外在条件就是拉力因素,主要是指来自展会自身相关特征属性的吸引力。

2. 参展动机形成的外在条件

(1)经济因素

经济因素是产生参展动机的第一要件。经济条件不仅直接决定参展商和观众是否会有参展动机以及存在何种参展动机,而且会逐步强化他们的参展动机,并丰富参展动机的类型。

参展是一种消费行为,需要一定的财务预算来支付参展活动中的各种费用。国内外现有实证研究已证实了参展成本是影响参展商和观众参展动机的重要因素之一。除了需要付出的货币成本,企业更重要的是要付出人员、精力、时间等非货币成本。比如展品运输、展位搭建、宣传材料准备、参展人员差旅安排等均需要企业付出较多的时间和精力,增加了企业日常运营的成本。当所展出的产品涉及大型的机械、贵重物品和出国参展时,企业需要在运输、搭建、保险等方面需要付出更多的时间和精力。因此,经济水平不仅制约着参展企业是否能够产生参展动机,还影响着参展消费水平以及对不同展会的选择。虽然经济因素对参展动机的形成具有决定性的影响,但这并不意味着企业有了足够的经济条件就一定会外出参展。

(2)时间因素

参展需要时间,展会举办时间与企业生产实践安排是否一致决定其是否会参展。时间对参展的影响,不仅指没有时间导致参展商和观众不去参展,还包括时间的压力对参展商和观众的参展行为的影响。因为展会开展日期和开展天数是固定不变的,从这一点来看,时间对参展行为的影响或许要大于经济条件的影响。

(3)展会所在地区的其他社会条件

这里的其他社会条件就是指推-拉理论中来自展会自身的拉力因素,是吸引参展商和观众参展的外在诱因,也是影响参展商和观众参展动机的重要因素。

首先是展会相关的基础条件。主要包括展会举办城市及其区域环境、交通条件、展馆条件、贸易氛围、展会组织与展会服务、展位区位等,属于基础保障要素。离开这些基础保障条件,展会所在地区的其他社会条件也将无法发挥作用。无论是场馆本身还是场馆配套设施的完善程度都会影响参展商和观众的参展动机,如场馆休息区和洗手间的设立、餐饮服务的提供、对目的地引导服务的要求、网络服务质量的完善都是影响参展商和观众参展动机的重要因素。

其次是展会知名度及所办展会类别。主要包括展会评价指标、展会品牌及知名度、竞争对手也来参展、主办方的声誉、展会质量、展会的市场购买力等,属于品牌导向要素。体现了品牌在参展商和观众参展动机中的导向性作用,参展商和观众根据品牌信息的风向标来判断和区分应当优先考虑参加的展会。展会知名度越高则意味着展会成熟度越高,在参展商和观众中的口碑与接受度也就越好,也就更容易被参展商和观众关注并选择参展。同时,展会类别若与参展商和观众所在行业需求相符,也可以达到吸引参展商和观众的目的。有研究发现,在影响专业观众观展动机的因子中,展会知名度与展品相关性排在所有因子中的首位。

还有,参加展会能够产生的效益。主要包括参展商/专业观众质量与数量、参展实际绩效、参展费用、建立联系、获得信息、开拓目标客户等,属于效益导向要素。这些要素集中反映了参展企业的参展核心目的,即展会可以带来的经济利益和非经济利益回报,在参展商和专业观众的参展动机中起到了决定性作用,也是参展企业制订参展决策的核心考量要素。

最后是展会的创新程度。主要包括新技术、新产品、新服务等的集中程度,属于创新要素。近年来,参观新产品、学习最新行业发展动态与创新信息、与专家见面交流等要素超越直接销售和直接购买动机,成为参展商和专业观众在参展动机中最重视的要素。

参展商和观众参展动机的形成是内在会展需要和外在诱因条件推-拉的结果。其中经济因素和时间因素是影响参展动机形成的客观必要条件,两者共同决定了企业是否能够参加展会,而与展会自身相关的各种因素通过影响参展商和观众的价值观、认知、情绪、行为的结果等方面而对其参展动机的形成及其变化产生潜移默化的引导。

二、会展动机的激发

当经济因素和时间因素得到满足的前提下,激发参展商和观众参展动机的着力点就集中在展会自身以及围绕展会所展开的各种指向参展商和观众的宣传推广上。通过更新观念、塑造品牌、加强宣传、提高会展服务质量等方面实现对参展商和观众参展动机的激发。

(一)更新观念,提升会展效益,刺激参展动机

观念是指一个人对事物的主观与客观认识的系统化集合体。人们如何看待参加展会这件事会影响到参展动机的产生。外界诱因一定程度上可以激发参展动机,但因为参展动机是在参展需要的基础上产生的,当一个人认为参展在其发展中并不是那么重要,外出参展还存在诸多风险时,就很难产生参展动机。

面对这一问题,首先,应增强展览会本身的品质,激发参展商和专业观众的参展需求。虽然参展商和专业观众目的不一,其判别标准各异,但有效成功地吸引参展商和专业观众的基础是展览会本身的价值,包括历届同行参展商和专业观众的规模及质量、历届新产品的层次和种类、细分明确的主题,这都是他们权衡评估的通用标准。这就要求主办方在展览题材的选择、匹配相应的参展商和专业观众方面狠下功夫。其次,加强展会主办单位的有效信息管理和需求引导,使专业观众和参展商目标设定更加明确和细化。展会存在的根本价值就是解决买家与卖家之间的信息不对称,不管会展的形式如何改变,其本质功能不会变,会展企业可通过提升数据收集和处理能力来理解展会的参与者,进行有效的需求引导。参展商与专业观众相互相关信息了解得越多、越深入,参展的目的就越综合、越明确,对参展商和专业观众提升参展绩效也就越有利,也就越能提高会展参与者的参展动机。最后,集中精力做好专业观众邀请工作,兼顾参展商数量和质量的合理平衡。参展商的价值需要通过组织数量和质量相当的专业观众才能实现。这就意味着虽然参展商是主办单位的利润来源,但是有效地组织专业观众是展览会成功及实现良性循环至关重要的因素,主办方必须重视专业观众的组织和邀请。由于专业观众所属的企业特征和个人特征会共同影响其参观目的,主办方可建立科学的数据库,针对不同的展会类型和参展商类型有的放矢地组织合理类型的专业观众。例如,针对距离远近不同的专业观众的需求特点,主办方可根据展览会规模和效果制订一定的时间层次先后组织本区域和长距离的专业观众参加展会。一般而言,参展商数量越多主办方收入也就越多,因而,相对于招展的质量而言,主办方更加重视招展的数量。但参展商参展动机因素要求主办方必须重视同行参展商的数量和质量,以便于同行之间的信息交流和竞技,从而真正发挥展会的综合功能。

(二)强化品牌意识,打造品牌展会,增强会展吸引力

塑造良好的企业形象是吸引企业参展的有力手段,尤其是当企业在信息不对称的情况下,作为主办方的会展企业其声誉良好的企业形象成为企业参展筛选的重要参照指标,从而影响参展动机的形成。企业形象的塑造离不开其品牌产品的支撑,培育品牌展会是展会主办单位的经营战略。品牌展会是指具有一定规模,能代表这个行业内的发展动态,能反映这个行业的发展的趋势,能对该行业有指导意义并具有较强影响力的展览会。当然,建立展会的品牌是一个漫长的过程,展会主办方要制订长期的展览会品牌化发展规划,确立展会的品牌发展战略,按照规划和战略逐步实施。已有不少研究发现展会品牌因素是参展商和专业观众参展动机评

估最重要的因素之一,年参展数量较多的参展商和产业型展会的参展商尤其关注展会品牌因素。

另外,参展商和专业观众普遍认为展会主办方在业内拥有较好的口碑往往是展览效果的保证,尤其在国内特殊的会展管理体制下,展会的政府、协会背景成为展会品牌的重要体现,这说明在我国会展业发展的现阶段政府因素可以成为一个积极的推动因素,即政府主导或扶持的展会可以利用行政资源确保规模,而主办方具备成熟的办展经验和专业的素养,便可以成功控制、管理展会的各个环节,保证展会顺利进行。

（三）加强宣传,提升参展期望

会展宣传的目的是引起参展企业的注意和兴趣,通过大量精心设计的宣传,不仅可以帮助参展企业认识到展会的价值,甚至可以改变他们的参展动机,消除顾虑,提升参展期望,产生参展行为。好的会展宣传,除了最基本的传递展会信息,提高展会知名度的作用之外,还可以降低参展企业的风险知觉,增强安全感和依赖感,进而激发和强化参展动机,促进参展决策的制订和实施。会展宣传的客观内容是展会资源、展会服务与设施设备及其质量,这些信息是否能够取得理想的效果取决于多种因素的综合作用。

首先,选择恰当的宣传媒介,尤其是对新型媒体、新型宣传技术的采用,积极开展与传统媒体和新媒体的有效合作。随着我国目前网络现代化的持续推进,各大官方网站、微信公众号平台以及新浪微博在内的新媒体平台逐渐成为如今展会宣传推广的主要渠道。其次,进行线下的宣传邀请,可在展会举办地区周围的公交车站、地铁站、大型商场等人流密集场所进行线下广告投放(设立大型广告牌、进行地推宣传等),也可以给展会潜在参与者留下较深刻的印象,对其参展动机产生直接的重要影响。最后,也是最重要的一点,切忌在宣传中使用价格竞争手段。虽然绝大多数的参展商会把参展费用作为一个因素考虑,但不占主导地位。会展宣传中试图利用低价吸引企业参展的策略并不会吸引到更多的参展商,反而由于价格高低不同造成参展价位高的企业产生攀比和不满,影响下一届参展意愿并会破坏主办方自身在市场中的形象。

当然,参展商和观众参展的最主要原因是他们认为会在展会上有实际收获,而不会单纯地因为主办方的宣传或邀请而参展。因此,展会宣传内容要有针对性,要把侧重点放在参展商和观众感兴趣的领域,以产生实际的参展吸引力。

【阅读材料3-4】　市场驱动阶段会展增量离不开新媒体营销

2023年以来,会展行业出现明显的周期性变化,一季度会展存量集中爆发后,二季度的增长略显疲软。究其原因是会展行业用户的习惯正在发生变化。经过三年的市场变化,参展商和观众已经越来越习惯线上模式。在预算有限的情况下,哪种方式能带来更好的成交效果,用户就会选择哪种方式,而这也给主办方在新媒体营销和内容产出方面提出了更高的要求。

2023年5月,中国会展经济研究会会展新媒体营销专委会发布的《会展新媒体影响力报告》显示,96%的主办方开展了不同形式的新媒体营销,并且100%的主办方认为新媒体营销对招商和招观有提升作用。在众多新媒体渠道中,主办方最常用的渠道分别是自媒体、官网和信息流广告,占比均超过了75%。这一数据表明,主办方的新媒体营销意识的提升,令新媒体在行业的普及程度非常高。

但主办方的渠道投放策略依然比较粗犷,大多数主办方在投放时只区分展商和观众,没有对地域、性别、产品倾向作进一步的细分。这是目前制约行业新媒体营销的一个重要因素。用户细分和精准营销是新媒体营销的优势所在,目前在会展行业尚未得到发挥,这也是导致主办方不敢在新媒体营销方面加大投入的原因。

新媒体,拼的还是"内容"。用户对会展营销是选线上还是线下渠道的倾向性正在消失,多数展会适合的渠道其实就两三个。最终的竞争力还是来自内容本身,这导致会展公司的内容生产越来越卷。前几年一直呼吁的视频号、直播赛道的窗口期可能正在消失,那些还没有让用户形成阅读和观看习惯的展会自媒体账号将越来越难做。内容从哪里来?除了讲自己的展会还能讲什么?中国会展经济研究会新媒体营销工作委员会主任潘涛认为,从"产业思维"和"美好思维"出发,发现展会上的美好瞬间,发现用户在整个产业领域的差异化需求,才能不断产生优质的新媒体内容。毋庸置疑,内容生产是会展企业的"一把手工程",未来企业战略对新媒体内容的重视程度将很大程度决定会展企业在行业的深度和广度。

资料来源:中国贸易报,有删减.

(四)选择合适的展会举办城市,全面提高会展服务质量

展会举办城市的选择受到特定的条件约束,并非任何城市都适合举办特定主题的展会。展会主题和城市形象感知是否一致不仅会影响展会的效果,也会影响企业参展动机的形成和参展积极性。首先,展会举办城市应有完善的硬件条件,如交通、餐饮、住宿、区域安全性等,以降低企业参展的风险感知和参展成本;其次展会举办城市能够辐射参展商的目标市场,这决定了展会是否能够吸引更多的专业观众,从而影响展会的交易效果;最后,还要有充足的会展服务接待人员,为参与者提供迅速、高效专业而又周到的会展服务,如从市场调研、寻求合作、广告宣传、观众组织、活动安排、现场制造气氛甚至包括参展企业对外文件等都具备较高的专业服务态度和服务水平。

展会主办单位在选择展会的举办城市时需要综合考虑该城市的产业经济环境和基础设施条件,在保证参展企业能够便利参展、降低参展成本的前提下,根据展会的具体情况选择能够提升展会效果的城市。比如,为生产者服务的产业型展会应该选择在产业基础较好、生产者较为集聚的城市,而面向消费者市场的消费型展会应该选择在经济实力较强、商业流通较为发达的城市。对于不同的展会而言举办城市各要素的重要性有所差异,现实中也难以存在一个城市能够满足展会和参展商的所有要求。因此,展会主办单位的工作内容之一就是综合考虑各种条件后选择最为合适的展会举办城市,并全面提高会展服务质量。

【本章小结】

需要是个体由于缺乏某种生理或心理因素时产生的一种主观紧张状态,是客观要求在人脑中的反映,是个体积极性的源泉。一般来说,会展参与者的需要包括一般需要和核心需要两大类,是物质需要和精神需要的集合体,是主观条件和客观条件共同作用的结果。根据马斯洛需求层次理论可以得知,会展需要又是一种高层次的精神需要,具有多样性和差异性、层次性和发展性、可变性和可诱导性等特点。

动机概念是心理学中使用最广泛的概念之一,是推动人们去从事某种活动、达到某种目的、指引活动满足一定需要的意图、愿望和信念。人的需要和外界诱因共同促进了动机的产生,参展动机的产生也是如此。会展需要的多样性带来了参展动机的多样性,作为展会重要主体的参展商和专业观众有着各种类型的参展动机。由于参展动机是推动参展行为的内在动

力,因此还需想方设法激发参展商和专业观众的参展动机。

【思考练习】

1. 简述需要的概念和类型。

2. 在马斯洛需求层次理论中,人的需要一定是呈阶梯状向上发展的吗?

3. 简述会展需要的概念和特点。

4. 如何理解会展需要产生条件及其之间的内在关系?

5. 简述动机的概念和产生的条件。

6. 参展动机产生的条件有哪些? 如何理解这些条件之间的内在关系?

7. 参展商和专业观众的动机有哪些类型? 具有哪些异同点?

8. 结合实例分析如何激发会参展商和专业观众的参展动机。

【关键术语】

需要　会展需要　动机　参展动机　马斯洛需要层次论

【案例讨论】

三年困苦后,2023 年的 MICE 市场有哪些值得关注的趋势?

一、客户群变迁

MICE 传统意义上的五大客户群:医药、金融保险、科技互联网、汽车、直销,境况各不相同。医药和金融保险历经疫情洗礼仍旧坚挺;科技互联网受大环境影响,项目削减、预算收缩;汽车行业仍有水挖,增量主要来自国内造车新势力;直销行业历史巅峰期已过,但会议和代理商奖励旅游团仍保有一定总量。政府客户愈发注重合规、流程和节省,这将劝退一批服务商。但长远来看,政府客户可能仍是 MICE 市场少数的优质客户来源之一。协会客户变化不大,疫情后将按部就班恢复会展活动。值得注意的是,很多协会客户在活动管理之外开始衍生出新媒体运营管理、会员管理等需求,或将成为 MICE 公司一条新矿脉。

二、国际局势或是最大变数

作为国际会展、奖励旅游目的地,中国因国际局势变化、疫情等因素受到的影响无疑是巨大的。2022 年联合国《生物多样性公约》缔约方大会第十五次会议(COP15)第二阶段会议从昆明移师蒙特利尔,令会展人扼腕叹息。而实际上近几年,类似的针对我国取消或更改举办地的国际会议不在少数。

三、会奖产品有了"网红味儿"

得益于客户不断翻新的要求和业者的创新思维,MICE 正变得越来越有"网红味儿"。从露营风到飞盘局,从剧本杀到桨板冲浪,从瑜伽冥想到围炉煮茶,从环球影城旅拍到中医养生趴——年轻族群的最新玩法，小众兴趣逐渐成为 MICE 产品的灵感来源。对于那些年轻人主导的公司（比如游戏公司、区块链公司、MCN 公司等），奖励旅游和团建本该如此好玩耍、好拍照、好炫耀。

四、元宇宙探索 MICE 周边应用

大多数人都同意元宇宙将是未来重要的趋势，同时也普遍认为在疫情后，线上场景式微，线上活动无法保持先前的热度，元宇宙技术短期内又形不成具有市场意义的会展应用。但我们仍然不能低估元宇宙蕴含的颠覆之力。在元宇宙生态生长到开始合围现实世界的时候，会展和奖励旅游行业可能从以下角度接入元宇宙生态并受益。

场地、线路考察：当业者和甲方不用花费几小时到几天的时间去考察活动场地和旅游目的地，取而代之的是 360 度沉浸式虚拟考察，看场地和踩线的效率将大大提升。

内容、展品呈现：演讲用 PPT 太过乏味，以后的活动内容可能是沉浸式的电影、互动游戏。展览上的展品同样要增加维度，元宇宙最大的优势在于赋予展品使用场景的互动演示。

新营销形式：对于目的地和酒店等资源端来说，元宇宙带来的是更深入、更沉浸的植入式营销机会。比方说，过去你只能在电视剧里看主角入住五星级酒店，元宇宙可以让你参与剧情，"亲身"入住这家酒店，为以后的商旅消费种草。

方案呈现：二维苦弱，沉浸飞升。从二维的 PPT 方案，到沉浸式步入会场，将是一个质的变化。场地的元宇宙方案的模型应该是乐高式可替换的，由酒店等场地方提供基础模板，这可能会倒逼活动公司提高创意和内容价值。

技能培训：纸上得来终觉浅，元宇宙培训可以让新手在虚拟的典型服务场景中得到磨炼，在走出新手村前积累足够经验值。

资料来源：环球旅讯，有删改.

思考题：

1. 结合案例内容谈谈其中包含的会展需要和参展动机的类型分别有哪些。

2. 请结合本章相关知识点分析导致这些变化的原因。

3. 请结合参展动机产生的条件分析如何应对这些变化的出现。

第四章
态度与会展

【本章概要】

本章主要介绍态度的概念、构成、特征、作用以及态度的改变,对态度与行为之间的关系进行了较为详细的解释,结合会展活动的特征,分析了参展商参展态度的影响因素及参展商参展态度改变的策略,总结阐述了态度、偏好与参展决策之间的关系,最后,对专业观众的观展决策进行了简洁梳理。

【学习目标】

(1)掌握态度的概念、构成与特征。

(2)掌握态度的作用与形成的途径。

(3)掌握态度与行为之间的关系。

(4)掌握参展态度的转变与影响因素。

(5)掌握参展偏好的概念。

(6)熟悉态度、偏好与参展决策之间的关系。

(7)掌握改变参展商参展决策的影响因素。

(8)了解专业观众观展决策的重要性及其影响因素。

【开篇案例】

绿色会展正从理念走向实践

　　绿色会展是未来会展业发展的既定目标,全方位推进绿色会展,需要自上而下系统谋划的顶层设计和总体部署。2021 年《国务院关于加快建立健全绿色低碳循环发展经济体系的指导意见》(国发〔2021〕4 号)明确提出,"推进会展业绿色发展,指导制定行业相关绿色标准,推动办展设施循环使用",这是国务院文件首次提出"会展业绿色发展"概念。2023 年 3 月 17 日起实施的国家标准《绿色展览运营指南》(GB/T 42496—2023),旨在提出展览绿色标准化的顶层设计,形成一套完整的展览绿色标准化工作长期机制,用以规范展览绿色运营工作的开展。接下来,国家层面应发挥政策先导作用,制订绿色会展发展政策及规划,明确绿色会展的概念界定、整体思路、重点任务、关键领域和先后顺序等,从而全面系统、积极稳妥地推进绿色发展。

　　作为行业风向标的政府主导会展项目应成为绿色示范样板。从国家级"会展矩阵"、重大主场外交活动到各地省市区政府牵头主导的会展活动,政府项目历来是会展业重要组成部分,是会展行业发展的风向标。广交会自 2014 年开始实施绿色发展计划,将绿色发展理念贯穿会展全产业链,倡导绿色参展、绿色会议、绿色交通和绿色餐饮……开展绿色展位奖评选,树立低碳布展优秀典范,为会展业绿色低碳发展贡献了"广交会样本"。2023 年 4 月举办的第三届中国国际消费品博览会实现大型活动碳中和,获得碳中和证明书。政府会展活动起到带头作用,成为绿色会展示范样板,必然会带动会展产业链条上的机构向政府绿色行动看齐。

　　绿色会展作为一项系统工程,涉及众多利益相关方,从理念认同到行动实施,需要政府政策扶持和引导。各地政府及会展主管部门需加快制订覆盖会展产业链的法律法规、相关标准、扶持政策、奖惩办法、考核指标及认证体系等,通过政策引导树立会展行业和企业的绿色发展理念,增强会展企业社会责任感,加快走向绿色发展之路。2022 年 9 月,青岛市地方标准《会展活动碳足迹核算指南》正式发布,提供了会展活动碳足迹核算时的核算原则、核算流程、核算边界、温室气体源识别、核算方法、核算报告等方面建议和指导,为会展活动项目开展"双碳"评价提供了可操作的标准。

　　在搭建材料供应端推出能与传统材料相媲美的型材,实现搭建可塑性及成本价格的突破,方能为绿色会展提供物质基础。国家标准《绿色展台评价指南》(GB/T 41129—2021)于 2022年 7 月 1 日实施;商务部颁布的《环保展台设计制作指南》(SB/T 11231—2021)于 2021 年 11月 1 日正式实施。标准的实施将对促进环保展台推广应用及推动会展业高质量发展,发挥重要推动作用。但目前绿色搭建材料的设计生产水平与参展企业多样化需求仍有差距,且使用成本高于企业预期,这些现实条件都限制了绿色搭建的应用普及。绿色搭建材料可塑性突破及性价比提升,将成为绿色会展发展的重要物质基础。

　　如何将绿色会展与产业实际发展相融合,是眼下绿色会展从理念走向实践的重要课题,也是将对绿色会展的积极态度转化为实际行动的关键一步,未来之路任重道远。

　　资料来源:会展管家,有删改.

第一节 态度概述

一、态度的构成与特征

(一)态度的概念

关于态度的概念一直都未达成共识,其中一些代表性的定义如下。1862 年 H. 斯宾塞(H. Spencer)和 A. 贝因(A. Bain)最早提出态度的概念,认为态度是一种先有主见,是把判断和思考引导到一定方向的先有观念和倾向,即心理准备。1935 年戈登·W. 奥尔波特(Gordon W. Allport)受行为主义影响,认为态度是一种心理和神经的准备状态,它通过经验组织起来,影响着个人对情境的反应。他的定义强调经验在态度形成中的作用。1948 年 D. 克瑞奇(D. Krech)认为态度是个体对自己所生活世界中某些现象的动机过程、情感过程、知觉过程的持久组织。他的定义强调当下的主观经验,把人当成会思考并主动将事物加以建构的个体,反映了认知派的理论主张。1984 年美国心理学家巴克(Barker)认为态度是对任何人、观念或事物的一种心理倾向。强调态度是一种观念、意见等主观的东西。1993 年 D. 迈尔斯(D. Myers)对于态度的定义较为完善,认为态度是对某物或者某人的一种喜欢或者不喜欢的评价性反应,它在人们的信念、情感和倾向中表现出来。

综上所述,我们认为态度是一个人以肯定或否定的方式估价某些抽象事物、具体事物或某些情况的心理倾向。凡是人们了解到与感觉到的事物都可以成为态度关注的对象。态度是个人的一种内在结构,影响个人的行为趋向,是外界刺激与个体反应之间的中介因素。

个体的意识世界有两个,一个是观念的世界,它是以在后天的社会生活中不断积累的各种经验为基础形成的,由信仰、价值观、人生观及其他各种各样的思想观念构成;另一个是经验的世界,它是个体在与周围环境的直接相互作用中形成的,包含一定的经验形态存在的认识、判断、评价及各种体验和感受。态度介于这两个世界之间,常常反映个体所持有的价值观和世界观等,但又包含相当多的经验成分[①]。态度非常重要,因为态度不仅会影响一个人的行为,还会影响一个人解释社会现实的方式。

【阅读材料 4-1】 **态度与信念、价值观的关系**

态度、信念、价值观都是个体内心的心理倾向。

1. 态度与信念

所谓信念,是指对人、事、物、思想的是非真假的认识。信念往往高于价值并影响价值,它为个体进行判断和决策提供了依据。信念一般被分为生活信念和理想信念,前者如"善有善报,恶有恶报",后者如"共产主义信仰"。在现实生活中,信念往往是可以调节的。信念对态度的影响主要表现为一种定向作用,即信念规定了态度的基本取向,受信念影响的态度往往能够持续非常长的时间。

2. 态度与价值观

所谓价值观,是指人们对人、事、物、思想的意义和作用的判断。世间的万事万物的价值因人而异,总结起来,有理论价值、实用价值、审美价值、权力价值、宗教价值等。价值观对态度的

---

① 乐国安. 社会心理学[M]. 北京:中国人民大学出版社,2009.

影响主要体现在：态度的核心是价值，态度受价值调节。人们对事、物、人、思想的态度，取决于它们对个体的价值。

资料来源：陈钢华. 旅游心理学[M]. 上海：华东师范大学出版社，2016.

（二）态度的构成

经过长期发展，社会心理学界现在普遍认可态度是由认知、情感和行为倾向三个成分组成[①]。

1. 认知成分

认知是指人对态度对象所持有的信念和见解。认知是态度形成的基础。信念是以充分的事实或知识为基础的心理倾向。大多数信念相当持久，被认为是一种真理。见解不以确定事实为基础，可能涉及某些事实，但只表示某人得出的结论，较易改变。认知成分可简单理解为印象，对同一对象，不同的人可能有不同的信念和见解。由此可见，态度的认知成分具有倾向性和组织性，这两种特性会使人形成既定认知模式或刻板印象，从而使态度的认知成分不同于一般的事实认知，有时候会产生偏差。如参展商认为某展会知名度高，服务水平也高，或者因为自己在某展会上受到了不合理对待，导致对该展会的所有方面都不满意，这里面的每一种信念和评价，实际上都反映了参展商的印象和看法，这就是参展商对这些展会已有态度中的认知成分。

2. 情感成分

情感是指个体对态度对象肯定或否定的评价以及由此引起的情绪、情感体验，这种判断有好和不好两种，如喜欢和厌恶、尊敬与鄙视、亲近与疏远等。情感成分是态度的核心，既影响认知成分，也影响行为倾向，与人们的行为紧密相连，在态度中起着调节作用。与态度的认知成分不同的是，态度的情感成分并不总是以事实为依据。个体主要依据对态度对象的情感强度形成评价。如一个参展企业认为"通过进博会的举办，让中国市场成为了世界大机遇"，就是反映了该参展企业对进博会的情感评价和情感体验，即使进博会现阶段还有着不尽如人意的地方，受到积极情感的影响，并不影响其对进博会做出积极的评价和判断。

3. 行为倾向

行为倾向是个人对态度对象肯定或否定的反应倾向。行为倾向不是行为，是行为之前的思想倾向，也称作行为的准备状态，即个体准备对态度对象做出何种反应。如一个参展商在对某一展会有了正面情感后，就有可能产生某些参展倾向，这种倾向在合适的时机下很可能就会变成实际的参展行为；反之，当他对这一展会作否定表示时，实际上也已经准备好了抵制和拒绝去参展的行为倾向。

总体来说，认知是态度的基础，情感是态度的核心，行为倾向是态度的表现形式并影响最终的外显行为。从三者之间的相互关系来看，认知能够产生情感，同时情感也影响认知，与认知成分相比，情感成分对行为倾向的影响更大，行为倾向同时也影响评价与情感。所以认知成分的相对独立性最高，与其他两种成分之间的相互影响也相对最小。态度的三种成分一般是协调一致的，且协调程度越高，态度就越稳定。但是态度的三种成分之间并非一直都是相互联系、协调一致的，当三者发生矛盾时，情感因素往往起主导作用。

[①] 乐国安. 社会心理学[M]. 北京：中国人民大学出版社，2009.

【阅读材料 4-2】 态度与行为

测量态度并不是很难,但态度是否总是预示人们实际上将如何行动的准确指标? 从你的生活体验中你会了解到,答案是"不"。你能确定态度什么时候能预测行为、什么时候不能预测行为吗?

可获得性是态度的属性之一,是指态度客体与一个人对该客体的评价的联系紧密程度。当你被问到一个问题时,你是脱口而出还是考虑了一会儿问题? 研究表明,当态度很容易获得时,行为更可能与态度保持一致。

有位研究者在 1990 年加拿大安大略省选举前和选举后做了电话调查。在选举之前向选民询问类似这样的问题"你认为你会投哪个党的票?"还有"你能说你的选择是最后的决定吗,或者你认为你会改变主意吗?"选举完之后,向选民询问他们实际的选举行为。选举前态度可获得性的测量是选民回答"你将谁将投谁的票?"这个问题的速度,用计算机来计算他们给出答案所花的时间(根据每个人的快慢不同做了必要的校准)。态度可获得性与行为的关系如何? 那些具有最容易获得的态度的人,即那些相对最快速给出答复的人,也最可能实际上按照他们所说的那样去投票。

资料来源:格里格,津巴多. 心理学与生活[M]. 王垒,等译. 16 版. 北京:人民邮电出版社,2012.

(三)态度的特征

1. 对象性

态度的对象性反映了态度主体与客体的关系,必须针对特定对象,才能产生具体的态度。没有对象的态度是不存在的。

2. 社会性(习得性)

态度不同于本能,不是与生俱来的,而是通过学习获得的,是个体在长期生活中通过与他人、与所在环境不断相互作用而形成的,因而具有社会性的特征,受到社会环境和社会关系的影响。可以说,所有的态度都不是遗传来的,而是后天学习获得的。

3. 内隐性

态度是一种内在结构,它虽然会影响个体的行为倾向,但并不等同于行为本身,也不能直接被人观察。一个人究竟有什么样的态度,只能从他的外显表现,如表情、言论、行为等中进行间接的推测。态度的内隐性使得了解人的真实态度具有一定的难度,对态度的测量往往要借助比较精细的量表法或投射法。

4. 相对稳定性

态度形成后,一般在相当长时间内保持不变。同时,态度作为人格的有机组成部分,使人在行为反应上也表现出一定的规律性。但这不是说态度不会改变,在现实生活中,人们的态度并不总能保持稳定,许多态度将随着时间的推移而改变。

二、态度的功能

(一)适应功能

适应功能也叫工具性功能,是指个体的态度是在适应环境的过程中形成的,态度形成后会起到帮助个体更好地适应环境的作用。这种功能使人们寻求奖赏及他人的赞许,形成那些与他人要求一致并与奖励联系在一起的态度,而避免那些与惩罚相联系的态度。如孩子学会应该用何种态度和父母相处以获得奖励或避免惩罚。个体在社会生活中会逐渐习得对不同的人、事、物等应有不同的态度,持有适当的态度可以从重要的人物(父母、老师、雇主及朋友等)或群体那里获得认可、赞同、奖赏以及避免不合群等。如一个人用对待孩子的态度作为与同事相处的方式就是不合适的。

(二)自我防御功能

自我防御来自精神分析理论,弗洛伊德最早使用了这一术语。自我防御是指以潜意识伪造或曲解现实,使自我免受危害,保持自我和谐统一的过程。态度决定行为的倾向,因此,态度的自我防御功能不仅能够促进个体内在心理冲突的解决,还可以拒绝引起焦虑的外部事件。态度作为一种自卫机制,使个体在不知不觉中采用一定的行为方式,把自己与现实世界相互矛盾的关系转换成相互适应的关系,从而避免引起心理上更大的痛苦和不安,以减少内心冲突,维护内心安宁。如一个人面对求而不得的困境时,就可利用"酸葡萄效应"帮助自己重新达到内心的平衡。

(三)认知功能

态度能给个体待人接物的行为方式提供必要的信念,即作为理解环境的一种手段,将态度作为判断的标准或理解的参考系。态度的认知功能在个体认识世界的过程中起到了图式和心理框架(Frame of Reference)的作用。一般,个体社会知觉的基础是被认知事物本身的属性,但个体所持有的态度也会对社会知觉的过程和结果产生重要的影响。态度影响个体对新认知到的信息的理解和评价。如参展过程中看到有人乱丢展品或垃圾,有的参展观众会认为是人的素质水平低造成的,有的参展观众则会全面、客观地分析这种现象存在的原因。

心理学家 W. 拉姆波特(W. Lambert)等人曾经在加拿大的蒙特利尔做过一个著名的实验,参加实验的被试是加拿大英裔和法裔的大学生。实验开始时这些学生被告知,这次实验的目的是想了解一个人凭借声音判断说话者的个性特征的准确性,然后让他们听一段录音带。录音带上录有 10 个人朗读同一篇文章的声音,其中 5 个人用英语,5 个人用法语,但实际上只有 5 个人朗读,每个人用两种语言。当时加拿大英裔人的社会背景优于法裔人,大学生们对英裔加拿大人的态度也优于对法裔加拿大人的态度,实验的结果印证了这一现象,即同一个人,当他用英语朗读时比用法语朗读更能够获得较好的评价,并且法裔学生比英裔学生更倾向于高估用英语朗读的对象。这一实验清楚地说明,一般人容易根据个体已有的态度去判断他人、理解所接收到的信息等。态度就像一个筛选器,对外界的刺激先进行筛选,从而影响个体的判断和选择。

(四)价值表现功能

在很多情况下,个体的态度常常代表着他/她的主要价值观和自我概念。如有人对志愿者的工作持有积极的态度,可能就是因为这些活动可以使他表达自己的社会责任感,而这种责任感恰恰是自我概念的核心,表达这种态度能使他获得内在的满足。因此,态度有助于人们明确地表达自我概念中的核心价值,具有积极的表现功能。

可以看出,态度的适应功能和自我防御功能是与个体追求基本需要的满足相关,它们能帮助个体调整或纠正自己的行为,以使其能够受到奖赏或者避免惩罚。态度的认知功能和价值表现功能与个体追求高层次需要(如自我实现)的满足相关。因为个体要从表达的价值观,即表达自己所赞同的观点中获得满足,同时,个体还有了解周围世界及自己在世界中所处地位的需要。这些都是一个人较高层次的精神需要。

三、态度的形成与改变机理

(一)态度形成的途径

1.个体的经验

个体的经验是具体态度形成的重要途径。经验可分为直接经验和间接经验。生活实践证明,很多态度是由于经验的积累与分化而慢慢形成的。如四川人喜欢吃辣椒、山东人喜欢吃大葱,就是由于长期的经验而形成的一种习惯性态度。有时也会出现个体只经过一次体验深刻的经验就构成了某种态度。如一个人被狗咬伤过,可能会因此害怕所有的狗,即"一朝被蛇咬,十年怕井绳"。另外,个体通过一定媒介所获得的经验也会对其态度的形成产生影响。如现在对网红产品、展会上的网红展品等的"打卡"消费行为,就是借助互联网的力量将某一态度对象迅速在消费者群体中进行传播并使之迅速产生大流量关注的过程。需要强调的是,直接经验对态度的形成更为重要。一个人对态度对象的否定态度几乎全部来自直接经验。随着参展经验的不断丰富,参展商参加展会的核心诉求从单一的营销目标转变为集市场营销、观察最新技术发展趋势、构建信任关系等为一体的复合型目标,参展过程中越是新奇有趣、互动性强、具有一定稀缺性,可以进行沉浸式体验的展品及项目越能够带来难忘的参展经验,不仅有利于参展观众对参展商形成强烈的、积极的参展态度,而且有利于参展商获得良好的参展效果,并对参展观众、对展会形成积极的参展态度。

【阅读材料4-3】　进博展品成网红商品,老字号出海受热捧

上海人文交流馆于2023年第六届进博会上亮相,共有"国际采购""展品变商品""展商变投资商""一带一路名品""本土品牌国际化""品牌联手出海""老字号产品创新"7个主题展区。

进博会作为世界上第一个以进口为主题的国家级展会,为世界各国参展商的各类商品提供了展示交流的平台,随着进博的溢出效应,这些在进博会上展示的商品往往也走进了线下商超,走入千家万户。在"展品变商品"主题展区,展出了历届进博会的"网红"展品,塞尔维亚的特色商品黑松露片、秘鲁的"温暖驼"羊驼毛玩偶、阿根廷帕拉蒂托马黛茶、捷克水晶制品、巴基斯坦喜马拉雅盐灯、意大利清洁用品大公鸡管家、法国百年工艺马蹄铁洗护用品等。

在"本土品牌国际化""品牌联手出海""老字号产品创新"3个主题展区,就能看到很多老字号的新面貌。如上海蜂花远销50多个国家和地区,美加净出口的品牌产品已连续多年稳坐国内牙膏自主品牌出口第一的宝座,中华药业"龙虎"的清凉油系列已经成为国际市场一大名品,海派中药中华老字号雷氏则带了日内瓦发明展金奖展品丹参片。还有沈大成今年的上海伴手礼新品"仙桃贺寿"、老香斋荣获蝴蝶酥制作技艺大赛金奖的蝴蝶酥,乔家栅与人气手游"月圆之夜""原神"跨界合作的糕点、西区老大房携手一大会址推出的"老糕兴综合糕点礼盒"等。

资料来源:光明网,有删改.

2.人际交往

人是社会人,在社会生活中,同伴对个体的影响力不可低估,人们往往会无意识地遵循同伴的观点、意见、态度。正如苏联心理学家维果茨基(Lev Vygotsky)所说,人之所以会变成他自己,是以他人作为参照系来对照自己行为的后果。父母、教师和成人的影响在儿童时期尤为明显。虽然展会上参展企业之间的互动与交流不能像与永久合作伙伴那样深入,但已有研究通过对上海工博会的长期跟踪发现,持续参与大型国际展会的企业,相互之间的合作概率为15%(非参展企业为3%),在本地的正式技术合作伙伴平均为0.26个(非参展企业是0.07个),技术溢出能力约为非参展企业的5倍以上[①]。目前,对会展业影响面广、关联度高,对城市经济发展产生巨大的带动效应和综合影响这一观点,在业界与学界都已达成共识,这种社会氛围又进一步强化了参展企业对会展的积极态度。

(二)态度形成的过程

态度的形成是一个过程,是一个从被动到自觉、从感性到理性,不断深化、增强的过程。1961年美国社会心理学家H.C.凯尔曼(H.C.Kelman)通过分析典型的态度形成或变化的例证提出了态度形成或改变三程序理论,也叫作态度分阶段形成或变化理论,认为态度形成或变化经历了服从、同化和内化三个阶段[②]。

1. 服从阶段

在这一阶段,个体为了获得报酬或避免惩罚而采取的表面顺从别人立场和观点的行为,是态度形成的模糊时期。服从分为2种情况:服从,在带有强制性特征的他人或规范的外部压力下,个体符合外界要求的行为;顺从,是指在他人的非强制性的直接要求下按照他人要求做的倾向,带有从服从阶段向同化阶段过渡的倾向。

服务阶段是态度形成或变化的第一阶段,也是最为表面的态度形成或改变。这是一种权宜之计,其目的是在表面上显示出与他人的行为保持一致。因而服从意义上的态度形成或变化,实质为一种印象控制策略。如一个群体的成员为了保持与群体的一致性,防止成为群体的异己而被群体拒绝或制裁,就常常需要服从或者顺从群体中占优势的态度。如一个参展意愿不那么强烈的企业可能会因为要保持与行业其他企业成员行动一致的需要而参与某一或某些会展活动。由于人们在心理上具有保持认知一致性的需要,因而长期的服从将可能导致整个态度结构的真正形成或改变。

2. 同化阶段

在这一阶段,个体不再是被迫,而是心甘情愿地去接受他人的观点,使自己态度与他人要求相一致。态度的同化阶段就是认同过程,是个体社会化的重要组成部分,是态度形成的必要途径。同化多属于态度的情感部分,受个人好恶所支配,与参展行为是否发生联系十分密切。如在2023年第六届进博会上,有超过200家企业是连续六年参会的"六朝元老",其中欧莱雅、松下、阿斯利康、三菱、ABB、卡赫、贺利氏、拜尔斯道夫、都乐、纽仕兰等几十家大企业还预订了2024年第七届进博会的展位,体现了跨国企业以实际行动对中国和进博会平台表达的认同,用脚投下"信任票"。

同化阶段的态度变化与服从的根本区别在于,第一,态度的变化是自愿的,而不是被迫的;第二,认同性的态度变化已不是简单的表面态度反应的变化,而是已有情感因素的改变,并开始涉及态度的认知因素。长期的认同会导致整个态度的根本转变。

① 朱贻文,张旭敏,曾刚. 国际会展业发展趋势及上海提升国际会展之都能级的对策[J]. 科学发展, 2023(8):34-41.
② 金盛华. 社会心理学[M]. 2版. 北京:高等教育出版社, 2010.

3. 内化阶段

内化阶段是指个体从内心深处真正相信并接受他人的观点,转变自己原有的态度,形成新的态度,并且自觉地将其作为衡量标准来指导自己的行为。态度的内化阶段多属于态度的认知部分,是个体理智感的表现,是产生参展行为的内部心理基础。内化阶段的态度,无论是改变还是形成,都是一种新价值观的获得,是态度改变或形成中最深刻的层次。新建立的内化水平的态度,会成为个人态度与价值体系中的组成部分。

内化阶段的态度形成或变化与服从和同化的最大区别,就是不再依赖外在压力及个人与其他人的关系。它已成为个体自己的态度,是一种独立的态度,因而无论从态度改变,还是从态度的形成来讲,内化的态度都是最为坚定的态度。

三个阶段的转化是一个复杂的过程,不是每一个态度都能走完这个全过程。有的态度一直停留在服从阶段,有的态度会发展到同化阶段,只有一小部分态度会完成三个阶段的转化,内化成为个人价值体系中的组成部分。

第二节 参展态度及其改变

参展商的产生是以组织或者个人参与展会为前提的,所以针对参展商的研究也大都集中在"参展"上面。按照展览会的盈利模式来分析,展会除门票收入之外,大部分的资金还是来自参展商所支付的展位费。所以,了解企业的参展态度的形成与改变以及参展决策考虑,从而策划并举办满足企业参展需求的展会活动,便成为学术界和会展企业关注的问题。目前围绕参展商进行的研究一般都针对其参展过程的某一个具体环节,如参展决策、参展过程、展后评估等。延续这一思路,我们将这一部分的内容聚焦于参展商的参展态度,并从参展商的参展态度方面深入理解参展商及其参展行为。

一、参展态度的定义

根据态度的概念,结合会展活动发生的实际过程,我们可以给出关于参展态度的定义。所谓参展态度,就是参展商对参展对象和参展条件做出行为反应的心理倾向。这里的参展对象是指参展商将要参加的展会本身,参展条件是指影响参展商参加展会的主观条件,以及经济因素、时间因素,展会所在地区的其他社会因素等客观条件。在参展商参展态度的构成中,同样包括认知、情感和意向三个组成部分,三者之间越一致,参展商的态度就越稳定、越持久,越能够推动参展活动的进行。

参展态度是参展商将对展会做出何种行为反应的心理倾向,是行为反应的心理准备状态。态度虽然不是行为反应本身,也不是行为反应的现实,但却包含和预示着人们做出某种行为反应的潜在可能性。参展商对某一展会具有良好的态度,就包含和预示着他有参加这种展会的可能性。参展商对每一个展会、每一次展会活动,以及对开展参展活动所必需的各种参展条件,都可能会产生不同的具体态度,从而预示他们将做出什么样的选择,另外,参展态度还决定他们将以怎样的活动水平投入即将进行的展会中去,因此它又是未来活动水平和努力程度的心理准备状态。这也正是会展活动开发者和会展活动经营者关心参展商的参展态度的根本原因。

【阅读材料4-4】 从"进博会时间"看中国的开放态度与全球魅力

2023年11月5日第六届进博会开幕,中国再次开启"进博会时间",向国际社会持续发出扩大高水平开放的时代强音,展现中国的开放态度与全球魅力。与此同时,世界各国参展企业也用实际行动表达了对进博会的积极态度,纷至沓来的"头回客"、步履不停的"回头客"、信心满满的"全勤生"、跃跃欲试的"新创客"……各国人士用脚投票,将进博会作为展示商品、拓展市场、促进交流、实现价值的大舞台,印证开放中国的强劲磁场。

硕果累累,中国同世界共筑开放高地。前五届进博会,有131个国家和国际组织参加国家综合展,超过1.58万家次参展商参加企业展,参展企业首发新产品、新技术和新服务约2 000项,累计意向成交额近3 500亿美元。一组数字见证第六届进博会的开放新高度,全球超3 400家企业参展,展商数量和展览面积均创历史新高;世界500强和行业龙头企业参展数量289家,超过历届水平;"中国芯""未来车"、超级电梯等超400项新产品、新技术、新服务,在本届进博会上举办首发首秀首展……

包容平等,让发展红利惠及各国人民。以负责任大国担当提供更多国际公共产品,让发展成果更公平惠及各国人民,是中国一以贯之的理念,也是始终践行的承诺。2017年在"一带一路"国际合作高峰论坛上,习近平主席宣布从2018年起举办进博会。2023年是"一带一路"倡议提出十周年,第三届"一带一路"国际合作高峰论坛闭幕不久,第六届进博会的"一带一路"元素更为丰富。

"中欧班列-进博号"穿越亚欧大陆,让"一带一路"共建国家的商品走入中国千家万户;受益于"松子空中走廊",阿富汗小伙阿里曾在进博会热销阿富汗松子,今年又为中国消费者带来了阿富汗石榴;孟加拉国妇女编制的黄麻制品、巴基斯坦传统手工艺人制作的盐灯,都通过进博会平台进入更广阔的国际市场……

中国开放的大门越开越大,中国推进现代化的成果正借助多个平台助推全球发展进程。在许多国际人士眼中,进博会以及广交会、消博会、服贸会等一系列国家级"展会矩阵"溢出效应不断放大,在促进国家级商品和服务的供需对接、增进各国贸易和服务往来等方面发挥重要作用,中国式现代化与各国现代化进程彼此激荡、相互促进,为加速世界现代化进程积蓄动能。

资料来源:新华网客户端,有删改.

二、参展态度的改变及其影响因素

(一)改变参展商参展态度的可能性

态度一旦形成,会在较长时间里保持稳定,但依然存在改变的可能性。参展态度是参展商对参展对象和参展条件的一种主观反应,是后天形成的,并且参展商参展态度的形成、存在依赖于一定的条件,这些条件发生改变,就会引起态度的变化。随着会展业的发展,参展对象和参展条件也在不断发生着各种各样的变化,这些变化都会引起参展商在认知、情感或意向上发生相应的变化,从而在一定程度上引发参展态度的改变。

(二)改变参展商参展态度的两种形式

1.一致性改变

即不改变态度的性质和方向,只改变原有态度的强度。如参展商对会展活动由一般积极的态度转变为非常积极、对某个展会由非常喜欢转变为一般喜欢,或者参展商对展会主办方提出的"绿色办展"理念由一般支持转变为非常支持等。这些变化,都只是参展商参展态度在强度上发生了增强或减弱的变化,并未发生质的变化,这就是态度的一致性改变。

2. 非一致性改变

即改变态度的性质和方向,以新的态度代替原来的态度。如参展商对绿色撤展由不支持转变为积极支持、对不文明参展行为由无所谓变为强烈谴责等。这些变化中,参展商的态度不仅在强度上发生了变化,而且在态度的性质和方向上也发生了明显的改变,即由一种新的态度代替了原有的态度,这就是态度的非一致性改变。

这两种改变有着一定的内在联系,类似于量变与质变之间的关系。一方面,一致性改变中包含非一致性改变的成分。如喜欢程度的降低,就包含着不喜欢可能的增加。另一方面,非一致性改变中包含一致性改变,如由赞成变为不赞成,就包含着赞成程度的降低和不赞成程度的增强。总之,态度强度上的变化积累到一定程度会造成态度性质和方向上的变化。

(三)影响参展商参展态度改变的因素

1. 参展商自身的因素

(1)参展商的需要的影响

参展商态度的改变与参展商当时的需要密切相关。一般来说,参展商对凡是能满足自己的参展需要或有利于达到参展目标的展会及其相关活动,往往更易产生欢迎、肯定的态度,而对影响参展需要的满足以及妨碍参展目标实现的会展活动,则较易会产生排斥甚至厌恶的态度。

参展商的需要是否能够被满足,有 3 个重要影响因素:参展商参展需要的具体内容、参展对象的功能以及参展商对这种功能的了解和知觉。只有当参展商的需要是在合法合情合理的范围内,并且对能够满足这些参展需要的会展活动有着较为充分、全面的了解时,这些需要才能够被满足。在这一过程中,人们对能够满足参展需要的会展活动的了解有两种方式,一是参展前通过信息收集对展会能否满足参展需要进行充分了解,形成相应的态度,从而做出精准选择;二是在参展活动过程中对展会满足参展需要的程度进行直接的体验,从而强化和改变已有的参展态度。参展商参展态度中的情感成分与意向成分,多半与参展需要的满足有关。

(2)参展商个性特征的影响

参展商包括企业和个人两种形式,无论哪种形式,出现在展会现场的参展企业的工作人员及个人参展商的个性特征也是影响其参展态度的重要心理因素。一般来说,个体性格中具有依赖性强、暗示性高或比较随和等特点的参展商比较容易改变态度;智力水平高的人,其分析判断能力往往也比较强,被说服的难度较大,这里的智力水平不单单是指智商,还包括由知识面广、经验丰富而形成的智慧。另外,参展商的自尊水平也会影响到态度的改变,自尊心强的参展商,其防卫心理也比较强,不太容易接受他人的影响,因而,态度的改变也比较难。

(3)参展商参展经验的情绪后果的影响

社会心理学家发现,某些导致心灵创伤的经历,哪怕仅仅一次,就可以使人形成十分稳固的态度,而且这种态度还会泛化到相关或相似对象上。"一朝被蛇咬,十年怕井绳",这种情况下参展商的态度往往很难改变。反之,参展商在参展中获得意外惊喜的经历也会影响他们态度的改变。如德国卡赫是全球领先清洁品牌,也是欧洲第 1 台热水高压清洗机的发明者。2018 年首次参加进博会就打造了近 200 平方米的展台,但并不确定投入能带来多少回报。展会期间爆棚的人流量和纷至沓来的订单很快打消了他们的疑虑,仅现场消费者端的订单就超过 100 万元,同时进博会上企业端意向订单的转化效率也比较高,第 1 年就有近 2 000 万元的采购订单落地。第四届进博会上,卡赫全球首发一款与国内科技公司合作的 AI 智能清洁机器人,是当时清洁类展品中的"大明星",2022年春运就投入到上海虹桥站的清洁工作中。近年来,卡赫在中国市场稳定保持两位数以上的高速增长,其中2021—2022年更是连续两年同比增长40%。正是这样的意外加惊喜的参展经验,让卡赫每年展会还没结束,就提前预订下届席位。

2. 态度自身的特点

态度的强度、态度的价值性、态度的三种成分之间的关系、已有态度与要求改变的态度之间的距离等因素都会对参展商参展态度的改变产生影响。

态度的强度是指参展商对某一展会赞成或反对、喜爱或厌恶的程度。一般来说,参展商受到的刺激越强烈、越深刻,态度的强度就越强,态度就越稳定,也就越不容易改变。如汽车企业参展商对汽车工业展览会的喜爱、39.4万专业观众对第六届进博会的热爱等。

态度的价值性是指态度对象对参展商的价值和意义的大小。价值越大,态度越难改变。如有超过200家企业连续6年参加进博会,其中的原因必然是因为这些参展商收获了商业上的成功,感受到了中国市场和进博会的魅力,不仅如此,得益于进博会带来的机会和市场,还有几十家企业第六届进博会结束时就预订了2024年第七届进博会的展位。

另外,态度三种成分之间的关系越一致、态度形成的因素越复杂,态度就越稳定,也就越难改变;已有态度与要求改变的态度之间的距离越大,就意味着参展商在态度的认知、情感或意向等3种成分上需要做出的调整就越大,这对参展商来说极具挑战性,会导致参展商选择维持已有态度,拒绝做出改变。

3. 外界条件的影响

外界条件主要是指来自外界的信息,包括参展商自己搜集到的会展信息、参展商之间的态度以及参照群体等的影响。

认知是态度形成的条件,因此,从某种意义上来说,参展商的参展态度是参展商在接受各种信息的基础上形成的。参展商在制订参展决策前会主动收集各种相关信息,各种信息间的一致性越强,参展商形成的参展态度越稳固,越不容易改变。

心理学家认为,人们所获取的信息69%来源于个人的社交环境。来自个人社交环境的信息对人们的态度有着明显的影响力。参展商有着自己的"朋友圈",彼此之间的态度就是来自其个人社交环境的信息之一,由于参展商之间身份、目的和利益的相同或相似,彼此之间的意见也更容易被接受。

参照群体又称标准群体,指那些作为人们判断事物的标准或仿效模仿的群体。人们的参照群体可以是他们的所属群体,也可以是他们心目中想要加入的群体或理想中的群体。参照群体一般具有两种功能,即规范功能和比较功能[①]。展会中行业龙头企业往往能够带动产业链上下游企业在展会中主动聚集。如亚洲集成电路产业的行业三大展(香港展、深圳展、首尔展)对龙头企业的覆盖率分别达到92.2%,79.6%和76.1%,由于这些龙头企业的影响力,自然而然地吸引了上下游企业积极参展,并能经常吸引业内顶尖技术专家到会交流报告,如此一来,进一步带动了展会的专业性水平及行业口碑的提升,从而更能够吸引到高水平的企业积极参加,形成带动效应上的良性循环。

---

① 廖盖隆. 马克思主义百科要览[M]. 北京:人民日报出版社,1993.

三、改变参展商参展态度的策略

参展商的参展态度会影响到参展的行为倾向,因此,要促进参展商产生参展行为、完成参展活动,就要从态度的强度和性质上改变他们的已有态度。参展态度的形成是一个复杂的过程,因此,清楚而全面地认识影响参展商参展态度改变的诸多因素,是改变参展态度过程中最重要的方面之一。只有充分把握影响参展态度的因素,针对影响因素采取行之有效的方法,才能实现改变参展商参展态度的既定目标。

(一)加大宣传力度,以诉诸认知或诉诸情感的宣传来引发参展态度的改变

外界信息是改变参展商参展态度的影响因素之一,通过宣传向潜在参展企业传播新的知识和新的信息,有助于参展态度的改变。

1. 进行全方位诉诸认知的适度重复宣传

态度是知识的积累和信息的收集,改变态度最好的方法即改变知识和信息的内容,因为新的信息往往会对已有态度中蕴含的有关态度对象的信息或知识进行补充、修正甚至是彻底颠覆,进而对既有态度产生一定的冲击作用。因此,展会举办前可借助多样的传播手段,如广告、专栏报道、制作精美的宣传手册、展会官方网站、合作路演、新媒体平台等进行展会宣传,通过新信息反复传递使其心理防御不断减弱直至发生态度上的扭转。值得一提的是,展会官方网站提供的信息对参展商而言是非常重要的,是参展商制订参展决策时便捷且权威的信息来源。这是一个循序渐进的过程,不能一蹴而就、急于求成,否则不但难以改变参展商原来的态度,反而会使其产生逆反心理从而拒绝改变态度,因此,在宣传中对反复的"度"的把握尤为重要,利用一些宣传技巧以强化宣传效果。

虽然展会在招展招商的过程中不可避免地会使用一些宣传技巧,但参展商还是希望初次联系就能从主办方这里获得详尽的资料。同时,几乎所有的参展商都很强调宣传资料的真实程度,他们也会利用可能的途径进行核实。

【阅读材料4-5】 登门槛技巧

在一个实验中,要求大学生在两年时间内每周花两个小时担当少年犯的辅导员。所有大学生都说"不行"。接下来,又要求大学生充当一些少年犯的陪伴,陪少年犯逛一次动物园。前面对于较大的请求说了"不行",这些大学生有50%的人同意接受这项较小的请求。而当找到另外一组大学生,之前没有向他们提出过大要求,他们只有17%的人同意充当旅游陪同。

资料来源:根据相关资料整理.

需要注意的是,不同的信息传播方式和媒体对于参展态度的改变有不同的效果。一般来说视听结合的信息传播方式最具有影响力,单纯的视觉或听觉媒体的影响就较小一些。广告等媒体的信息传播主要是给参展商提供最初的信息,这些信息既可以作为促成参展商参展态度的决定因素,又具有最后信息源的效果。在这一过程中,信息接受者个人的因素也决定了信息传播的效果不相同。同样一个信息,有的人能理解,有的人就理解不了。态度的改变,必须考虑参展商个体的个人因素。个人的生活经历与经验是不同的,劝导者传达的信息如果能与信息接受者的个人经验发生共鸣,态度的改变将很容易发生,否则,很可能会导致抵抗和拒绝接受信息。

【阅读材料4-6】 中国银行:进博会唯一招商路演全程支持单位

中国银行是进博会唯一招商路演全程支持单位,其境外机构覆盖63个国家和地区,依托

海外网点众多的优势,中行全力协助进博会招展,让大批海外企业抓住了进博机遇、中国机遇。

从第一届进博会开始,中国银行就发挥全球化经营优势,携手进口博览局,累计在近60个国家和地区举办线上、线下全球招展活动,海内外分行紧密合作,累计营销过上万家海外客户,让更多海外企业能搭上进博会的快车。

到第六届进博会为止,中国银行已独家支持国内100个场次的城市及地区招商路演及5场"进博会走进地方"系列大型招商引资活动,协助提升进博会采购商邀请专业化和精准化水平,全力支持各地、各行业专业采购商到会洽谈、精准采购。如在第5届贸易投资对接会中,仅仅20分钟,500万美元的"首单"即宣告诞生,上海企业亚松电子商务(上海)有限公司与德国卡尔斯博酿酒有限公司签订了价值500万美元的葡萄酒、啤酒、饮料采购合作意向。

除此之外,第六届进博会筹备期间,中行上海市分行还协助进博局推出"虹桥观点"栏目、参加虹桥论坛专家讲堂、支持"全球经济展望及对发展中国家的影响"虹桥论坛专题活动、《世界开放报告2023》座谈研讨会等重要活动。在展会期间继续协助商务部举办"金融改革创新促进自贸试验区提升"分论坛,全力支持多场分论坛及配套活动,助力进博会汇聚全球智慧、凝聚开放共识。

中国银行以实际行动服务展商共享进博平台,服务国家对外开放大局,以专业金融服务促进高水平海外参展商和国内采购商齐聚进博会,对提升进博会的含金量、成交量,深化进博会的吸引力、影响力发挥了重要作用。

资料来源:六载共赴东方之约,百年中行携手而行.解放日报(特刊),2023-11-05.有删改.

2. 以诉诸情感的宣传来引发参展态度的改变

诉诸认知的宣传可以改变参展态度,诉诸情感的宣传也会引发参展态度的改变。情感成分是态度的核心,与人们的行为紧密相连,在态度中起着调节作用。与态度的认知成分不同的是,态度的情感成分并不总是以事实为依据,人们对态度对象的态度,归根结底取决于人们的价值观念和信念。因此,通过宣传,将基于认知的信息与基于认知的参展态度匹配起来、将基于情感的信息与基于情感的参展态度匹配起来,改变参展商参展态度的可能性会更高。

对一个展会而言,既有"头回客",又有"回头客",影响他们参展态度的依据也存在一定的差异。针对头回客的宣传重点可集中于展会的基本信息,如展会在行业中的地位和口碑、展会规模、参展企业数量与质量等;针对回头客的宣传重点则可侧重于展会的情感层面,如链接前沿、共创价值、构筑行业"朋友圈"等。

【阅读材料4-7】 广告与态度之间的匹配

认知和情感体验都会引发态度。研究结果指出,当广告商将基于认知的论据与基于认知的态度匹配、基于情感的论据与基于情感的态度匹配,那么态度改变的可能性比较高。

如你对咖啡品牌的态度有什么依据呢?你可能根据你的认知反应来做评价:它们的味道如何?它们要花多少钱?我们再来看看贺卡。就贺卡来说,你可能更容易受情感反应的左右:它们能让你露出微笑吗?它们是否能恰当的表达关系的性质?有一个实验,让被试接触到,要么基于认知、要么基于情感的产品广告,产品包括咖啡和贺卡。基于认知的广告可以这样说:"斯特林配置的咖啡美味、温馨、芬芳,因为它产自最新鲜的咖啡豆。"基于情绪的广告可以这样说:"你喝的咖啡告诉人们你属于哪一类人。它能揭示你朴实无华,与众不同的品位。"被试逐一看完这一系列广告之后,列出一些想法,指出他们对产品的喜好感。研究结果存在强烈的匹配效应:当信息类型(如基于认知的广告)与态度类型(如基于认知的态度)匹配时,被试表现出比较多的喜好。

当你自己努力想改变他人的态度时,你也可以应用这一研究结果:这个态度具有强烈的认知成分,还是强烈的情感成分,你可以怎样相应地裁剪你的说服性信息?

资料来源:格里格,津巴多. 心理学与生活[M]. 王垒,等译. 16版. 北京:人民邮电出版社,2012.

(二)引导意见领袖参与会展活动,激发参展意向行为

根据K.勒温(K. Lewin)的参与改变理论,要改变参展商的参展态度,会展宣传应与会展活动同时并举,邀请人们,尤其是那些持有消极或否定态度的参展商参加一次实际的展会活动,是改变他们参展态度最直接、最有效的方式。但在现实中,这一方法实施起来存在一定的难度,因此,可以通过间接的方式,如引导意见领袖参与展会活动,一定程度上也可以改变参展商的参展态度。

意见领袖是在团队中构成信息和影响的重要来源,并能左右多数人态度倾向的少数人。一般,意见领袖的信誉越高,人们对他的信任就越深,他也就越容易改变人们的态度。已有研究表明,行业内知名企业参展是参展商(尤其是小型参展商和大型参展商[①])制订参展决策的重要依据之一,因此,一定要发挥重要行业参与者、龙头企业在展会中的带头作用。如全球顶尖的汉诺威工业展,经常邀请不同领域的重量级嘉宾到会交流、做报告。在政界,德国总理几乎每年都会出席汉诺威工业展,并多次邀请国家首脑共同参与相关活动。在技术领域,在汉诺威工业展同期还会发布赫尔墨斯奖(Hermes Award)等业内重量级奖项,每年都会吸引顶尖企业和尖端技术人才亲自到场,展会也随之成为行业前沿的晴雨表和风向标。再如亚洲集成电路产业的行业三大展(香港展、深圳展、首尔展)对龙头企业的覆盖率分别达到92.2%,79.6%和76.1%,由于这些龙头企业的影响力,带动了产业链上下游企业在展会主动集聚。

除此之外,主办方在一定程度上也在扮演着意见领袖的角色。一般情况下,参展商都看重主办方在业内的影响力和展会的号召力,政府和大型企业的深度参与会为展会增色不少。如上海、广州等会展中心城市的会展业发展中政府和龙头企业,尤其是其所拥有的世界级的专业展览集团,对提升当地重大展会的质量和成效都起到了关键作用。因此,展会的主办方通过提高自身的影响力并扩大展会规模可以吸引更多的参展商加入,使展会发展进入良性循环。

(三)提高会展产品质量,塑造积极有强度的参展态度

会展产品是一个整体概念,是构成和支持会展活动的各种元素组合而成的综合体。既有有形的会展场馆、服务设施等硬件条件,又有无形的会展服务,其中会展服务是会展产品的功能体现,是会展产品的内核,会展活动是会展产品的外在表现形式,是会展产品的构成主体。因此,除了硬件支撑条件的更新,市场经济发展中优质会展服务的提供是影响参展商参展态度强度的重要条件之一,也是形成会展企业品牌认知度最直接且最快速的路径。

1. 提供会展增值服务

会展服务是会展产品的构成主体,将服务作为一种新的产品营销,通过高质量的服务让参

---

① 按照参展规模,将参展面积小于18平方米的分类为小型参展商,这些参展商展出的面积以一到两个标展为多;参展面积在19~72平方米的为中型参展商,参展面积大于73平方米的为大型参展商。

展商成为展会的"回头客""忠诚客"。基于这一思路,会展企业需要从以销售展位为主的思路转变为参展商提供增值服务以及个性化服务,建立客户关系管理系统,培育积极的参展态度,形成稳定的客源。

会展企业常用的服务增值的方法多样,包括商业配对、网站/虚拟商贸会展、展台培训项目、新产品展示台、首次参展商陈列柜、航线预留座位、展前实时通信、同步视频会议、产品专用展厅、进出口研讨会、行李托运服务、展商休息室/餐厅、运费补贴、合作伙伴项目、光盘宣传资料、旅游项目、安排竞赛项目、评奖竞争等。如果是线上展会,则可以通过提升会展网站的设计水平、完善网络会展数据库、建立完善的自动化销售模式、与实体会展相互补充,整合产业资源、开发更高级的网络会展功能等方式提供增值服务。以商业配对为例,ITE 集团是英国三大展览公司之一,主要业务集中在俄罗斯及乌兹别克斯坦、塔吉克斯坦等中亚国家,是上述区域的市场领导者。针对欧洲旺盛的旅游市场需求和激烈的市场竞争,ITE 公司在举办旅游类展会的时候创造性地为客商提供配对服务,即根据自身掌握的数据资料,在参展商和观众之间牵线搭桥并安排专用场地供其谈判,大大提高了签约效率,并获得了双方的高度认可[①]。

2. 做好会展配套活动的策划与组织

现代展会相较于以往产生了新的发展趋势,其突出特点是参展商参展目的的变化,体现为由传统的直接销售目的转变为构建关系平台、促进知识交流。但是关系建立和知识创造需要长期经营的过程,会展企业需要在展会中、展会后进行持续和反复的沟通。展会可以通过同期论坛、展后附展、培训会议等一系列配套活动,为有效的信息交流和关系建立提供长期保障。如米兰在米兰国际家具展举办的前后两周内,当地还会举办 200 余次论坛等配套活动。一方面,通过展会同期举行的大型开放式晚会和论坛吸引潜在参与者关注,许多展会与当地重要节庆活动紧密联动;另一方面,地方政府和本地产业协会也在展会结束后发起一系列的配套活动,各种大展、小展和配套活动在时间上有序穿插,形成所谓的"周期性循环",很好地满足了参展商和专业观众建立关系、交流信息等参展需要,形成了正向的参展态度,提高了参展积极性,同时促使展会的影响作用在整个城市、整个行业延伸,起到良好的溢出效应。

3. 促进会展与旅游融合联动

一些会议、展览特别是国际性的会议展览,展览周期较长,这样就意味着参展商在展会举办城市所停留的时间更长,会展企业可通过提供会展旅游服务来更新会展产品和服务,从而影响参展商的参展态度。

一般来说,参加会展活动的参展商都具有消费水平高、停留时间长、团队规模大、盈利性好、行业带动性强等特点,但目前会展企业提供的服务项目基本集中在交通、住宿、餐饮等方面,还没有开发专门针对会展旅游需求的特色旅游产品。新的信息往往会对已有态度产生一定的冲击作用。因此,可根据不同的展会特点制订不同的展会方案,让与会展相关的上下游产业链相互衔接,延伸会展业价值链。旅游行业在大型展会筹备及举办期间,可加强与相关会展机构的合作,如旅行社、酒店、交通运输公司等可通过自身渠道为会展活动宣传,举办同参展商参与经济活动的关联领域相关的系列互动活动,为参展商提供多样化、个性化的旅游产品和专属服务,丰富并拉长参展活动进度条,以新的展会认知信息点形成或维持积极的参展态度,进

---

① 杜丕烈. 从产品层次看会展营销[J]. 现代营销(经营版),2019(10):79.

而共创两大产业旅游资源共享、相互融合的局面。

第三节　态度与参展决策

一、参展商的参展偏好

（一）参展偏好的概念

态度虽然不能完全预测人们的实际行为，却可以很好地预测人们的行为偏好。偏好的特点并不是关注对象的整体，而是针对对象的异质特征来进行判断。消费者偏好是反映消费者对不同产品和服务的喜好程度的个性化偏好，是影响市场需求的一个重要因素。参展偏好也可以被看作消费者偏好的一种特殊形式，因此，我们认为参展偏好就是指参展商趋向于某一展会目标的心理倾向。如对于展会的举办地，绝大部分参展商都更倾向于在一线城市参加展会；小型参展商更愿意参加自己熟悉的展会；中型参展商更喜欢自己的客户到场多的展会；所有类型的参展商都倾向于获得专业的展务服务，尤其是希望展会的营销人员具备一定程度的展览所在行业的专业知识等。

参展偏好与参展行为之间有直接关系，表现为参展偏好有可能影响参展决策行为，这也是会展企业关心参展商的参展偏好的原因所在。

（二）态度与参展偏好

态度是偏好形成的基础，态度的强度与态度的复杂性对偏好的形成具有重要影响。

1. 态度的强度

态度的强度就是指个体对态度对象肯定或否定的程度。态度强度与态度对象的突出属性有关。所谓突出属性是指态度对象众多属性（如颜色、价格、功能等）中对个体来说最为重要的那一种属性。会展产品的突出属性与参展商的参展需要有关，即他们希望通过参展所获得的主要收获。参展商正是为了获得某种收获才会外出参加展会。因此，会展产品的开发者和经营者应按照参展商所寻求的收获去理解参展商的行为，要能够准确识别与提供相联系的会展产品的突出属性，即要真正做到自己提供的正是参展商所需要的，即便真正做到这一点是非常不容易的。

对会展产品各个组成部分属性的突出程度或寻求的收获是因人而异的，即态度对象的突出属性对人的重要程度因人而异。如有的参展商看重展会销售的属性，而对关系建立、信息传递等属性不太看重。另外，随着需要和目标的改变，对同一个参展商来说，态度对象的突出属性也会发生变化。如同是价格属性，参展商在选择品牌展会与在选择展台搭建商时，对价格的重视程度就会有着明显的不同。除此之外，有些时候会展企业非常看重的会展产品的属性，对参展商来说并不是那么重要。

2. 态度的复杂性

态度的复杂性是指人们对态度对象所掌握的信息量和信息种类的多少，反映了人们对态度对象的认知水平。人们对态度对象所掌握的信息量和种类越多，形成的态度越复杂。一般来说，复杂的态度比简单的态度更难以改变。

态度形成过程中的认知成分会出现互相矛盾的知识和观念。一定程度上，人们对某事物的态度取决于这个认知丛中信息量与种类之间的正负关系的总和及综合。如有些参展商认为参展可以获得更多的市场和机会,也知道参展成本带来的压力,或者有些参展商认为参展可以有助于互动学习、创新共享,同时也知道参展过程中可能会出现的各种风险。又如展位价格是影响参展商选择展会的主要依据之一,但参展商也不会盲目根据展位价格选择展会,低价策略和抬高价格彰显品质的做法都不能获得他们的认同。

(三)态度、参展偏好与参展决策

参展决策是指参展商对参展行为的决策,即企业做出外出参展的决定。虽然参展商制订参展决策时依据的条件各有不同,但参展决策的制订过程是基本一致的,主要包括三个环节,即识别并产生参展需要,寻找与比较展会信息,做出参展决策。态度虽然只能预测一部分参展决策和参展行为,但是却能直接体现参展商的参展偏好,而参展偏好与参展决策之间又有着直接的紧密联系(图4-1)。根据影响参展商态度的因素可知,图4-1中自身因素主要是指参展商的参展需要及参展动机、参展商的个人特征及参展经验等,环境因素主要是指参展商掌握的与展会相关的信息、参展商之间的态度以及参照群体等,形成了参展商所处的会展商业环境。

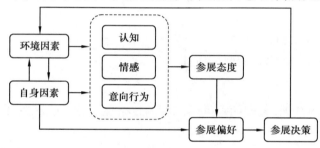

图4-1　态度与参展决策过程

从图4-1可以看出,来自参展商内在自身因素和外在会展商业环境因素的信息会通过各种渠道影响参展商的认知、情感和意向行为,从而构成相应的态度,这个态度以及自身相关因素就会对参展商的参展偏好产生相应的影响,使之产生最终的参展决策。参展决策实施完成后又会以信息的形式反馈回去,成为环境信息中的一部分,并丰富参展商自身相关因素,从而影响新的态度的形成。

二、影响参展商参展决策的因素

根据态度与参展决策过程模型图可知,参展商的参展态度是各种影响因素与参展决策之间的中介,进而对参展商的参展行为产生影响。现有对参展商参展决策的研究基本也体现了这一过程。迪克逊(Dickinson,1985)是较早对参展商参展决策进行研究的学者,国内外学者围绕影响参展商参展决策的因素进行了较为丰富的研究,这些因素可概况地分为内在因素和外在因素两个方面,其中内在因素主要集中于参展商的参展动机,这部分内容在第三章已有详细阐述,因此,接下来我们将根据相关资料[①]梳理参展商在选择展会时需要考虑的外部环境和所参加的展会本身的特点的评估等重要影响因素。

① 楚军威,张俊,李娜,等. 参展商如何选择展览会?[J]. 中国会展,2023(23):74-77.

1. 展会背景

选择参加展会,首先需要了解这个展会在整个行业中的地位和口碑。一般历史悠久、口碑良好的展会其行业影响力也就越强。其次还需要了解这个展会的举办时间及地点。最后还要考虑投入成本,是否能够承受住展位费、现场设施租金、人员交通住宿以及运输成本等问题。只有综合以上几个方面才能最终决定是否要前往该地参加该次活动。

2. 展会类型

按照展览会性质可以分为贸易和消费类,如广交会和进博会、电子展和食品展;按照展览会内容分为综合和专业类,如工博会和汽车展等。如果企业发展战略要在某一行业或领域进行推广,那么可以选择该领域的相关行业展会,这样更容易获得客户。另外,不同行业的企业对产品的定位不同,所以选择合适的会展类型也是十分重要的。如医疗设备类的企业可以选择医疗器械类的专业会展;农业机械的企业可以选择农业机械类的专业会展;食品饮料类的企业则可以选择食品饮料相关的专业会展,而包装及食品加工机械方面的企业可以参加包装及食品加工机械的相关专业会展等。

3. 展会规模

展览会根据规模可分为大型综合展览会、中型展览会、小型展览会和袖珍展览会。不同规模不同性质的展览会,所涉及的行业和专业观众也不同。一般而言,大型的专业性展览会更适合那些有实力的大公司或者品牌展示自己的产品和技术,因为这类公司的目标群体更明确,并且具有很大的需求量。而小型的专业性展览会对中小型企业来说更有吸引力一些。因此,对于要拓展新市场的中小型公司来说,可以考虑选择中小型专业性展览会来吸引更多潜在客户群。

4. 展会客户群

在参加一次专业的展览之前,一定要对它的目标客户进行深入的分析。如可以调查一下这些客户的购买能力如何,他们的消费水平怎么样、客户的分布区域等问题。只有了解了这些情况之后才能够更好地制订营销方案。

5. 展会主题

为突出展会亮点,给参展商带来更好的参展效果,大型展览会一般会细分行业板块,设定某个特定的主题或板块。如上海国际食品加工与包装机械展览会联展现场设置的"液态包装""智能制造"主题展区,吸引了众多行业企业和观众参与,逐步形成了规模效应。如果参展商的展出内容与主题相符,能够迎合消费者的兴趣或行业热点,会给观众留下深刻的印象,从而达到很好的参展效果。

6. 展会时间

企业选择展会还必须把控展览的时间计划,这包括行业买家的采购期、企业产品更新换代的生命周期、展览的期限和次数。对于专业展来说,展览的时间十分重要,企业应该基于自身产品提前规划充分的人力和展品准备。一般专业的行业展都会安排在行业买家的采购季节里举办,以期促成经贸合作。如全国农机展分为春秋两届,因为春耕和收获周期影响,秋季农机展规模更大,参展商更多,参展效果最好。

7. 展会地点

企业参加展览会的最终目的是向该区域及通过该展会向其他区域推销产品,所以一定要研究展览会的主办地及周边辐射地区是否是自己的目标市场,是否有潜在购买力,该地区是否有利于企业的新产品发布、推广,该展会能否成为专业的交流平台。不同的地理位置会吸引到不同类型的观众。一般来说,大城市地理条件优越,交通便利,展馆设施完善,往往能聚集更多的高质量参展商和专业买家。因此,如果一家中小企业计划进入一个全新的市场或者开拓新业务,那么最好选择在大城市举办的行业内专业性的展览会来进行市场推广。

【阅读材料4-8】 展会选择:五步教你做出明智的决策

选择最合适的展会需要经过五个步骤的考量,没有捷径可走。新泽西州的展览调查公司(Exhibit Surveys Inc.)的伊恩·塞凯拉(Ian Sequeira)认为选择的过程是费尽心力且耗时的,于是,他把选择的过程作为"认证的贸易展销商"(CTSM)认证计划的核心课程的一部分。

1.进行一个彻底的背景分析

第一步也是最常忽视的一步是调查内部部门,搜索行业信息,以了解市场,了解你所在的公司在其中的位置,以及管理层未来的目标。

2.调查展会的潜在客户和未来前景

无论借助的是调查机构或是正式的调查问卷,还是市场部门邮寄的非正式问卷,询问当前和潜在客户关于在此展会想得到什么或者达成何种交易,都可以获得无价的信息。要使所收集的数据具有意义,适当的样本量是必要的。一般来说,一个有效的电子邮件投票需要几百个回复,而25个深度访谈被认为是从焦点小组获得可信反馈的基线。

3.整理一份准确的展会清单

一旦收集了反馈信息,整理出一份合适的贸易展会的清单,包括公司之前参加过的,当前或潜在客户提到的,以及在调查过程中发现的所有展会。同时清单里也应该包括在竞争对手网站、协会网站和专门为展览行业提供的搜索引擎上发现的展览。

4.面对面了解展会

建议向展会组织者提出一系列问题,这些问题可能有助于确定该展会的真实指标。如果一场展会在这个阶段看起来很有希望,那么还会有其他更深层次的问题,这些问题为评估一场展会是否适合你的公司奠定了基础:展览总出席人数、净出席人数(即有多少真正的买家到场,减去参展商、工作人员等)、参展商人数、展览空间的净面积(不是展览的总平方英尺)、每平方英尺的成本、展览大厅和配套活动的小时和天数。这是每个展会组织者都应该准备提供的信息。

5.分析每个展会的数据

分析的最关键步骤是确定准确的出勤率,因为所有其他计算都依赖于此。如果展览的组织者只提供了总出席人数。凭经验法则是,该数字中至少有34%构成了参展商。如果组织者提供净出席人数,则参展商已被减去。但是请记住,展会如果未经审核,则需要运用智能化的手段来确定这些数字的有效性。第二个重要变量是展会人员流动性,即在整个活动过程中,每100平方英尺的展厅空间所占据的与会者人数。计算流量密度是一种很好的方法,既可以测试展览的已发布出席人数的准确性,又可以估计展馆是门庭若市还是了无生气。

资料来源:付晓.展会选择:五步教你做出明智的决策[J].中国会展,2020(17):102-107.

三、影响专业观众观展决策的因素

（一）专业观众观展决策的重要性

专业观众作为支撑展会运行的另一主体，通常无法为主办方直接带来营业收入，这是导致在管理实践中展会主办方重参展商轻专业观众、在学术研究中对专业观众研究不足的重要原因。随着会展业竞争的日趋激烈，吸引和组织专业观众成为会展企业获得竞争优势的最重要策略，也是会展业持续发展的核心问题。已有研究发现，专业观众的观展决策会直接影响参展商的参展决策，专业观众对展会服务的满意度会直接影响参展商的满意度。现有关于参展商参展决策的研究也指出，专业观众的数量是影响参展商决策的重要变量，因此，重视专业观众的观展决策及其影响因素，有效激发专业观众的观展积极性，可间接有效地促进参展商参展决策的制订。

（二）专业观众观展决策的影响因素

展会三大关键主体是参展商、专业观众和主办方，从服务与被服务的角度来看，一次展会中，展会主办方及参展商可以认为是展会服务的提供方，专业观众是展会服务的接受方，展会主办方与参展商及其相关因素会对专业观众的观展决策产生重要影响。

国外对专业观众的关注与研究较早，回顾国外以往对专业观众的研究可以发现，他们重视对专业观众观展目的的研究而忽视对观展决策影响因素的探讨；重视再次观展与观展绩效之间关系的研究，而忽视对产生这些结果的过程研究；对专业观众的所有研究成果重视针对参展商的启示意义，而忽视从主办方视角分析如何办好展览会等。

国内关于专业观众的研究始于 2007 年，以罗秋菊和保继刚在 2007 年发表的《专业观众参观展览的决策研究——以东莞展览会为例》最经典，奠定了专业观众决策研究的理论框架，同时也打破了我国展会专业观众观展决策研究领域的空白。该研究发现专业观众的观展决策主要是对主办方、参展商、举办地、外在因素这四个指标权衡、评估的过程。同时进一步深入探索了专业观众参观决策的组成结构，通过数据分析得到专业观众观展决策的三个维度。①展会内在价值。指展览会本身的规模、层次和定位。包括历届参展商的规模、历届展品档次和种类情况、历届是否有龙头企业参展、展会明确的定位。②声誉影响。指主办方、展览会和举办区域的声誉对专业观众参观决策的影响，包括主办单位的声誉、展会的影响力、展会所举办的区域等指标。③外在要素。包括展会举办的时间、花费、举办地安全。其中，展会内在价值是对专业观众参观决策影响最大的因素，其余依次是声誉影响、外在要素。此后关于专业观众观展决策的研究成果基本保持在此构成框架内，只是在具体因素上会依据不同类型展会、不同类型专业观众会有部分变化。

当然，专业观众自身相关因素也会影响其观展决策，即内在因素。这部分内容主要体现为影响专业观众观展决策的动机，已在第三章进行了详细阐述，不再赘述。

【本章小结】

态度是一个人以肯定或否定的方式估价某些抽象事物、具体事物或某些情况的心理倾向。

凡是人们了解到与感觉到的事物都可以成为态度关注的对象。现在普遍认可态度是由认知、情感和行为倾向三个成分组成,具有对象性、社会性(习得性)、内隐性与相对稳定性等特点。态度具有适应功能、认知功能、自我防御功能和价值表现功能。态度的形成受到个体经验和人际交往因素的影响,一般会经历服从、同化与内化三个阶段。

参展态度就是参展商对参展对象和参展条件做出行为反应的心理倾向。参展商的参展态度会影响参展行为倾向,要促进参展商产生参展行为、完成参展活动,就要采取一定的策略改变他们的已有态度。改变参展商参展态度的方式有一致性和非一致性两种类型,参展商本身的特点、态度自身的特点及外界条件都会影响到参展商参展态度的改变。态度与行为之间具有复杂的关系,虽然参展态度无法准确预测参展行为,但却能直接体现参展商的参展偏好。参展态度自身的强度与复杂性对参展偏好的形成具有重要影响。对参展商来说,虽然态度、偏好会影响参展决策,但还应从展会本身寻求影响参展商制订参展决策的影响因素。作为影响参展商参展决策因素之一的专业观众,其观展决策及其影响因素还需引起足够的重视与关注。

【思考练习】

1. 简述态度的含义与特点。
2. 简述态度形成的影响因素与态度形成的三个阶段。
3. 如何理解态度与行为之间的关系?
4. 结合实例简述态度的功能并分析态度功能之间的内在关系。
5. 简述参展态度的概念与改变的两种形式。
6. 简述参展商参展态度改变的影响因素及策略。
7. 简述参展偏好的概念及其与参展态度之间的关系。
8. 结合实例分析专业观众观展决策的影响因素有哪些。

【关键术语】

态度 参展态度 参展偏好 参展决策

【案例讨论】

重返进博,来自未来的"诱惑"

六届进博会,参展商中有"六朝元老",有"头回客",但最特殊的莫过于短暂离开又火速回归者。他们是参展商中的特殊群体。记者就追踪到 3 家参展商。他们对进博会都难以割舍,也有相同心声——再度参展,诚意更足。

作为格兰富商用建筑业务全球产品高级总监,奥克森举家迁沪已一年,他极力说服格兰富欧美公司同事来进博会看看。格兰富是全球领先的水泵及水技术解决方案提供商,1995 年进入中国。2018年首届进博会，格兰富跟随丹麦工业品联合会在丹麦国家馆亮相。2019年，格兰富放弃参展。"但公司很快后悔，2020年决定在技术装备展区参展，此后一届不落，今年面积近200平方米。"格兰富中国公司副总裁张小岩说。如今，奥克森在沪工作已满一年。上海的城市脉搏和中国客户对技术的关注、对建筑舒适与节能间平衡的极致追求，都让他震撼。因此今年进博会，他定位自己为"穿针引线的人"，要为进博会引来世界朋友圈。为此他不懈游说，邀请到来自丹麦、法国、意大利、美国、德国的全球格兰富团队来进博会现场，实地感受中国魅力。

重返进博会的获得感沉甸甸。2022年，格兰富与中建八局、京东数智工业等多个重要客户在进博会签约。2023年以来，数个百万元级、千万元级项目接连执行或启动在即。2021年年底，格兰富宣布总投资1亿美元的高端制造项目落户常熟，目前建设已近尾声，预计明年初正式投产。

武田制药也是"五朝元老"，唯独缺席2019年。武田制药全球执行副总裁里卡多·马雷克曾诚恳解释，那一整年，武田都忙于与爱尔兰制药巨头夏尔的重组。武田制药相关负责人坦言，过去，武田的参会主要聚焦在罕见病大会、血液学会年会等专业领域，但进博会的"综合"魅力让人欲罢不能。比如2020年进博会，武田带来的5款罕见病领域创新产品在会后半年内全部在华上市。目前，武田已有超过10款创新药物和突破性适应症在中国获批，其中7款产品被纳入国家医保目录。这都得益于进博会"展品变商品"的溢出效应和中国政府优化审批审评等有力举措。

联邦快递2018年参加首届进博会，2021年第四届进博会再度亮相，此后每年赴约。在联邦快递中国区总裁陈嘉良看来，进博会无疑是最佳秀场。联邦快递（中国）的初心，就是与中国经济发展同频共振，将中国与全球市场更紧密联结。陈嘉良尤其乐谈"狂飙"中的跨境电商，浦东机场口岸每天轻松超百万票，"联邦快递为跨境电商客户定制不同解决方案，比如向中国商户有针对性地分享特定贸易规则等"。第六届进博会上联邦快递的进博展台呈现"一张寄往未来的运单"，这张运单也意味着，联邦快递与中国、上海、进博会，早已深度绑定。

资料来源：重返进博，来自未来的"诱惑"．解放日报，2023-11-06．有删改．

思考题：

1.本案例涉及本章哪些知识点？

2.请结合态度的功能分析出现上述结果的原因。

3.请结合态度形成的过程分析影响进博会参展企业制订参展决策的因素。

第五章
情绪、情感与会展

【本章概要】

　　本章主要介绍了情绪与情感,并在此基础上分析了观展观众的情绪与情感以及影响因素,提出了参展商与展会之间存在的展会依恋这一特殊情感联结,然后对情绪控制与调节进行了概述,解释了参展情绪与观展观众情绪两者之间的关系,最后对观展观众不良情绪的控制提供了一些解决方法。

【学习目标】

　　(1)掌握情绪的概念与情绪状态种类。
　　(2)了解情绪的外在表现形式。
　　(3)掌握情感的概念与情感种类。
　　(4)掌握情绪与情感的关系。
　　(5)熟悉情绪与情感的功能。
　　(6)掌握观展观众的情绪与情感体验类型。
　　(7)掌握观展观众情绪与情感的影响因素。
　　(8)熟悉情绪智力的概念。
　　(9)了解参展情绪与参展观众情绪的关系。
　　(10)熟悉参展观众不良情绪的控制。

【开篇案例】

进博会与参展商的依恋情感

进入新时代,我国综合实力与国际影响力不断提升,但由于大国间的博弈和西方媒体的渲染,国际社会对中国的认知仍存在不同程度的偏差。中国国际进口博览会(以下简称"进博会")规模宏大、功能齐全,每年都吸引着众多外国政要、工商界人士及数以十万计的境外参展商、专业采购商前来参展参会,从而对展会及其举办地上海形成了特殊的"依恋"关系。这种特殊的情感联结,为境外宾客全面真实立体了解中国提供了良好机遇,并由此重塑他们对中国形象的认知认同。

依恋,最初在心理学中用于描述亲子间特殊的情感联系。后来的研究发现,一个人在成长的过程中会对生长的地方产生强烈的感情,也会对其周边事物感到依赖,这种情感上的联结与归属被称为"地方依恋"。其主要特征是,被依恋的地方会带给人愉悦、舒服、安心、放松等正面情绪,而人则会对他依恋的地方表现出高度的认同和强烈的接近倾向,以此获得精神上的可持续的满足。

境外参展商对进博会的依恋情感主要由三个尺度形成:线下进博会,展馆合理的议程设置、时尚的展厅布局和完善的配套服务,为参展商提供真实、愉悦的商贸体验,进而产生展会依恋;线上进博会,高精尖智能展示技术、一站式数字化管理系统和便利快捷的在线交易,为参展商提供多元化沉浸式的云商贸体验,进而产生虚拟依恋;举办地上海,不仅是中国重要的经济、金融、贸易、科技创新和信息中心,更是国际文化交流融合的大都市,拥有深厚的近代城市文化和独有的海派文化底蕴,能为参展商提供丰富的旅游和文化体验,进而对上海产生地方依恋。

"展馆—线上—地方"三重尺度的依恋关系,使境外参展商对进博会产生特殊的情感联结和高度依赖。展会带来的高回报高效益具有不可替代性,增强了参展商对进博会的信任与寄托;进博会的知名度、美誉度具有广泛影响力,提升了参展商对展会的共鸣与期待;参展企业的高准入门槛就是对其自身实力的最佳认可,强化了企业与进博会的依赖与联结。三重尺度的情感相互影响、相互嵌套、相互作用,建立起对进博会的正面态度与积极评价,进而对展会所折射出的中国国家形象有新的认知。

资料来源:林恬. 重视参展商依恋情感,提升大型展会国家形象:以中国国际进口博览会为例[J]. 理论导报,2023(6):28-30.

第一节　情绪与情感概述

一、情绪概述

(一)情绪的内涵及其种类

1.情绪的内涵

1884 年,美国心理学之父威廉·詹姆斯(William James)在一篇名为"什么是情绪"的文章中最早提到了情绪问题,但直到现在,依然很难精确地对情绪加以定义。当代心理学家从更为广泛的意义上,将情绪界定为一种躯体和精神上的复杂的变化模式,包括生理唤醒、感觉、认知过程以及行为反应,这些是对个人知觉到的独特处境的反应。这里的生理唤醒可能是平缓的心跳,感觉可以是积极的或者其他,相关的认知过程包括那些个体将某些场景界定为快乐的解释、记忆或者预期,外在的行为反应可能是嘴角上扬的微笑或者热烈的拥抱。可以发现,情绪是一种主观体验,既不同于认知,也不同于需要。情绪总是与一定的行为表现相联系,并伴有生理变化。也就是说,情绪是人类体验的外在表现,它为个体与他人和环境之间的相互关系提供了丰富的信息。

基于此,我们认为情绪是指个体对认知内容的特殊态度,是以个体的愿望和需要为中介的一种心理活动。这一定义告诉我们以下几点内容。①情绪是一种内在体验,个体只能体验到自身的情绪,他人的情绪只能推测得知,而不能被观察,尤其是我们在谈论婴幼儿、脑损伤病人或者动物的情绪时,往往只能通过间接的方式推测。②情绪是对外界环境刺激的反应,如我们对某些东西感到高兴、好奇或者愤怒等。③情绪一般包括认知、感觉和行为倾向三个方面,当然,有些情况下只包含这三个方面中的一个或两个方面时,情绪也会发生,如当你因为热了感觉不舒服时,可能会体验到愤怒的感觉,但却没有对为什么愤怒产生任何认知。④情绪是具有功能性的。几乎所有的理论家都同意,情绪既包括对情境的真实反应,也包括潜在的反应。许多情况下,情绪会引导我们做出迅速而有效的行动,如当我们感到害怕时,我们会试图逃跑,或者如果做有些事情时,"就是感觉不对",那么很可能这是一件你不该去做的事情。

关于情绪的确切定义,心理学家还有哲学家已经辩论了100多年,并产生了20种以上的情绪定义,尽管它们各不相同,但都承认情绪是以主体的需要、愿望等倾向为中介的一种心理现象,具有独特的生理唤醒、主观体验和外部表现三种成分。一般地,符合主体的需要和愿望,会引起积极的、肯定的情绪,相反就会引起消极的、否定的情绪。

【阅读材料5-1】　情绪与动机的区别

饥饿、口渴属于情绪吗?事实上,情绪与动机之间确实存在着很大程度的重叠。

就是说,一旦有了情绪,就有了动机。最典型的例子是,害怕产生了逃跑的动机,而愤怒意味着攻击的动机。内在驱动力如饥饿、口渴也会产生要去吃或喝的动机和冲动。即便如此,依然可以对情绪与动机进行一定的区分。

情绪通常随时间流逝而减弱,有时候迅速减弱,而驱力则一直持续直到达到目标。例如,当有人称赞你时,你当时感到很了不起,但是,你的微笑可能不会持续很久。如果有人冒犯你,你的愤怒也会逐渐消失,就像人们所说的"时间会治愈一切"。极端的恐惧也同样会消退,因为你的身体无法一直保持恐慌状态。相反,当你感到饥、渴、冷或感到皮肤刺痛时,促使你行动的驱力会一直持续,直到你改善了这样的情形。

资料来源:卡莱特. 情绪[M]. 周仁来,译. 北京:中国轻工业出版社,2009.

2. 情绪状态的种类

情绪是一个异常复杂的心理学概念,在研究的初期大多将情绪分为正面、负面来测度,而随着研究的深入逐渐增加新的情绪类型。美国心理学家艾克曼(P. Ekman)提出人类具有7种可以在全世界被识别并做出来的基本情绪,用以表达高兴、惊奇、生气、厌恶、害怕、悲伤和轻蔑。

（1）根据情绪发生的强度、速度与持续的时间

根据情绪发生的强度、速度与持续时间可以将情绪分为心境、激情与应激。

心境是指一种较持久而微弱的情绪状态,主要表现为一种非定向的弥散性的情绪体验。心境与我们常说的心情更为接近。当人处于某种心境时,会以同样的情绪体验看待周围事物,如消极心境下的"感时花溅泪,恨别鸟惊心",积极心境下的"绿水青山带笑颜"。心境又可以分为暂时心境和主导心境。暂时心境是指由当时的情绪造成的心境,主导心境是由一个人的生活道路和早期经验所造成的个人独特的、稳定的心境。积极心境更有利于个人的身心健康。

激情是指个体强烈的、暴风雨般的、激动而短暂的情绪状态。如暴怒、狂喜、绝望等。激情是爆发快、强烈而短暂的情绪体验。激情具有如下特点。首先,具有冲动性,在某些外界环境刺激下个体可能会产生勃然大怒、喜出望外等情绪反应;其次,持续时间短,冲动发生后很快减弱或消失;最后,伴有明显的外部表现,如青筋暴绽、咬牙切齿、面红耳赤等。

应激又称应激状态,是出乎意料的紧张与危险情境所引起的情绪状态,是个体的一种适应性反应。应激改变了有机体的激活水平,生理系统会发生明显的变化,如肌肉紧张、心跳加快、血压上升、呼吸急促等。人在应激时一般有目瞪口呆与急中生智两种表现。在应激状态下会做出怎样的反应往往与人自身的个性特征、知识经验以及意志品质等密切相关。长期处于应激状态,会对人的身心健康造成损害,并导致一些适应性疾病的发生。

（2）根据情绪表现的方向

根据情绪表现的方向可以将情绪分为积极情绪和消极情绪。

积极情绪是指在某种具体行为中,由外在客观因素或内在主观因素影响而产生的有利于继续完成工作或正常思考的正面情绪状态。积极情绪包括高兴、喜欢、满意等。

消极情绪是指在某种具体行为中,由外在客观因素或内在主观因素影响而产生的不利于继续完成工作或正常思考的负面情绪状态。消极情绪包括失望、焦虑、紧张、恐惧、悲伤等。

（二）情绪的外部表现与特征

情绪发生时总是伴随着某种外部表现,这种外部表现就是可以观察到的某些行为特征。我们往往把这些与情绪有关的外部表现叫作表情,包括面部表情、姿态表情和言语表情。

1. 面部表情

面部表情是通过眼部肌肉、颜面肌肉和口部肌肉的变化表现各种情绪。

眼睛在面部表情表达中十分重要,能够最直接、最完整、最深刻、最丰富地表现人的精神状态和内心活动。眼神不同表达的情绪和情感也不同,如高兴时的"眉开眼笑",生气时的"怒目圆睁",吃惊时的"目瞪口呆"等。尤其是在沟通中发生只能意会,不能或不便言传的情形时,眼神更是探知他人内心思想、愿望、态度等的重要通道。文学作品中也经常通过眼神描写展现人物性格特征、内心情绪波动等。眼神变化时眉间的肌肉纹路也会随之变化,以表达不同的情绪。如生气时的柳眉倒竖,高兴时的眉头舒展等。

颜面肌肉与口部肌肉的变化也是表现情绪的重要线索。一般,放松时颜面肌肉比较松弛,生气、恐惧等时颜面肌肉会比较紧绷。口部肌肉主要通过嘴型变化来表达不同的情绪,如憎恨时的"咬牙切齿",紧张时的"张口结舌"。

一般来说,面部各个器官是一个有机整体,协调一致地表达出同一种情感。当人感到尴

尬、有难言之隐或想有所掩饰时,其五官将出现复杂而不和谐的表情①。相关实验表明,人脸的不同部位具有不同的表情作用。如眼睛对表达忧伤最重要,口部对表达快乐与厌恶最重要,而前额能提供惊奇的信号,眼睛、嘴和前额等对表达愤怒情绪很重要②。

达尔文在《人类和动物的表情》中,将情绪看作一种遗传得来的特定的心理状态,是与人类和非人类结构与功能的其他方面一同进化出来的。人类所有种系的成员间可能会发展起一些特定的情绪反应。很多跨文化的研究也证实了这一点,不管文化差异、种族、性别或教育,都会以相同的方式表达如艾克曼提出的 7 种基本情绪,情绪具有普遍性特征。

【阅读材料5-2】 婴儿的跨文化情绪反应

美国和日本的 5~12 个月大的婴儿在家中接受访问。实验者对每个婴儿采用了一套同样的实验程序:将每个婴儿的手腕抓住并交叉叠放于腹部。实验者对每个婴儿的反应都录了像,结果发现两种文化下的婴儿运动面部肌肉的方式都相同——带来了高度相似的痛苦的表情。日本和美国的婴儿在发出负性的声音和身体上挣扎的频率也很相似。

资料来源:CAMRAS L A, OSTER H, CAMPOS J J, et al. Japanese and American infants' responses to arm restraint[J]. Developmental Psychology, 1992, 28(4):578-583.

2. 姿态表情

姿态表情包含手势表情和身体姿势表情两方面。

手势也可以用来表达情绪及其情绪的变化,如高兴时的"手舞足蹈"、无奈时的"双手一摊"等。运用手势表达情绪时可以和语言一起使用,也可以单独使用,当无法进行语言的沟通与交流时,手势也可以很好地表达个体肯定、否定等情绪状态。身体姿势同样会随着人情绪状态的不同而不同,如高兴时的"捧腹大笑"、紧张时的"坐立不安"等。

研究表明姿态表情不具备跨文化性的特点。虽然跨文化研究证实了面部表情的产生和识别具有普遍性的特征,但文化还是会为情绪应该怎样及何时加以表达树立一个常规。文化建立规范,规定人们应该有哪些特定的情绪反应。姿态表情不仅存在个体上的差异,还存在民族或团体的差异,同一种手势在不同的民族中可以用来表达不同的情绪,体现了社会文化和传统习惯的影响。

3. 言语表情

言语表情是指情绪发生时言语的音调、节奏方面的表现。我们可以通过语音、语调、语速及节奏感等表达自己的情绪或者推测他人的情绪状态。"听话要听音",讲得就是这个道理。如高兴时一般会有语音高、语速快、抑扬顿挫,具有明显的节奏感等特征,悲伤时则会有语音低、语速慢、语调变化不明显等特征。

(三)情绪测量与情绪理论

1. 情绪测量

心理学家们尽最大的努力去测量情绪。常用的测量方法主要包括自我报告、生理测量和行为反应。

---

① 纪宇. 微表情与身体语言:人人学得会的读心术[M].北京:机械工业出版社,2013.
② 施塔. 情绪心理学[M].周仁来,译.北京:中国轻工业出版社,2009.

（1）自我报告

自我报告只是搜集简单的数据，不需要解释。在这个方法中，最常见的做法是要求被试在一个量表上评估他们当前的、过去的或常见的情绪水平，如紧张、快乐及其他情绪等。

自我报告法最大的问题是不够精确，因为每个人的情绪体验标准是不同的。如用5分量表测量个体的紧张情绪水平，就很难确定两个个体评估其紧张度为"5"有着怎样的不同。自我报告法的另一个局限在于对婴儿、脑损伤病人群体、动物和其他不能说话的个体情绪的研究上，对于说不同语言的人，翻译有时候是不准确的，尤其是对于细微差异的处理与把握。尽管如此，但如果一个研究者对情绪随时间变化或者对不同情绪的相关体验感兴趣，那么自我报告法就可能是一个有效的方法。

（2）生理测量

当个体体验到强烈情绪时，身体常常会产生一系列反应——心跳与呼吸加快、嘴巴发干、肌肉紧张，甚至发抖等。除了这些可见的变化，表面之下还发生了很多事情。所有这些反应都是为了动员你的身体对引起情绪的来源做出反应。

首先是自主神经系统，通过它的交感和副交感系统的活动同时为身体的情绪反应做好准备。这两个系统的平衡依赖的是唤醒刺激的强度和性质，对于轻微的、不愉快的刺激，交感系统更加活跃，而对于轻微的、愉快的刺激，副交感系统则更加活跃。其次，神经解剖学的研究特别关注杏仁核（大脑两侧各有一个独立的杏仁核）的作用。杏仁核的主要作用是给接受到的来自感觉的信息赋予意义，特别是在对负性经历的赋意中，起着情绪的通路和记忆的过滤器的作用。如观看一张恐怖表情的图片时，随着表情强度上升，杏仁核激活水平也提高，但快乐表情强度的增加不会引发这种反应。此外，皮层也因为它的内部神经网络和它与身体其他部分的联系而被牵扯到情绪体验中。皮层提供联系、记忆和意义，将心理体验和生理反应整合起来。

随着新研究方法与新技术的推动，功能性磁共振技术（fMRI）、事件相关电位技术（ERPs）、多导生理记录技术、生物反馈技术、眼动记录技术、激素测量等多种技术与手段，在情绪测量、情绪障碍诊断及情绪调节等研究领域得到了大量应用。需要注意的是，由于不同情绪引起的身体变化各不相同，因此，任何生理指标都无法测量普遍意义上的情绪。

（3）行为观察

情绪的发生往往伴有外部表现的发生，因此，我们可以通过观察行为来测量情绪。行为观察法常见的做法是使用面部表情或面部一些特定肌肉群的收缩来测量研究期间人们感受到的情绪。如愤怒时面部表情的经典变化是眉毛聚拢降低、口部肌肉收紧。运用行为编码系统，研究者能够识别并记录在任何给定的瞬间一个人面部哪块肌肉收缩了以及收缩的时间与收缩的紧张程度等。同样，当诱发情绪如愤怒的外界刺激给出后，人们也能可靠地做出愤怒的表情。因此，我们能够使用肌肉收缩模式作为人们情绪的非言语测量。有时候我们还可以通过观察更大、更明显的行为来测量情绪，如当人们看到蟑螂时会大叫或者跳起来，就可以合理地推测他们在害怕。随着时间的推移和不断的努力，行为观察法确实避免了自我报告的许多问题，而且对于研究情绪对社会互动的影响尤其有用。

行为观察法在使用时也存在一些局限，这是因为人们能够伪装或者掩饰真实的情绪体验及表达，面部表情的编码在时间上是非常集中的，因为面部肌肉运动可能是十分细微的，编码时需要足够的耐心和丰富的经验以准确识别面部活动中的"情绪"部分，有些面部表情代表某些特定的情绪，但还有许多表情确实不太确定能代表哪些情绪。

2. 经典的情绪理论

独特的生理唤醒、主观体验和外部表现是情绪的三种成分,三者同时被激活、同时存在,才能构成完整的情绪体验。这三种成分之间存在怎样的关系,一种情绪会伴随哪些生理反应,对于这些问题心理学家给出了不同的解释,并形成了相应的情绪理论。

(1)詹姆斯—兰格理论

美国心理学家詹姆斯(W. James)和丹麦生理学家兰格(C. Lange)几乎是在同一时间提出相同观点的情绪理论。他们都强调情绪的产生是自主神经活动的产物,即情绪来源于身体的反馈。詹姆斯认为是先有身体的生理变化,然后才有情绪,所以悲伤由哭泣引起,愤怒是由进攻引起的。这与常识性的看法是矛盾的,你感受到了悲伤,因此你哭泣,而不是你注意到了自己在哭泣,所以你感到了悲伤。兰格认为情绪是内脏活动的结果,他以饮酒可以减轻焦虑为例,强调了情绪与血管变化的关系。

詹姆斯—兰格理论后来被看作外周主义的理论,因为它将情绪链中最重要的角色赋给了内脏反应,而控制它的自主神经系统的反应是中枢神经系统的外周。因而该理论引起了很多的争议,美国生理学家坎农首先反对并提出了自己的理论。

(2)坎农—巴德的中枢神经过程理论

美国生物学家 W. B. 坎农(W. B. Cannon)认为情绪的中枢不在外周神经系统,而在中枢神经系统的丘脑,内脏反应同情绪无关。另一位生理学家 P. 巴德(P. Bard)也得出同样的结论,认为内脏反应不是情绪反应的主要内容。按照坎农—巴德理论,激发情绪的刺激由丘脑进行加工,同时把信息输送到大脑和身体的其他部位,到达大脑皮层的信息产生情绪体验,而到达内脏和骨骼肌肉的信息激活生理反应。该理论认为情绪刺激产生的两种同时反应,即生理唤醒和情绪体验,并且两者之间没有因果关系。如某事让你感到害怕,你心跳加快的同时,你会想"太可怕了",但是既不是你的身体也不是你的精神导致另一种反应。

该理论是许多强调情绪认知方面的现代理论的先驱,但其理论内容更加背离常识,只是出于情绪理论发展历史完整性的考虑对它进行了回顾与解释。

(3)情绪的认知评价理论

美国心理学家沙赫特和辛格认为,情绪的产生有两个不可缺少的因素:个体体验到高度的生理唤醒与个体对生理状态的变化进行认知评价。情绪的体验是一种生理唤醒和认知评价相结合的状态,两者对情绪的发生同等重要。理查德·拉扎勒斯(Richard Lazarus)也支持认知评价的观点,认为情绪不能被简单理解为在个人或大脑中发生了什么,而要考虑和评估环境的交互作用。这就是情绪的认知评价理论。

但是将该理论归结为一种重要的但不是唯一的情绪体验过程可能是最理智的做法。因为在某些情境下,人们会环顾周围的环境以试图解释为什么会产生这种感觉,而在另外一些情境下,个体的情绪可能受进化而来的本能机制的控制。

二、情感概述

(一)情感的内涵

情感是人对诸如道德、艺术等具有一定文化价值的东西所怀有的一种比较复杂而又稳定的主观态度体验,具体包括道德感、美感、理智感、亲切感等。

（二）情绪与情感的区别与联系

1. 情绪与情感的区别

①情绪出现较早，多与人的生理性需要相联系；情感出现较晚，多与人的社会性需要相联系。婴儿一生下来，就有哭、笑等情绪表现，多与食物、水、温暖、困倦等生理性需要相关；情感是随着人的心智的成熟和社会认知的发展而产生的，多与个体的求知、交往、艺术陶冶、人生追求等社会性需要相关，是人所特有的心理现象。情绪是人和动物共有的，但情感只有人才会有。

②情绪具有情境性和暂时性；情感则具有深刻性和稳定性。情绪常由个体所处环境引起，又常随着环境的改变和人、事、物的转换而变化。如观看影视剧时观众会随着剧情的发展时而高兴时而紧张，但观看结束后这些情绪很快就消失。情感可以说是在多次情绪体验的基础上形成的稳定的态度体验，一般不受情境及其变化的影响，如对一个人的爱、同情、关心、尊敬等，可能是一生不变的。

③情绪具有冲动性和明显的外部表现；情感则比较深沉、内隐。情绪有着明显的生理唤醒与外在表现，如高兴时手舞足蹈，郁闷时垂头丧气，愤怒时又暴跳如雷。情感更多的是内心的体验，深沉而且久远，不轻易流露出来。

2. 情绪与情感的联系

情绪和情感虽然不尽相同，但又有着密切的内在联系。

①情绪与情感都具有两极性。个体的任何一种情绪与情感的体验，都有一种相反的情绪与情感体验与其形成对立。从性质、紧张程度、强度、复杂程度等方面，两极性主要包括肯定性与否定性的对立、积极与消极的对立、紧张与轻松的对立、激动和平静的对立、强与弱的对立、单纯与复杂的对立等。

②情绪是情感的基础和外部表现，情感是情绪的深化和本质内容。一般来说，情感是在多次情绪体验的基础上形成的稳定的态度体验，并通过情绪表现出来；反过来，情绪的表现和变化又受已形成的情感的制约。当人们干一件工作的时候，如果总是体验到轻松、愉快，时间长了，就会爱上这一行；反过来，在他们对工作建立起深厚的感情之后，会因工作的出色完成而欣喜，也会因为工作的疏漏而伤心。正是因为情绪和情感的复杂关系，有些学者将情绪和情感通用，还有学者将两者并称为人的感情。

（三）情感种类

1. 道德感

道德感是指人们根据一定的道德标准评价自己和他人的思想、言行、意图时产生的情感体验。道德感和道德信念、道德判断密切相关，具有明显的社会性和阶级性。如助人为乐后的自豪感、看到他人不文明行为时的鄙视感，以及羞耻感、责任感、友谊感、爱国主义感、集体主义感等都属于道德感。当一个人的思想意图和行为符合一定社会道德准则的需要时，就会感受到道德上的满足，从而产生积极的情感，否则，就会产生惭愧、内疚、反感等消极的情感体验。

2. 理智感

理智感是在个体的智力活动中产生的情感体验，主要表现为好奇心、求知欲、质疑感和追求真理的强烈愿望等。理智感是人们学习科学知识、认识和掌握事物发展规律的动力。如解出难题后的成就感、好奇心得到满足后的喜悦感、对科学真理的热爱与坚信等都属于理智感。

人的理想以及世界观对理智感有重要的影响作用。

3. 美感

美感是指个体用一定的审美标准评价事物时产生的情感体验,主要包含自然美、社会美和艺术美。如桂林山水、北京故宫等自然和人文景观带来的积极审美体验。人类道德品质和行为特征也能引起美或丑的体验,如对善良、勇敢、坚强等品质的赞扬,对损人利己、偷奸耍滑等行为的厌恶与憎恨。人的审美标准既是对客观事物客观属性的反应,又受到个人的思想观点和价值观念的影响。美感是个体在自然禀赋的基础上经过社会历史实践产生的。

展会是一项综合性的实践活动,既有实用主义的营销与交易价值,又有超越实用功利、获得美的体验的精神价值。作为一种情感体验,审美体验是主体感受客体时大脑皮质从抑制到兴奋的过程,表现为聚精会神体验时所感受到的无穷意味的心灵和人格震动。拥有一定的审美能力是审美活动开展的前提,这种审美能力,即审美感受力是可以通过审美经验的学习不断培养,而视觉是会展审美的最基本方式。

三、情绪与情感的功能

(一)适应功能

情绪是有机体适应生存和发展的一种重要方式。如婴儿出生时,不具备独立的生存能力和言语交际能力,这时主要依赖情绪来传递信息,与成人进行交流,得到成人的抚养。成人也正是通过婴儿的情绪反应,及时为婴儿提供各种生活条件。在成人的生活中,情绪与人的基本适应行为有关,包括攻击行为、躲避行为、寻求舒适、帮助别人和生殖行为等。这些行为有助于人的生存及成功地适应周围环境。情绪直接反映着人的生存状况,是人的心理活动的晴雨表,如通过愉快可以表示处境良好,通过痛苦可以表示面临困难;人还通过情绪进行社会适应,如用微笑表示友好,通过移情维护人际关系,通过察言观色了解对方的情绪状况,进而采取相应的措施或对策等。总之,人通过情绪了解自身或他人的处境,适应社会的需求,得到更好的生存和发展[①]。

(二)动机功能

情绪、情感是伴随人的需要是否满足而产生的体验,因此,它对人的行为活动具有推动或抑制作用。情绪通过唤醒个体正在经历或想象中事件的行动来完成它的动机功能,引导并维持个体行为直到达到特定的目的。研究表明,适度的兴奋、紧张或焦虑,都可以使人的身心处于活动的较佳状态,从而推动人有效地完成任务。同时,情绪对于生理内驱力也具有放大信号的作用。如人在缺氧时体验到的恐慌感和急迫感会放大和增强寻找氧气的内驱力,这时情绪就成为寻找氧气这一行为的强大原动力。

(三)组织功能

情绪的组织功能是指情绪对其他心理过程的影响。这种影响表现为积极情绪的协调作用和消极情绪的破坏、瓦解作用。情绪体验会有生理上的唤醒,心理学家发现唤醒水平和绩效之间存在倒 U 型曲线的关系。唤醒水平太低,个体无法有效组织行为活动,唤醒水平太高,会影

---

① 彭聃龄. 普通心理学[M]. 2 版. 北京:北京师范大学出版社,2001.

响个体的认知水平,同样不利于绩效的提升。研究者不断地证明了积极情绪会产生更有效率和更富有创造性的想法和问题的解决方式。

图 5-1 具体表明了唤醒水平与绩效之间的关系,这一关系被称为耶克斯—道德逊定律(图 5-1)。由图 5-1 可以发现,决定唤醒水平的是工作难度。较低水平的唤醒有利难度较高或者复杂的工作,而简单工作的绩效则会随着唤醒水平的提高而提高。

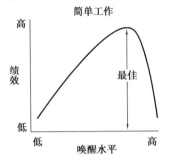
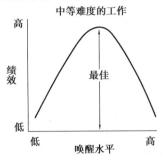
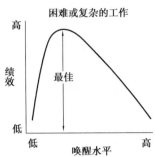

图 5-1　耶克斯—道德逊定律

【阅读材料 5-3】　情绪与行为

想一下你自己的生活:当你高兴时,你是否会在社交中愿意冒更多的风险? 当你悲伤时,你是否更谨慎?

研究者同时还指出了情绪对于亲社会行为的影响(Hoffman,1986;Isen,1984;Schroeder et al.,1995)。当个体处于最佳健康状态时,他们更愿意做出各种助人行为(Carlson et al.,1988)。当研究参与者为过失感到内疚时,他们更愿意在未来提供志愿帮助,从而减少内疚。类似地,人们的感觉如何决定于他们的亲社会性。例如,当个体回忆起他们曾经拒绝过别人的事实时,他们的情绪会变得更加消极(Williamson et al.,1996)。当他们拒绝的人是一位好朋友、家庭成员或者浪漫爱人时,这一现象尤为明显。你的感觉如何,很大程度上取决于你履行自己的社会责任的情况如何。

资料来源:格里格,津巴多.心理学与生活[M].王垒,等译.16 版.北京:人民邮电出版社,2012.

(四)信号功能

情绪在社交活动中具有广泛地传递信息、沟通思想的功能。它既可以作为积极的社会黏合剂,使人们接近某些人,也可以作为消极的社会阻隔剂,使人们远离某些人。这种功能是通过情绪的外部表现,即表情来实现的。表情是思想的信号,如用微笑表示赞赏,用点头表示默认等。从信息交流的发生上看,表情交流比言语交流要早得多,如幼儿拥有丰富的表情,成人可以通过观察幼儿的表情推断幼儿此时的情绪、情感状态。个体所体验到的情绪对人在社会中的行为有着重要的影响,如某人暴怒时,你可能会后退,某人高兴时,你可能会靠近,或者你会碍于某人的身份而压抑自己对他的消极情绪不暴露出来。

(五)保健功能

情绪、情感对一个人的身心健康有增进或损害的效能。情绪的生理特征已告诉人们,当一个人发生情绪时,其身体内部会出现一系列的生理变化,而这些变化对人的身体影响是不同的。一般来说,在愉快时,肾上腺素分泌适量,呼吸平和,血管舒张而使血压偏低,唾液腺和消化腺分泌适中,肠胃蠕动加强等,这些生理反应均有助于身体内部的调和与保养。但焦虑时,肾上腺素分泌过多,肝糖原分解,血压升高,心跳加速,消化腺分泌过量,肠胃蠕动过快,乃至出现腹泻或大小便不自主泄出,这一切又有碍身体内部的调养。倘若一个人经常处于某种不良情绪状态,久而久之便会影响一个人的身体健康。因此,良好的情绪、情感对一个人的身体健康具有保健功能[①]。

(六)感染功能

个体的情绪、情感表现会对他人的情绪、情感产生影响。当一个人产生某种情绪时,不仅能够自己体验到这种情绪,还能通过情绪的外部表现如表情、动作等,让他人察觉到这种情绪,并产生相应的反应或者共鸣,这就是心理学中所说的移情。情绪、情感这一功能不仅为人与人之间的情绪、情感交流提供了可能,也为情绪、情感的控制提供了可能的途径。

第二节　展会中的情绪与情感体验

一般意义上会展的展示活动都是由展会主办方统一调度和安排,各参展商根据自身特点具体实施,观众是展示内容与展示活动的接受者,观众的体验与参展效果息息相关。为了实现良好的参展效果,参展商在展示设计与展示过程中就需充分考虑观众的情绪与情感体验,因此,这一部分内容将聚焦于观众在观展过程中的情绪与情感体验。考虑到参展商之于展会存在的重要性与价值性,还将基于场所依恋理论探讨参展商对展会的场所依恋这一独特情感。

一、观展观众的情绪类型与情绪体验

美国心理学家艾克曼(Ekman)提出人类具有高兴、惊奇、生气、厌恶、害怕、悲伤和轻蔑等七种可以在全世界被识别并做出来的基本情绪。这也是观众在参展过程中情绪体验的基本构成。无论是贸易性展会、消费性展会还是综合性展会,观众在观展过程中的情绪体验是以高兴、愉悦等积极情绪为主。若遇到特殊情况(如被展位工作人员区别对待、发现知识产权保护问题),或参加一些特殊展会(如与自然灾害、战争、瘟疫等相关主题展)时,观众也有可能体验到愤怒、恐惧等消极情绪。

(一)快乐的体验

快乐的体验是观众在参展过程中因参展需要得到满足而产生的一种情绪体验。寻求快乐是观众参展的重要目的之一,但专业观众是基于组织需求进行购买,而普通观众是基于个人消费需求进行购买,相对而言普通观众的快乐体验更为鲜明,同时这一快乐程度取决于他们愿望的满足程度。因此,展会主办方、参展商,尤其是展台工作人员应全方位满足观众的物质需求和精神需求,尤其要精神需求的满足,使观众充分体验到观展带来的快乐。

(二)愤怒的体验

愤怒的体验是观众在参展过程中体验到的一种消极情绪,往往与展示内容、展示活动或现场服务的质量问题密切相关。如观众感受到自己被展台工作人员区别对待,没有提供同等质量的服务(如2023年上海车展上宝马MiNi展台免费冰淇淋事件)、展示产品名不副实,甚至是出现知识产权保护等相关情况时都会让观众产生愤怒的情绪体验。面对同样的参展产品或者

---

① 杨娇,刘丽梅. 旅游心理学[M]. 北京:北京大学出版社,2014.

现场服务质量问题,观众会因个性特征、认知水平和归因方式等的不同而表现出不同的情绪状态或者愤怒程度。但是,当观众把参展产品或现场服务的质量问题归因为参展企业或会展现场管理中可控的内部因素时,会更容易体验到愤怒的情绪。

【阅读材料5-4】　知识产权风险考验海外参展

随着外向型企业知识产权保护意识逐步提升,能力逐渐加强,境外展会主办方相关机制不断完善,中企海外参展面临的挑战由单纯的线下发展为线上线下两个方面,且与维权活跃的主体之间的关系更多元、复杂。这也意味着参展企业需要在知识产权方面增加更多的投入。

如德国杜塞尔多夫医疗设备展览会被公认为世界上最大的医院及医疗设备展览会。据有关统计,2023年该展会共有来自68个国家的共5 900多家企业参加,其中中国企业数量最多,占24.46%;第二是德国本地企业,占12.81%;第三是美国企业,占6.64%。在展会期间,权利人常采用的非诉民事执法措施有警告函和临时禁令等。中国参展企业曾在该展会上遭遇被拍照取证,权利人通过申请临时禁令,没收中国参展企业样品等情况。

针对这一会议,建议参展企业作如下准备。注意携带相关的知识产权权利证书,并用德语或英语翻译相关凭证,便于展会上有效维权;在参加展会前,如有任何企业联系过参展中企,宣称中企侵犯其知识产权,第一时间与公司法务、组展单位或法律专家联系,以早作准备;在参展中重视信息披露程度,避免尚未申报的产品信息及自身商业秘密在展会中被主动披露,避免自身违规和因不了解当地法律而产生的不必要纠纷和诉讼;企业在展会前和展会期间收到警告信、临时禁令或遇到德方有关知识产权的执法,请勿置之不理或是予以对抗。请告知对方,企业尊重知识产权也愿意配合执法,但需要在相关法律专家协助下了解清楚具体问题再决定如何应对。同时,企业可联系公司法务和法律专家。

在德国,故意侵犯知识产权可能触犯刑法,有时候海关人员会在检察机关的指示下进行刑事调查程序。条件允许的情况下,参展企业可以提前申请,做好知识产权布局。比如在展台上提示禁止拍照,使用"@"或者"TM"等标记表明自己的知识产权归属性;提前熟悉与展会主办方签署的合同条款,合同里通常会列明发生知识产权纠纷时,主办方可能采取的措施、有哪些权利、哪些义务和责任。一些展会上,会有法律机构设立知识产权服务站,现场为参展企业开展服务,为企业提示风险和预警信息,企业可以根据这些机构的建议,对参展宣传内容及时调整。

值得注意的是,在海外遇到不合理的维权行为,最好不要当场强行拒绝,而是尽量先撤下产品,再在展会外寻求救济。由于诉讼、仲裁程序耗时较长,如果知识产权占参与方公司价值的比重较大,可以考虑和解、调解方式解决。

资料来源:钱颜. 知识产权风险考验海外参展[N]. 中国贸易报,2023-11-09(06).

(三)恐惧的体验

恐惧就是平常所说的"害怕",是指人们在面临某种危险情境,企图摆脱而又无能为力时所产生的担惊受怕的一种强烈的压抑情绪体验。除非是特殊主题展,如自然灾害监测预警展、反恐宣传展、抗美援朝战争主题展等,观众在参展过程中一般很少会体验到恐惧这种情绪。

(四)福乐的体验

福乐,是flow的音译,也称心流体验、沉浸体验、畅爽体验,是指个体对某一活动或事物表现出浓厚的兴趣,并能推动人们完全投入某项活动或事务的一种情绪体验。最早由美国心理学家齐克森特米哈伊(M. Csikszentmihalyi)提出并使用科学的方法对之进行研究。这种情绪体验完全来自于活动本身,外在的奖赏或报酬影响极小或不存在,在心流产生的同时会让人产生高度的兴奋及充实感。福乐体验是一种积极的情绪体验,会让人全情投入实现目标或者提高技能。如动漫展中,动漫文化的表现形式是平面化的符号文本,当观众能够流畅地获取到每一个文化符号中的意义时,他就能够达到"心流状态"。

二、观展观众的情感类型与情感体验

(一)观展观众的道德感

观众的道德感是指观众运用一定的道德标准评价自身或他人的思想、意图与行为时所产生的一种情感体验。如果观众在观展过程中的言行举止符合自己的道德标准,就会产生满意、愉快、自豪的情感,反之,则会产生愧疚、不安的情感。同时,在观展过程中其他人的言行、思想符合观众的道德标准时,观众就会对其产生赞赏、认同等情感,反之,则会产生轻蔑、厌恶、鄙视等情感。

观众在观展过程中有时会出现与自己所持有道德标准不一致的行为,被称为道德弱化行为。在旅游研究领域中对旅游者道德弱化行为的研究已经比较丰富,有的学者也称之为自主性非生态行为、非道德行为、不文明行为等,也有的学者认为用"道德行为失范"涵盖范围更为全面(参见阅读材料5-5),但在会展研究领域对展会上观众的道德弱化行为的关注还极少。我们这里探讨的道德弱化是指观众道德水平下降,道德弱化行为即是由观众道德水平下降而带来的种种行为,诸如多次或过量拿取纪念品、大声喧哗、损坏展馆设施等。

由于专业观众,包括购买团体、商务客户、政府机构等,其购买行为根据组织需求而定,普通观众在展会中以简单浏览为主、普通消费为辅,较少带有职业或商务目的,因此,相对而言,普通观众更容易出现道德弱化行为。导致普通观众出现道德弱化行为的原因多种多样,有着生理、经济、文化及环境等多方面的原因。一方面,观展以及展会上的消费具有随机性、暂时性的特征,展会现场为普通观众提供了一种匿名性和隐蔽性的放松环境,这就意味着日常道德规范可能对其行为失去约束效力使道德弱化行为成为可能;另一方面,普通观众在观展过程中对一切充满了新鲜感,在好奇心的驱动下倾向于与展示产品或现场互动活动"亲密接触",加之个体是追求利益最大化的"经济人","不拿白不拿""来都来了"等想法都会在一定程度上放松对自己的行为要求。

【阅读材料5-5】　旅游者道德弱化原因的探讨

对旅游者道德弱化问题的探讨来源于频频被曝光的旅游者不文明行为,而我国旅游者不文明行为所引发的广泛讨论源于出境旅游。2006年8月8日,中央文明办、国家旅游局(现为"文化和旅游部")出台《提升中国公民旅游文明素质行动计划》,并公布了经整理归纳、民众反映比较普遍的相关行为:随处抛丢垃圾、废弃物,随地吐痰、擤鼻涕、吐口香糖,上厕所不冲水,在不打折扣的店铺讨价还价,强行拉外国人拍照、合影;在教堂、寺庙等宗教场所嬉戏、玩笑,不尊重当地居民风俗等行为。

作为对此问题的回应,学术界对旅游者不文明行为的研究也逐渐增多。

王寿鹏等学者认为,旅游者行为作为价值客体,客观上会对自身、社会和自然带来正面或者负面的效用,其价值可由精神价值、文化价值、经济价值、道德价值所构成。其中,道德价值因其隐秘性、不可测度性而经常被人们所忽视,但旅游者行为的道德价值却客观存在,这是由

旅游行为所具有的道德属性所决定。旅游者离开客源地外出旅游,作为"第一现实"的客源地原有社会规范对旅游者的约束作用弱化,其角色暂时转变为"旅游者",在外出旅游的旅途中及在目的地驻留期间,旅游者摆脱了客源地社会(家庭、工作单位、社区、朋友等)对他的角色期待,而进入"第二现实",在这个现实中他能够充分享受专属于"旅游者"角色的"自由",同时因旅游的异地性特征的存在,违背原有清规戒律付出的成本通常较低,进而使这种"自由感"在旅游者心目中被强化,于是,出现了"道德感弱化"特征及由此导致的各种道德失范行为。

胡传东从旅游心理学的角度,将影响旅游者道德弱化的因素分为道德弱化推动因素和道德弱化拉动因素,即旅游者道德弱化行为的形成来自内部心理推动和外部环境拉动的共同作用。①导致旅游者道德弱化行为的推动因素是指旅游者产生放纵愿望的内在需求,属于心理类因素。这类因素多与旅游者以往的生理或心理不平衡有关。在推动因素作用下,凡是可能缓解其自身内部不平衡或紧张状态的放纵行为都可能实施。这类因素包括好奇心(求新、求奇、求异)、压力解脱、角色扮演、行为模仿、从〇〇等。比如好奇,它是旅游者最为基础和典型的心理特征之一。好奇心越强就越喜欢〇〇〇〇〇蚀"旅游吸引物,越容易产生道德弱化行为,从而对景观、资源和他人造成消极〇〇〇〇〇〇〇〇点来看,旅游产品具有无形性,旅游消费具有异地性、暂时性,从而行为〇〇〇〇〇〇〇〇引发无责任感,进一步推动了旅游者实施道德弱化行为。②导致旅游者〇〇〇〇〇素是指旅游者在该因素作用下特别选择某类目的地实施其放纵行为,这主〇〇〇〇〇产生的吸引力导致,属外在刺激、目标类因素。如宣传促销、景区优惠活动、游客蜂〇〇〇混乱等,导致某一时段景区内多发道德弱化行为,旅游消费质量下降。从旅游消费方式来看,旅游消费是提前付费,从而降低了放纵和破坏行为的罪恶感和羞耻感,容易产生付费后的"去道德化效应";从旅游管理角度来看,旅游者道德弱化行为监管成本高,同日常生活中的道德失范行为一样,无法实现全面现场管理,而且旅游资源具有公共属性,产品销售和使用不具有排他性,产品的损害难以找到责任主体,进一步拉动了旅游者实施道德弱化行为。推动因素使旅游者产生道德弱化行为的冲动,而拉动因素则为行为的产生提供了条件,推拉因素相结合增强了旅游者出现道德弱化的倾向。

资料来源:①胡传东. 旅游者道德弱化行为的推拉因素与形成机制[J]. 重庆师范大学学报(哲学社会科学版),2008(5):96-100. ②王寿鹏,旷婷玥. 从旅游者不文明行为到旅游者道德行为失范:旅游者道德行为连续体模型的构建[J]. 旅游研究,2011,3(2):56-61.

(二)观展观众的理智感

理智感与智力活动密切相关。个体的理智感主要表现为好奇心、求知欲、质疑感、追求真理的强烈愿望、解决问题的渴望等,又被称作认识的情感。因此,在观展过程中观众的见识的增长、眼界的开阔,对好奇心的满足等都应属于理智感的范畴。

但专业观众和普通观众在观展过程中与智力活动相关联的要素有所不同,对理智感的体验也相应存在一定差异。相对而言,专业观众有着明确的商务或职业目的,会主动搜寻、捕捉展会中的新产品、新技术、新设计等,并敏锐地觉察这些新产品、新技术、新设计等传递出来的市场发展趋势信息。这些感知与思考都需要专业观众智力的参与。除此之外,展会期间的知识获取和学习不同于电话和互联网等远程交流模式,专业观众有机会与参展商以及其他展会参与者进行面对面交谈,这种互动学习有利于专业观众获取先进知识并理解复杂的知识,并在与多个参与者讨论新的发展时实现集体感知,同时体验到理智感,展会与产业创新之间的联系也就建立起来了。

(三)观展观众的美感

观众的美感是指具有一定审美观点的观众对会展活动中的审美对象(如展示产品、他人或自己等)的美进行评价时产生的一种肯定、满意、愉悦、爱慕的情感体验。对专业观众来说,参加展会不仅是既定商务目的的达成,也是一次审美过程。普通观众的观展行为本就是以浏览为主、消费为辅,因此普通观众的观展过程更像是一次提升审美、开阔视野的历程。

观众的美感体验具有以下特征。首先,美感是观众的一种主观态度,受到其个人观点、需要、标准、能力因素的影响,即"知者乐水,仁者乐山"。其次,美感还受到审美对象属性的影响,如前沿科技的技术之美、创新设计的艺术之美、大型装备的机械之美等。最后,审美对象的感性特征、思想内容都能够引起观众的美感体验。如每一届进博会都会进行的蓝鳍金枪鱼的开鱼仪式,即使无法到场一饱口福,但只是看现场专业分割师傅行云流水"庖丁解鱼"的操作,也是"一场视觉盛宴"。

三、影响观展观众情绪与情感的因素

情绪是对外界环境刺激的反应,是一种主观感受,个体可以从情绪起伏递进到产生主观情感,这一过程中个体与外界环境的联系持续加深,进而演变为更多维度的情感体验,最终让个体跟外界环境建立情感联系。展会作为客观外界环境,其中的人、事、物、活动等都将对观众的情绪与情感产生影响。

1. 展台销售人员及其服务质量

在展会中,观展观众对参展商和展会现场的印象大约有 90% 来自展台工作人员。展台工作人员是直接接触目标观众的企业代表。展台工作人员的服务质量能让观众直观感知企业形象,进而感受企业文化。相对于专业观众而言,展会普通观众的专业知识较少,其购买行为通常根据个人消费意愿产生,易受展台人员服务质量的影响。展台销售人员良好的服务质量被观众感知后,会产生愉悦这一积极情绪,根据"感知-情绪-行为意向"理论可知,展台工作人员的服务质量极有可能通过触发普通观众主观感受即情绪体验对其购买意愿产生影响。因为观众并非完全理性,在购买决策中会受到情绪的影响。营销学学者 Hirschman 和 Holbrook(1982)认为,顾客在消费中含有体验因素,即在消费中存在愉悦消费,进而指出愉悦消费的特点是追求感官刺激、幻想和情感要素,愉悦体验能够驱动消费行为的发生[①]。

因此,展台销售人员可从仪态、专业知识、亲和力等方面入手,积极关注行业发展状况,切实掌握企业自身经营状况、主要客户信息、产品性能、价格和折扣,以提高服务质量。同时展台销售人员要针对不同类型观众细致周到地考虑,引导顾客对产品产生兴趣。

2. 会展谈判及其语言表达

会展谈判作为一种特殊的商务谈判,主要发生在参展商和专业观众之间,是会展活动中一个举足轻重的环节,既决定了会展业务的成败,也事关商务合作伙伴关系的建立与维护。会展谈判涉及谈判技能的运用和谈判语言的表达,不仅要求参展商和专业观众谈判双方要把握会

---

① HIRSCHMAN E C, HOLBROOK M B. Hedonic consumption: Emerging concepts, methods and propositions[J]. Journal of Marketing, 1982, 46(3):92-101.

展谈判规律,熟悉会展谈判技巧、了解会展谈判语用策略,还需要关注对方情绪及其情绪变化。会展谈判由于其所产生的背景和所处的环境的特殊性,语言使用具有礼貌、简练、自然、直观、专业、前瞻等特点。只有互相尊重,相互配合,才能使交际顺利进行,实现沟通的目的。

会展谈判的目的是达成双赢的结果,因此语言表达的首要原则就是礼貌,要注意避免涉及可能导致对方不满、生气等消极情绪以及引发尴尬、冲突、僵局等情况的话语。在短暂的会展谈判过程中,参展商可以先以简单的寒暄和客套营造轻松愉快的谈判氛围,然后自然转入正题,尽量做到措辞准确、语言简练,在有限的时间和固定的空间内沟通最多的商业信息,争取达成最大的业务。在这一过程中,参展商和专业观众都应熟悉专业领域术语、行话以及尖端的前沿技术,充分展现信息的专业性、前瞻性、时尚性等特点。值得提醒的是,会展谈判双方都迫切希望在有限的时间里迅速得到对方的认同,恰如其分地使用赞誉准则,能够迎合对方的需求,赢得对方的好感和信任,从而促进会展谈判的成功。

3. 展会空间及空间情绪感知

情绪是由人类神经系统产生的,是人类行为的基本组成部分,视觉、时间、社交环境等的变化都会引起情绪的波动。地方或场所在人们日常生活中起着关键作用,它通过各种方式影响人们对周围环境的感知和体验。Montgomery 认为场所往往是由实物形态,活动和情感意义所构成的,而情感意义表达的意思则是个人通过心理与社交过程所产生的对一个地方的认知。在日常生活中,人们的情感作为空间建构过程中的重要组成部分,其重要性不言而喻。几十年来,包括地理学、城市规划、环境心理学和神经科学在内的各种学科和领域都在考虑环境与人类感知之间的联系。

【阅读材料5-6】　上海市情绪空间分布

本文基于社交媒体签到数据,利用深度学习方法,以上海市为研究案例,对城市热点空间进行情绪感知评价研究。首先,通过 Python 程序获取微博签到数据,并根据研究需求对数据进行预处理;然后,绘制签到 POI 地图,得到上海市热门签到地点,并使用自然语言处理领域的 BERT(Bidirectional Encoder Representations from Transformers) 预训练模型对热门活动空间的签到数据进行情绪结果识别;进一步,使用百度 AI 开放平台提供的评论观点抽取接口获取场所的具体评价意见,并使用词法分析探究与空间情绪相关的物质空间要素。

研究发现:①上海市热门签到地点呈现明显的集聚特征,主要分布在城市中心、交通枢纽、地铁沿线、重要公共设施等区域。②数据生产者对上海各个热点地区的情绪表达比较极端,在市中心出现了“爱也是它,恨也是它”的积极情绪和消极情绪集中区,但整体上,积极情绪在市中心的集聚较为明显,并且具有连片分布的趋势,消极情绪较零散地分布在外环线附近且规律性不强。进一步的情绪感知空间变化分析显示:积极情绪的占比从市中心到外环随距离的增加呈下降趋势。深入各类活动空间层面发现,人们的情绪与活动空间类型高度相关,如主题乐园的“快乐”情绪占比最高,“悲伤”情绪占比最多的是交通枢纽场所。③数据生产者对各类活动空间的评价结果多为正面意见,所以评论观点抽取的结果具有相似性。但是进一步通过对与情绪相关的物质空间要素分析后,发现高等院校、办公场所、会展中心和交通枢纽等地的要素诱导消极情绪的比例较高。

资料来源:崔璐明,曲凌雁,何丹. 基于深度学习的城市热点空间情绪感知评价:以上海市为例[J]. 人文地理,2021,36(5):121-130,176.

Getz 认为展会场地是一个超越时间的阈限场所,这个区域的时空都会经过特别地装饰,参展商通过各种活动以及所有对感官产生刺激的事物,让观众意识到正在进入一个为他们而设计的特殊空间。观众对展会物质空间的体验越好,相应的空间情绪感知也比较积极,而积极的空间情绪感知有利于形成较高的观展满意度。如每一届进博会上都有参展商通过沉浸式、场景化展示让自己的展台成为打卡热门点(参见阅读材料5-6),让观展观众更直观感受商品展陈效果,带来更好的消费体验。因此,关注展会空间及观众的空间情绪,有助于改善参展商的参展效果,提升展会空间的品质。展会主办方应从情感维度出发,将观众对场所的情感作为展会空间设计和管理的终极目标,可通过相应的技术与方法获取观众在展会各空间位置的情绪感知评价数据,总结并分析观众对展会空间的情绪感知评价及其所呈现的规律,分析情绪感知的影响因素,正确理解展会空间、完善硬件设施设备条件、减弱公共安全隐患、优化参展商展台展示及互动设计,加深观众与展会空间环境的联系,以积极情绪带动观众对展会、对参展商产生积极情感,触发多赢的参展实效。

【阅读材料5-7】　第六届进博会六大展区热度排名

本届进博会国家综合展全面恢复线下举办,规模创历届之最,成为媒体报道热点和观众打卡点,相关信息超过8万条,有关中国馆的全网信息量超3万条。

企业商业展6大展区中,技术装备展区传播影响力指数最高;消费品展区成为进博会的热门展馆,尤其受到年轻人的喜爱;食品及农产品展区参展企业最多、来源最广;从热点展品看,贝宁菠萝、全球首款主动提供动力的假肢膝关节、新款氢燃料电池换热器、厄瓜多尔麒麟果、新西兰4.0优质蛋白娟姗鲜牛奶、马耳他蓝鳍金枪鱼等展品的热度遥遥领先。

在进博会各参与方中,雀巢(食品及农产品展区)、梅赛德斯-奔驰(汽车展区)、高通(技术装备展区)、欧莱雅(消费品展区)、GE医疗(医疗器械及医药保健展区)、安永(服务贸易展区)等展商荣登各展区热度榜首;西门子、松下、纽仕兰、美敦力等企业在"重要传播影响力十强展商"中热度居高;虹桥论坛全网报道超8万条,较去年同期增长12.5%;贸易投资对接会达成合作意向416项,成为热度最高的配套活动。

荣登各展区热度榜首的参展商都已连续6次参加进博会。如食品及农产品展区中,雀巢以23.37的热度位列第一。第6次参加进博会的雀巢带来了341款产品,全面覆盖从婴儿到成人、从个体到家庭、从全家人到宠物伙伴等全生命周期的饮食营养需求。此外,雀巢还专门展示了可持续包装,如由回收的软性包装塑料做成的桌椅,由咖啡胶囊外壳回收提炼所得的再生铝制成的滑板。

资料来源:中国国际进口博览会官网,2024-12-09.

4.展台展示设计及其中的情感水平

美国认知心理学家唐纳德·A.诺曼(Donald A. Norman)在《情感化设计》一书中从本能情感水平、行为情感水平和反思情感水平三个层次上阐述了情感在设计中所处的地位和作用,三个情感层次逐层深化,从单纯对外界环境的本能反应到针对周边环境作出的适度行为,再到通过合理的研究和解释来适应环境,这三个层次共同在人的情感体验中起作用,使人类适应和研究环境,与环境产生独特的具体联系。参展商在展台设计、搭建及展示互动活动设计中可充分利用这三个层次情感水平吸引观众,与观众建立情感联系。

本能层情感设计,关注外观本身。这一层次的设计关注的是事物中可以被直接感知的那部分特征以及它们是如何让用户或观察者产生感受的。对于情感的本能水平来说,具体表现为对于某些积极条件的自然倾向,比如适宜的温度、鲜艳的色彩、柔软的质感、清新的味道、和善的语气等。这些条件也是构成展台整体环境的基本要素。本能层设计不是通过产品提供给观众区别于其他产品的实际利益,而是通过契合观众的态度、信仰、情感以及想要的感受,来引出观众对产品的情感上的回应。

在展示设计中,本能水平因素的体现是丰富繁杂的,包括了视觉、听觉、嗅觉、味觉、触觉等因素,这些因素之间相互影响和制约,共同作用诱发了观众本能水平的情感,并通过积极或者消极的作用方式来影响观众的认知及相应的行为。在五官能够给我们提供的信息中,视觉所带来的信息占80%以上,因此色彩是设计中需要考虑的首要因素。颜色在人类的眼中具有温度、重量、时间和空间的属性。如在车展上,具有商务气质的高端轿车往往喜欢采用深色主题,重色调可以给人沉稳的感觉,而时尚感十足的跑车则喜欢采用鲜艳的色彩主题,体现活力与动感,这就是有效地利用了色彩给人的重量感。在展示设计中,受展位面积、展位高度和展具体积的限制,经常要求设计师利用有限的空间做出错落有致的排列,有效利用色彩的空间属性可以合理地布置展示空间,以达到纵深合理、张弛有度的展示效果。听觉方面,在展会中展台较少使用背景音乐,这是因为展馆中观众接受到更多的是噪声而不是声音,而噪声常引起人们的反感和烦躁情绪,要使声音对观众起到积极的作用,还需要契合展台展示主题以及观众的心理。美好的感官刺激能够延长观众参观的停留时间,从而使扩大展示实效成为可能,作为五官感受中的因素,嗅觉和味觉是展示设计中极为重要的辅助手段。如2010年上海世博会上,法国馆开辟了嗅觉体验区,当画面中出现草地场景时,参展者就能够闻到雨后草坪的气息等。触觉方面,与观众构成直接接触的主要是展具和展品,参展商除了要在展具的材质感上加以用心,还需要规划出合理的行动空间,减少不必要的躯体接触,防止过多的触碰引发观众身体或心理上的不适。

行为层情感设计,与使用的愉悦感和效率有关。行为层设计可能更常被称为可用性,而两者指的都是产品中实用性和功能性方面,或是我们在所处环境中所能使用的任何产品的可用性。通过自身掌握的技能来完成行为层次的活动,往往比直觉的和本能的体验过程更能满足人的内心需求。行为水平的设计经常用于大型会展,尤其是某些技术性和专业性较强的展位中。如在车展上汽车展位中的模拟操控室,供人们体验驾驶的乐趣,这一装置的最初灵感来自越来越真实的游戏手柄。无论人们的驾驶技能是否娴熟,这种装置都可以体验到驾驶的乐趣,这种操控带来的乐趣不仅体现在人们的操控过程中,还可以转化为持久的心理满足感,给人们带来良好的后续心理反应,从而扩大该展位的实际展示效应。

反思层情感设计,考虑产品的合理化和智能化。本能水平和行为水平只能赋予设计作品极为完整的功能性,只有反思水平才能使人觉得一个设计富有意义。反思层水平一般与回忆、经历和虚荣心有关。展会上那些具有巧妙构思设计的展台、展品能给观众带来耳目一新、充满趣味性的直观感觉,这种积极的本能水平体验能够转化为反思水平的愉悦感,使观众对该展位产生浓厚的兴趣、良好的评价和深刻的记忆。另外,会展的时效性较短,观众滞留于单个展台的平均时间有限,因而设定一个易于操作、有趣味并且容易使人获得成就感的互动体验会更容易取得观众的好感。交互性的设计能够使原本复杂的问题简单化、使原本枯燥的问题趣味化,观众通过完成互动活动所获得的成就感能够使之在一段时间内保持对该展台、展品的极高兴趣和美好回忆。优秀的交互性设计在观众参与的过程中会不知不觉地提高观众对于展品的青睐感,以至于在遇到同类产品的时候会下意识地提取记忆作比较,从而提高展会活动的综合效益。

四、参展商与展会的依恋情感

一个成功的展会除了能有很强的经济效应,其实还有一部分是非经济效应的价值,且恰恰是这些非经济效应的价值才是参展商所特别看重的一点。如进博会作为世界上第一个以进口为主题的国家级展会,线下线上同步发力,为各国开展贸易、加强合作开辟了新的渠道,为推进内外贸一体化进程提供了新的支撑,展示了一个负责任大国的形象与担当,使境外参展商、专业采购商对进博会及其举办地上海形成了"依恋"这一特殊的情感联结。2023 年第六届进博会上有了纷至沓来的"头回客"、步履不停的"回头客"、信心满满的"全勤生"、跃跃欲试的"新创客"等。因此,关注会展的非经济效益、重视参展商对展会的依恋情感、培养参展商的展会忠诚成为一个具有理论与实践价值的话题。

(一)展会依恋的概念

场所依恋理论是目前较为成熟的理论之一,其在旅游研究领域有着十分广泛的应用,但在会展领域中的应用研究还很少。威廉姆和罗根布克(Williams & Roggenbuck)于 1989 年提出场所依恋(Place Attachment,PA)的概念,认为场所依恋是人与场所之间基于感情因素、认知因素与实践因素之间的一种特殊关系。场所依恋包含场所依靠和场所认同两个维度,其中场所依靠是指对一个场所在功能上存在依赖,比如一些特定资源的使用,场所认同是指对一个场所产生精神上的依赖和信仰。场所依靠偏向于物理条件层面,场所认同偏向于心理层面,两者之间存在着极强的内部联系。

展会依恋的概念仍然相对较新,受到的关注还很少,但不能将其简单地等同于场所依恋。展会是一个临时事件,是一个必须在空间和时间上划定的区域,一些展览每年更换场地,仍然吸引许多参展商参加,因此,展会这个特殊空间/时间存在于展会参与者的脑海中,而不是局限于具体的某一展会场地本身。Yi 等 2018 年在场所依恋理论基础上提出了展会依恋的概念,认为展会依恋是指包括参展商在内的展会参与者对展会的感知,包括认知和情感表达,并将其分为展会依赖、展会认同和展会情感等三个维度[1],但在实证检验中发现展会认同和展会情感属于同一维度。其中展会依赖是指特定的展览设施和其他功能方面如何满足展会参与者的需要或目标,展会认同表示展会参与者与展会的情感联系,是展会环境中的自我调节过程、对活动或展会的象征或情感依恋,体现了展会参与者对展会有意识或无意识的偏好。Li 等利用极限理论认为展会依恋是参展商和其他具有相似兴趣或动机的参与者在有限的时间和空间内聚集的过程。他们专注于构建"空间、时间、情感和行动"的新价值共同体,体验展览的功能知识、情感联系和象征意义[2]。综上所述,从参展商的角度来看,展会依恋是指存在于展会与参展商之间的一种认知和情感联系,经历了包括空间、时间、主体行为和心理 4 个维度的复杂过程。展会依恋对理解参展商选择展会、重复参加展会等行为提供了一个重要的理论框架。

(二)展会依恋的形成过程

传统意义上的场所可以具体到一个地点,一个方位,而展会则将场所这个概念丰富化了,

① YI X L,FU X X,JIN W M,et al. Constructing a model of exhibition attachment:Motivation,attachment,and loyalty[J]. Tourism Management,2018,65:224-236.

② LI J,WANG J N,QI J J,et al. How do exhibitors develop exhibition attachment? Evidence from China[J]. Journal of Hospitality and Tourism Management,2022,50:201-213.

一个展会就是一个抽象的"场所"。现在展会正逐渐从一个纯商业性质的场所转变成了一个具有人情味的平台,蕴含着大量的文化因素,也更关注展会参与者的满意度与忠诚度等非经济效益指标。目前对参展商展会依恋形成过程的研究还很少,Li 等 2022 年通过对广州(国际)演艺设备、智能声光产品技术展览的追踪研究发现,参展商的展会依恋是一个动态过程,并提出了参展商展会依恋形成机制的理论模型。

具体来说,在展览之前,参展商从功能的角度衡量展会和目的地的商业价值,参展商对展会品牌的认同(如行业地位、专业素质、客源等),以及他们对目的地产业集群效应、会展业发展程度、交通可达性等吸引因素的感知,是展会依恋形成的前提条件。

展会期间,参展商在特定的空间和时间参与展览工作。这与日常工作环境不同。参展商通过一系列互动活动,如展会上的论坛与研讨活动,与专业观众和其他参展商的面对面交流等,参展商逐步融入持久的展会社交网络,这一过程中参展商不仅能体验到展会的功能价值,还会促进情感依恋的产生,是产生展会依恋的关键过程。

展会结束后,参展商在空间意义上离开展览,回到日常工作环境。然而,他们对展览的情绪在展览结束后并没有减少。他们从情感和功能的角度评估展览的效果。当评价结果达到预期时,这种正面评价就会转化为对展会本身的认同,即在展会结束后创造展会认同。

总之,参展商的展会认同体现在对于展会在行业内部的口碑和地位的认可程度上,而参展商的展会依恋体现在参加该展会能给它自身带来的无论是利益上的还是有价值信息上的具体收获。只有在这两个因素上得到了满足,参展商才会成为步履不停的"回头客"。也就是说只有参展商有了对展会或环境的了解才可以确定其与展会的联系,即展会依恋与参展商消费体验的感知价值密切相关。这一点同样适用于专业观众和普通观众。

这就要求会展主办方除了要尽力提高展会自身在行业内的口碑,还必须在展会现场尽可能为参展商提供他们需要的、看重的东西,如庞大的客流量、细致有效的展会服务、行业内的前沿信息等。会展企业尤其是展会主办方应重视并充分利用参展商对展会的展会依赖培养展会认同,提高参展商的展会忠诚,从而创造有益的商业价值。

第三节　展会中的情绪调节与控制

一、情绪智力

情绪智力(Emotional Intelligence, EI)的概念由美国耶鲁大学的 P. 沙洛维(P. Salovey)和新罕布什尔大学的 J. D. 梅耶(J. D. Mayer)在 1990 年首先提出并对其进行了探讨。他们认为情绪智力是指个体监控自己及他人的情绪和情感,并识别、利用这些信息指导自己的思想和行为的能力。沙洛维把情绪智力界定为社会智力的一种类型,对情绪智力包含的能力和内容进行了新的阐述,认为情绪智力主要是指个体能区分或认知自己与他人情绪的能力、调节自己与他人情绪的能力以及运用情绪信息去引导自己思维的能力的综合。

根据沙洛维和梅耶德情绪智力结构,情绪智力在个体发展和成熟过程中具有先后次序和级别高低的区别,第一级能力最标准和最先发展,第四级能力比较成熟,而且要到后期才能发展。

第一级,对情绪的认知、评估和表达能力。其包括辨认自己情绪的能力;辨认他人情绪的能力;准确表达自己的情绪,以及表达与这些情绪有关的需要的能力;区分情绪表达中的准确性和真实性的能力。

第二级,情绪对思维活动过程的促进能力。其包括情绪给予思维的引导能力;对与情绪有关的判断和记忆过程产生积极推动作用的能力;心境的起伏使个人从多个角度、多个方面进行思维的能力;情绪状态对特定问题解决具有促进的能力。

第三级,理解和感悟情绪,在对情绪进行分析的基础上获得情绪知识的能力。包括标志情绪、认识情绪本身与语言表达之间关系的能力;理解情绪传达意义的能力;认识和分析情绪产生原因的能力。

第四级,对情绪进行成熟调节以促进心智发展的能力。包括以开放的心态接受各种情绪的能力;根据获得的信息,判断成熟进入或离开某种情绪状态的能力;成熟地监督与自己和他人有关的情绪的能力。

人是有能力调节和控制自己的情绪的,只是这种能力因人而异,并不是所有人的情绪智力都能顺利发展到第四级的成熟阶段。不过,情绪智力是伴随人一生的发展而不断变化的,可以通过个体不断地学习得到改善。情绪智力备受学界和业界的青睐很重要的原因是认为它是有效应对和处置各种难题的核心要素或品质特征。对情绪智力的积极作用已经有了丰富的探索:情绪智力有助于个体保持良好的情绪状态和心理健康,有利于个体建立良好的人际关系,有利于个体应对工作压力,获得较高的工作满意度和工作绩效等。这也是1995年D.戈尔曼(D. Goleman)的畅销书《情绪智力》出版后,情绪智力开始在全球范围内受到关注的重要原因所在。

【阅读材料5-8】 情绪智力的负面效应

随着对情绪智力研究的深入,研究者对于情绪智力所产生的积极作用中,情绪智力到底发挥了多大的作用提出了质疑。Salovey和Mayer(1990)在提出情绪智力概念时便指出"当个体的情绪技能被反社会意图操控时,他们可能会创造操控性场景或在互动过程中损害他人利益"。

随着研究的深入,少数学者在Salovey和Mayer质疑的基础上讨论了"为什么情绪智力可能会存在负面效应"。他们认为,高情绪智力意味着拥有更多的情绪识别和情绪调控能力,进而可能会为了个人利益而伪装、塑造自己的情绪以操控他人的感知和情绪。然而,这些观点还停留在理论推导层面。最近Davis和Nichols(2016)关于情绪智力负面效应的研究,将视角拓展到了个体内的黑暗效应,指出在特定条件下,情绪智力对内可能导致自我易损性(例如,高情绪智力者可能会更多地内化他人的职业压力)。

情绪智力并非总是积极的,理由在于:第一,情绪智力是一种与情绪相关的能力,它与其他任何技能一样,既能服务于善良的意愿,也能被非善良甚至邪恶的目的所利用;第二,人是复杂体,不一样的个体有着不同的特质、动机和价值观,以及他们与组织环境的互动也不尽相同(如高情绪智力者更擅长审时度势),当这些因素与情绪智力共同作用时,情绪智力的效应是大相径庭的。

现有研究对此也做出了一些初步的尝试,但这些研究成果大多缺乏深入的探讨或停留于理论层面。孙建群等构建了情绪智力负面效应研究设想整合模型,对情绪智力负面效应的内在心理机制、情绪智力负面效应发生的情境条件以及群体层面情绪智力的负面效应进行了探讨。总体来看,情绪智力负面效应的内在机制目前仍是一个"黑箱",对这一问题的探索无疑是一项既有挑战性又非常有趣的任务。

资料来源:孙建群,田晓明,李锐. 情绪智力的负面效应及机制[J]. 心理科学进展,

2019，27（8）：1451-1459.

二、参展观众的情绪识别

（一）参展情绪与参展观众的情绪

参展情绪是观众在参展过程中的各个特定阶段普遍出现的共同情绪体验，是一种在特定的展会活动中，观众群体产生的共同心理体验。如参展开始阶段的期待与兴奋、参展中间阶段的放松与愉悦以及参展结束阶段时的满意或留有遗憾。参展观众的情绪是以观众个体的情绪情感特征为基础的，反映观众个人的差异。参展过程中各个特定阶段出现的情绪体验并不总是每个观众都能体验到或者体验程度相同，而是因观众个体不同而呈现出多种多样的差异。两者是一种共性与个性的关系，既有相同之处，又存在个体上的差异。

（二）参展观众情绪的分析与识别

1.表情是情绪的外显形式

情绪的表情是指与情绪状态相联系的身体各部分的动作变化。表情具有自然形式和后天习得性。人的表情动作绝非有意地用以传达情绪，许多基本情绪如喜怒哀乐通见于全人类。而习得的表情可能掩盖表情的自然形式，使其受到明显的文化和社会交际的影响，获得了新的社会功能，变成人类独特的"情绪语言"。情绪本质上是个体的一种内在体验，只能通过外在的面部表情、姿态表情、言语表情等进行分析、识别他人的情绪情感，表情的后天习得性使得个体外在表情与内在情绪体验的不一致成为可能，为情绪识别又增加了一定的难度。因此，展台工作人员首先应明确观展观众情绪的这一特征，不断丰富和积累工作经验，提高自身情绪智力中对他人情绪的识别能力、理解能力、管理能力等能力，从而尽可能做到准确识别、引导并管理参展观众的情绪。

2.情绪状态与行为的组合

现代心理研究表明，情感不只是人类实践活动中所产生的一种态度体验，而且对人类行为的动力具有直接的影响。在同样有目的的活动中，个体情绪状态会直接影响其在活动中的行为表现。一般来说，情绪越积极，个体越会全力以赴、主动认真，甚至是克服困难完成预定目标，反之则会犹豫迟疑、敷衍行事，一旦遇到困难就怨声载道、半途而废。

参加展会是一次有计划、有目的的活动，相对普通观众而言，专业观众有着更为明确的商务目标，专业观众的情绪状态直接关系到参展活动是否能够顺利完成以及完成的质量。因此，展台工作人员需要及时捕捉到专业观众某些行为中传递出的情绪信号，利用专业观众传递出的积极情绪推动采购或合作活动的进行，同时合理引导不良情绪的解决并避免不良情绪负面影响的扩散。这些都需要展台工作人员具有高水平的情绪智力。

虽然普通观众的展会消费具有随机性，但普通观众也是消费者，是潜在顾客，同时随着B2C展会（面向普通消费者销售产品的展会）数量的急剧增加，普通观众作为该类展会的主要购买力，应该给予一定的重视。在展会活动中，普通观众在消费决策时不仅会从理性角度考虑实际产品本身特性和自身需求，还会受当时情绪体验的影响，比如愉悦体验，即普通观众的愉悦体验会对他们的消费决策产生影响。因此，当普通观众靠近展台时，展台工作人员应及时接待并用轻松愉快的语言调动他们的快乐感和兴奋感，并注意观察他们的情绪，提高他们的愉悦体验，激发购买欲望，促成购买行为。

三、观展观众不良情绪的控制

(一)觉知情绪状态

觉知情绪状态是控制不良情绪的第一步。当处于负面情绪状态时,如"我很伤心",对自我状态暂不作反应也不加评价,提供一个选择和处理负面情绪的空间,或是约束、控制自己的情绪,或是任由情绪宣泄。只有认识到自己的情绪处于什么状态时,大脑才有可能发出控制的指令,随时调控自己的行为。

(二)转移注意力

当认识到自己正处于激动的情绪状态时,就要有意识地转移注意力,以使它不至于爆发和难以控制。通过转移注意力,将自己从引发负面情绪的情境中暂时脱离出来,如出去走一走、想想开心的事、听听舒缓的音乐等,等待情绪逐渐回归平静之后再做问题的处理,以免一时冲动做出错误决定或者行为而追悔莫及。

(三)合理发泄

一是在适当的场合哭泣。哭是一种有效解除紧张、烦恼和痛苦情绪的方法,尤其是对突如其来的打击造成的高度紧张和极度痛苦。二是向他人倾诉。倾诉的过程就是情绪梳理的过程,是一种有效的平复情绪的方法。三是进行比较剧烈的运动。人在情绪低落时,往往不爱活动,越不活动,情绪越低落,形成恶性循环。事实证明,情绪状态会改变身体活动,身体做出积极的活动同样可以改变人的情绪状态。当意识到处于负面情绪中时,可通过调整身体姿势如坐直的方式进行应对。四是放声歌唱或喊叫。大声喊叫也可以很好地宣泄不良情绪。无论选择怎样的发泄方式,都要注意发泄"度"的掌握,尽情发泄反而不利于负面情绪的控制。

【阅读材料5-9】 身体姿势对情绪感知的反馈作用

Izard 和 James 认为,一个人身体的姿势可能会对他的情绪体验和内心状态产生反馈效应。1982 年 Riskind 等人开启实验室操纵身体姿势(直立坐姿或者弯腰坐姿)研究的先河,他进行了 4 项实验研究,以检验身体姿势的变化是否具有调节或反馈作用,即影响动机和情绪。第一项研究发现弯腰坐姿的被试在其后的挫折任务中坚持时间更短,似乎更容易产生无助感。第二项研究改变了被试,得到了相同的结果。所有实验都确保实验者和被试都不知道实验的具体操纵目的。令人惊讶的是,在两项实验里,被试的情绪自我报告都没有差异。第三项研究证实,身体姿势是观察者对知觉他人情绪的重要线索。第四项研究进一步探讨了姿势在情绪报告中的作用。对于为什么没有得到情绪的差异问题,研究者根据前人的相关研究认为,被试虽然在自我报告中没有表现出情绪差异,但在随后的行为指标上表现出了差异,时间短暂情绪信息未能被感知。

后来又有多位学者对此进行了研究,结果比较一致,Nair 等人的研究还发现面对压力时采用直立坐姿能保持自尊,减少消极情绪,并能提高积极情绪。此外,直立坐姿能提高说话的概率,减少自我专注。所以坐姿可能是一种简单的行为策略,可以帮助人们培养抗压能力。

资料来源:许洪梅. 具身性情绪:面部表情和身体姿势对情绪感知的影响[J]. 中国心理学前沿,2019,1(5):338-349.

(四)主动运用语言

当不良或负面情绪要爆发或感到心中非常压抑的时候,可以通过语言的暗示作用来调整和放松心理上的紧张,使不良情绪得到缓解。如要发怒时,用语言暗示自己"别做蠢事,发怒既伤自己,又伤别人,于事无补";或者适当运用阿Q精神进行自我安慰。

以上所述是控制不良情绪的一般做法,在参展过程中观众发生不良情绪应如何应对还需具体问题具体分析。首先是分析引发不良情绪产生的原因,是观众自身的问题,还是参展企业或展台工作人员所导致。其次,根据不同的原因采取相应的对策。如果是观众自身的原因,可以引导观众按照以上方法进行情绪的调整与控制;如果是参展企业或展台工作人员工作中出现了差错使观众不满意而引发不良情绪,还应进一步检视问题来自参展产品或展会服务的哪个环节,实事求是,进行及时的补救与改进。最后,总结经验,丰富应对观众不良情绪的方式方法。展台不仅是一个展示陈列的空间,除了经济功能,还具有社会功能,因为展会活动过程也是一个人际交往的过程,展台工作人员应懂得在有效运营展台空间圆满完成经济使命的同时,推动人际交往过程顺利完成。由于观展观众的情绪与展台工作人员的情绪都具有较强的变动性,需要观展观众与展台工作人员不断提高自身的情绪管理能力,共同努力应对不良情绪。

【本章小结】

情绪是个体的一种内在体验,具有独特的生理唤醒、主观体验和外部表现三种成分,分为心境、激情和应激三种,往往通过面部表情、姿态表情和言语表情来表达个体的情绪状态。情感也是一种主观态度体验,包含道德感、理智感和美感。情感与情绪之间存在着明显的不同,但两者之间又有着密切的内在联系。情绪与情感具有适应功能、动机功能、组织功能、信号功能、保健功能和感染功能。

观众是展会上展示产品与展示活动的接受者,观众的体验与参展效果息息相关。观展观众的情绪与情感是观众的基本情绪与情感在展会活动中的体现,主要体现为快乐体验、愤怒体验、恐惧体验和福乐体验,以及观众在参展过程体会到的道德感、理智感和美感。这一过程中,展台销售人员、会展谈判中的语言、展会空间感知、展台展示设计等因素都会影响参展观众的情绪与情感。参展商作为展会的重要构成主体,还会与展会甚至展会举办地之间形成场所依恋这一特殊情感联结。参展的过程从某种程度上来说就是人际交往的过程,因此观展观众与展台工作人员都还需具备认识、利用、理解和管理自己情绪的能力,即情绪智力,当出现不良情绪时能够找到合理的方法进行应对。

【思考练习】

1. 简述情绪的概念与类型。
2. 简述情绪的测量方法及各自的利弊。
3. 简述你对三种经典情绪理论的理解并举例说明。
4. 简述情感的概念与类型。
5. 简述情绪与情感之间的关系。
6. 结合实例简述情绪与情感的功能。
7. 简述观展观众情绪体验类型及其之间的关系。
8. 结合实例简述观展观众情绪体验的影响因素。

9.结合实例简述情绪智力的内涵及其影响。

10.简述展台工作人员应对观众不良情绪的方法。

【关键术语】

情绪　情感　观众道德感　观众理智感　观众美感　展会依恋　情绪智力

【案例讨论】

第六届进博会：绿色、低碳与再生

第六届进博会消费品展区，随处可见绿色产品设计、再生材料使用等方面的新产品、新技术和新理念，低碳、绿色、可持续成为各个展台的关键词。

在第六届进博会开幕前，MUJI 中国大胆邀请参观者"共创"一个"未完成"的展台。而在展会结束展台外墙全部拆除后，逐本溯源的绿色创造力呈现眼前，露出了以山河土地为主题的展台全貌。那些"围墙"去哪儿了？它们被重新拼装，变成了"2023 进博纪念礼限定款屏风收纳盒"，让观众带回家在日常生活中使用（图 5-2），体现"日常可持续"的理念。

走到 COACH 的展台，全新子品牌"蔻驰之城"（Coachtopia）在中国首次亮相。回收的旧皮革、废弃的边角料，经过切割、编织、压纹等工序重获新生，变成了展台上一只只精美而又独特的时尚手袋；触手柔软的棉质 T 恤，制作材料95%来自回收棉，云朵花纹的单肩包，由废弃塑料瓶为原料制作而成……无论是手袋、配饰，还是成衣、鞋履，该品牌通过可循环利用材料和创新设计赋予产品多重生命周期，就连展台上的圆桌、展示新衣的模特，都是用废弃的皮料和木头再制作的。本届进博会上，"蔻驰之城"还请来了东华学子，搭建交流平台，将年轻人对循环时尚的思考与生活方式融入设计，重塑产品的表现力和生命力（图 5-3）。

图 5-2

图 5-3

在"共创美好绿色健康生活"的展区愿景下，百联带来了中国首发的环保艺术展品——馆藏级生态艺术雕塑"Plasticity"，将岛屿、海滩和沿海社区回收的海洋塑料废物，通过 3D 打印技术制成建筑结构作品，让漫步其间的人们看到由生态拯救行动引发的艺术创造，唤起人类行为对环境影响的思考。展台上呈现的首发新品,UGG GO EXTREME 限定胶囊系列沙士达高帮靴采用 100% 再生聚酯纤维、60% 环保再生羊毛等环保再生材质;来自法国巴黎的环保品牌 Viròn 利用植物如苹果渣循环再造,呈现出一双新鞋。

优衣库展台则展示了不同板型的牛仔裤,产品均采用节水技术,相比传统工艺可以减少 95% 的水量。此外,优衣库今年还推出了 16 款 100% 使用再生面料的摇粒绒产品。目前,这项技术也运用到了防晒衣、速干衣及凉感衣上,均采用了不同比例的再生面料。

围绕废弃运动鞋的闭环循环利用,耐克和同济大学共同开发的全球首套废弃运动鞋自动化拆分工艺及装备也在进博会上亮相。展台工作人员介绍,回收的废旧运动鞋经过热动力与机械力处理后,能够将鞋底与鞋面进行分离。分离出的鞋面经过 AI 系统识别后由机械臂分选进入下游回收体系,鞋底进入破碎系统后生产成再生颗粒,经过静电分选系统将鞋底 RB、EVA 和 TPU 进行分离后进入下游回收工厂,就能开启一双旧鞋的"新生"。

而在时尚品牌 Zara 及其母公司 Inditex 集团的进博展台,没有任何一件时尚单品,而是重点展示集团在可持续发展领域的最新承诺:到 2030 年,其 100% 的纺织产品将完全由环境足迹较小的材料制成。此外,Inditex 计划到 2030 年将集团内部运营及价值链中的排放量减少 50% 以上,从而达成 2040 年实现净零排放的目标。

资料来源:今年的"绿色进博"有多拼? 这个展台居然可以拆了拿回家. 新民晚报,2023-11-09. 有删改.

思考题:

1. 结合唐纳德·A.诺曼提出的情感水平层次,分析案例中的展台在本能层、行为层、反思层情感水平上的体现与应用。

2. 结合案例分析展台绿色设计理念与情感水平的三个层次之间的巧妙结合。

3. 结合案例谈谈你对三种情感水平在展台设计及展会营销中的作用的理解及建议。

第六章
人格与会展

【本章概要】

本章主要对参展商和专业观众的人格(包括气质、性格与能力)进行了介绍,在简介人格的基本知识后系统阐述了人格理论以及人格构成中的气质、性格与能力。人格与会展同样可以建立起关系,结合人格基本理论知识及展会所具有的互动本质的特点,分析了人格对参展商和专业观众在参展/观展决策行为中的影响以及在展中与其他会展参与者互动过程中的体现。

【学习目标】

(1)掌握人格的概念和构成。

(2)掌握人格形成与发展的影响因素。

(3)了解相关人格理论。

(4)掌握气质的概念。

(5)了解主要的气质学说。

(6)掌握性格的概念和特征。

(7)熟悉人格与会展的关系建立。

(8)熟悉参展商和专业观众的气质及其特点。

(9)掌握参展商和专业观众的性格及其特点。

(10)了解参展商和专业观众的能力及其构成。

(11)了解人格及与其他展会参与者的互动。

【开篇案例】

会展活动如何在竞争中获得更多观众

首先,营销策略应从广度转向深度,从拓新转向转化。

对于一般性会展活动来说,一定要把有限的预算放在加强转化这一环节。具体来说,一是以会展活动举办城市为中心,梳理该地区数据及合作媒体,尤其是充分挖掘和利用当地媒体,扩大会展活动在当地的知晓度和影响力。二是要在往届到场观众中下功夫,通过呼叫中心、邮件、社群营销等方式,不断触达、不断提高老数据的转化率。

其次,营销重心从传播转向内容打磨。

当下,会展企业大多数营销的短板不在传播渠道上,而在内容的打磨上。一要加大内容信息打磨力度。内容营销第一件事就是让展览的每个环节都成为内容信息,这是营销内容的主要来源。比如所在城市的历史、底蕴、景点、美食等,展馆、嘉宾、展商、特邀买家、媒体、论坛、活动、福利等,每个环节都可以生成单独的内容。二要提升内容信息价值。针对新观众。他们对展会的认识还处在"你是谁,要干吗?"的阶段。会展活动的主承办方要发扬极简主义,迅速让他(她)知道你是谁,并按照观众关注的重点顺序释放信息。对于一场展览,观众最关注什么,就把什么放在前面,依次向后排,如展会时间、地点、嘉宾、展商、展品、同期活动等。针对对展会有认知的观众。在他们已经知晓有这样一场展会的情况下,主承办方需要传递自己的核心价值,比如展会在行业中的引领地位和话语权、整合资源的能力,如请到的重磅嘉宾等。针对犹豫去哪个展会的观众。主承办方需要传递出自己的差异化优势、自身的魅力,比如优秀的线下服务、某个细分领域绝对话语权。

再次,提炼内容形式的2C化。

一方面,用极简、极具吸引力的信息第一时间吸引注意力。如果是图文消息,就是"标题党";如果是视频,就是前10秒;如果是宣传单页,就是广告标语。另一方面,在解决观众理性需求的同时,要照顾到其感性需求。比如,行业分析、展商介绍一类都是理性层面上的内容,若将其变成"达人"解读的短视频,观众在理解时就可以不用花很多"脑细胞"。

最后,营销传播方式从渠道化转为人的传播。

一是各主承办同事(包括同期活动、论坛等)、嘉宾、参展商等,利益驱动传播。他们是会展活动的利益共同体,营销宣传对各方有共同的利益,需要引导他们同步传播。二是媒体,资源置换传播。(自)媒体有自己的绩效指标(KPI),也有对内容的报道需求,更有增加自身媒体影响力的需求,如果能挖掘展会的优质内容资源,就可以驱动自媒体帮助报道展会。三是观众,体验驱动传播。驱动观众传播靠的是体验,只有体验感做到一定程度,才会让观众主动传播会展活动。这些体验包括满足感性体验如幸福感、荣誉感、虚荣心等,以及用理性驱动传播如转发获得门票等。

资料来源:中国贸易报.有删改.

第一节　人格概述

一、人格（个性心理特征）概述

（一）人格的基本内涵

人格，又称个性，是指个体带有倾向性的、本质的、比较稳定的心理特征的总和，包括气质、性格、能力、兴趣等。其中气质反映个体的生活方式，性格决定个体活动的内容和方向，能力反映个体的活动效率，兴趣反映个体的活动倾向。一般说来，人格是在一定社会历史条件下，通过社会实践活动形成和发展起来的。一个人的人格是他过去的整个生活历程的反映。

（二）人格形成与发展的影响因素

1. 先天遗传因素

先天遗传因素是人格形成和发展的基础。这里的遗传主要是指个体遗传。遗传学的研究表明，几乎所有的人格特质都受遗传因素的影响。人与人的个体差异从婴儿诞生的第一天起就有所表现。这些区别人与人不同特质的人格，正是在这种先天生物学差异的基础上，在某种社会文化环境的影响下，通过不断的社会性内化过程而逐渐形成起来的。

有趣的是，个体的外表和身体机能是先天遗传的一个重要体现，对人格的形成与发展有着直接的影响。一般来说，身体外部条件比较好的人比身体外部条件不好的人更容易产生愉快、满足之感，这种自豪感容易使人形成积极向上的个性，反之，则会使人产生一定程度上的压抑和自卑感，从而较易形成消极的个性。同样，由遗传带来的身体机能上的先天不足或者残疾，也可能使人产生消极的人格表现，如思想压抑或偏激、情绪呆板或易冲动、行动迟缓等。

2. 后天环境因素

后天环境因素对实现遗传的潜能起保证作用。后天环境因素包括家庭环境、学校教育环境、社会文化环境和自然物理环境等因素。

家庭环境的影响主要是指家庭条件（包括家庭结构、经济条件、社会地位、居住环境、家庭氛围等）、父母受教育的水平、家庭教育方式、家庭心理气氛等对其子女人格的影响。人格形成和发展的最重要时期是青少年时期，在这一时期一个人有 2/3 的生活时间是在家里度过的，因此，父母及其他家庭成员对个体人格形成与发展的影响显得尤为突出。

学校教育环境对人的性格的形成，特别是人对社会、事业、人的看法和态度的形成，对人的世界观、人生观、道德理想、奋斗目标的确立具有重要的意义。学校对人的影响不同于家庭和一般社会环境，不是偶然的、零碎的，而是系统、有目的、有计划地进行的，学校的文化知识、思想品质、行为规范的教育对学生良好个性的培养都有至关重要的影响，这些影响主要来自课堂教学、课外活动、班集体的风貌、师生关系及同学关系等[1]。

社会文化对人格具有塑造的影响，这种影响不仅表现在个体身上，而且表现在群体方面。社会文化影响着处在该文化形态中每个成员的人格特征，并使其的发展呈现出一定的相似性，从而每个种族、国家、地区等都有其具体的、统一的文化特征。如一般认为中华民族是一个勤

---

[1]　李美华. 心理学与生活[M]. 长沙：湖南师范大学出版社，2017.

劳勇敢的民族,勤劳勇敢就是指整个中华民族共有的人格特征。这种共同的人格特征使个体能够稳固地"嵌入"整个文化形态里,具有维系社会稳定的功能。

除此之外,气候条件、生态环境、空间拥挤程度等这些自然物理因素也会影响到人格的形成与发展。如我国南方人多具有温婉的人格特征,北方人则多具有粗犷、豪爽等人格特征。如拥挤的环境容易让人表现出急躁、攻击性强等人格特征。但自然物理环境对人格不起决定性的作用,在不同自然物理环境中,不同的人可能表现出不同的人格特质,同一个人也可以表现不同的行为特点。

【阅读材料6-1】　如何看待原生家庭的影响

对于一些人来说,原生家庭的影响的确可以非常深远。就像一张正态分布图,特别糟糕的原生家庭和特别完美的原生家庭,对孩子的影响都会更大。但是,需要说明的是,这样的判断很难进行测量,也无法预判某个糟糕家庭或某个幸福家庭成长的孩子一定会如何发展。也因为这样,当声讨原生家庭成为潮流时,很多人都会随波逐流,试图将自己的某些人格缺陷与原生家庭进行对应。

依照美国精神医学学会公布的《精神疾病诊断与统计手册》,严重的躯体虐待或者是严重的性暴力,才会带给孩子明显的童年阴影。对此,有两份研究可以提供更直接的证据,来证明原生家庭其实并不能够决定一切,甚至其影响是微不足道的。首先是《科学》杂志曾刊发过一份研究报告,报告历经10年时间,调查了56对分开养育的同卵双生子和30对一起养育的同卵双生子,结果显示分开养育和一起养育的双胞胎们,他们的人格测试结果基本上是一致的。第二份研究则是针对经历过纳粹集中营的孩子,研究发现那些能够最终战胜贫穷和社会隔离的孩子,他们具有更强的韧性。显然,今天很少有什么人的成长境遇能够跟纳粹集中营中的环境相提并论。

所以,原生家庭并非不重要,但看待原生家庭更需要明白的一点是,对于一个人的人格发展,首要的因素其实是遗传基因,这个占比接近一半;其次是环境因素,而家庭环境是其中之一,学校环境、社会环境也非常重要。实际上,面对不同的环境,我们会戴上不同的面具,乃至表现出不同的人格。因此,只要不是生活在小概率的极端家庭,一般而言,家庭养育模式对孩子人格的影响并不大,家庭环境的影响很多时候还不及学校、工作环境所带来的影响。

在声讨原生家庭之前,他/她本人应该想办法进入父母所经历的家庭、社会和时代构成的特殊语境。一旦进入了这一语境,他/她的同理心会更强,对生命的理解会更深,与父母和解的能力也会更强。由此可见,人格也好,性格也罢,改变的力量终究来自自己的内心。换句话说,人生其实就是不断突破和成长的过程,童年不是决定人生的枷锁和终点,决定人生方向的,不是原生家庭,而是我们自己。

资料来源:吴金. 什么都要怒怼"原生家庭"？那是你自己不争气[N]. 南都周刊,2019-03-16.

3. 成熟度

E. H. 埃里克森(E. H. Erikson)认为人格是一个逐步发展形成的过程,提出了人格终生发展论,他将人的一生从婴儿期到老年期划分为8个心理社会性发展阶段(Psychosocial Stages),每一阶段都存在一个主要冲突或特定的"危机"(表6-1)。如果顺利渡过危机,人们就会形成相应的积极品质,反之则不能,并且前一阶段顺利渡过危机会扩大后一阶段危机积极解决的可能性。如婴儿前期要解决的危机是基本信任和怀疑的心理冲突,如果这一阶段的危机成功地得到解决,就会形成希望的美德,如果危机没有得到成功地解决,就会形成胆小惧怕的人格特征。虽然每个危机不会完全消失,但如果个体想要成功应对后面发展阶段的冲突,就需要在特定的阶段充分地解决这个主要危机。一个人的成熟度与人格发展阶段相对应,同一个人在不同的生理和心理年龄阶段会有不同的人格发展主题。

表6-1 埃里克森人格发展阶段与发展危机

阶段名称	大致年龄	发展危机	阶段名称	大致年龄	发展危机
婴儿前期	0~1.5岁	信任—怀疑	青少年期	12~18岁	角色同一—角色混乱
婴儿后期	1.5~3岁	自主—自我怀疑	成人前期	18~25岁	亲密—疏离
幼儿期	3~6岁	主动—内疚	成人中期	25~50岁	再生力—停滞
儿童期	6~12岁	勤奋—自卑	成人后期	50岁后	自我实现—悲观绝望

4.学习

一个人在成长过程中,从家庭、学校到最终进入社会,生活领域和人际交往范围不断扩大,随着个体独立性的不断增强,在自我意识的支配下,在反复学习担当各种新角色、新工作应有的行为方式和对事物的态度时,人们会选择性地接收来自环境的信息,从而形成或改变某些个性特征。如职业的种类、人际关系、社会地位、成就与荣誉等都会对人格的变化起着重要作用。学习行为的自发性和主动性以及对人格形成的影响,使它成为影响人格发展的独立变量。

二、人格理论

人格理论是对个体人格结构和功能的假设性说明。对人格进行理论性探讨具有两种功能。首先是理解人格结构、起源以及与此有关的特点;其次根据对人格的理解预测行为和生活事件。不同的理论对人在一定条件下会做出怎样的反应有着不同的预测。

(一)人格特质理论

特质理论认为,特质(Trait)是持久的品质或特征,是决定个体行为的基本特性,是人格的有效组成元素,也是测评人格所常用的基本单位。这些品质或特征使个体在各种情况下的行为具有一致性。人格特质理论起源于20世纪40年代的美国,主要代表人物是美国心理学家戈登·W.奥尔波特(Gordon W. Allport)和R. B.卡特尔(R. B. Cattell)。除此之外,还有德国心理学家汉斯·J.艾森克(Hans J. Eysenck)的三因素模型以及经典的五因素模型等。

人格特质理论最早由奥尔波特提出,他将人格特质分为3类:首要特质、核心特质和次要特质。首要特质影响一个人组织生活的方式,如多愁善感就是林黛玉的首要特质;核心特质是代表一个人主要特征的特质,如诚实和乐观;次要特质是有助于预测个人行为特定的、个人的特征,如对衣着和饮食的偏好就是一个人次要特质的体现。但次要特质对理解个人人格的帮助比较小。

R. B.卡特尔以戈登·W.奥尔波特的研究为起点,提出了人类人格的16个因素,这16个因素包含了重要的行为范畴,如保守的和开放的、信赖的和怀疑的、放松的和紧张的等。但现代特质理论认为,比16个更少的维度也可以包括人格中最重要的特征。J.艾森克是著名的人格心理学家,以人格理论和行为疗法而闻名,他提出了三因素模型:外向性(内源导向性的或外源导向性的)、神经质(情绪稳定的或情绪不稳定的)和精神质(善良的、体贴的或有攻击性的、反社会的)。近年来,多数人又认为五因素可以更好地描述人格结构,这五个因素都有一个最高的极点和最低的极点。五因素模型又被称为大五人格模型(表6-2)。

表6-2 五因素模型

因素	双极定义
外向性	健谈的、精力充沛的、果断的/安静的、有保留的、害羞的
和悦性	有同情心的、善良的、亲切的/冷淡的、好争吵的、残酷的
公正性	有组织的、负责的、谨慎的/马虎的、轻率的、不负责任的
情绪性	稳定的、冷静的、满足的/焦虑的、不稳定的、喜怒无常的
创造性	有创造性的、聪明的、开放的/简单的、肤浅的、不聪明的

资料来源:格里格,津巴多. 心理学与生活[M]. 王垒,等译. 16 版. 北京:人民邮电出版社,2019.

(二)心理动力学理论

心理动力学理论认为强大的内在驱力塑造人格并引发行为。弗洛伊德是心理动力学理论的创始人,提出了精神分析理论,强调对无意识的关注。

弗洛伊德对人格理论进行了大胆的尝试,对人格发展的起源和进程、心理的本质、变态人格的各个方面以及通过治疗改造人格的方式进行了解释。弗洛伊德的精神分析理论包括人格结构和人格发展两大主题,认为人格的差异是由人们对待基本的驱力方式的不同引发的。

1. 本我

本我是潜意识的最深层,是遗传下来的最原始的部分,可以看作原始驱动力的储存处。其中包含了推动个人行为的原始动力——利比多(Libido)。外在或内在刺激都可能促使利比多增加,从而增加人的紧张和不安。本我是根据快乐原则来运作,是自私和无逻辑的,它将行为引向快乐,而不考虑后果,这种快乐特别指性、生理和情感快乐。

2. 自我

自我是个体在与环境的接触中由本我发展而来的人格部分。自我受现实原则的支配,是人格结构中的主要部分。自我的作用有:①获得基本需要的满足以维持个体的生存;②调节本我的原始需要以符合现实环境的要求;③管制不为超我所接受的冲动;④调节本我与超我之间的冲突。如自我会克服考试想要作弊的冲动,因为它会考虑被抓住后的严重后果,同时改变自己的学习行为如变得更加努力来代替作弊。

3. 超我

超我同本我相对。超我是在人格结构中居于管制地位的最高部分,是由个人在社会化的过程中将社会规范、道德标准、价值判断等内化之后形成的结果。超我大致上和良心的概念相对应。超我也包括理想自我,这是一个人想要自己努力成为的样子。

本我寻求快乐,自我考虑到现实环境的限制,超我则明察是非善恶。三者是完全独立的,同时彼此交互作用构成人格整体。本我想要做感觉上快乐的事情,而超我则坚持做那些正确的事情,本我与超我之间这种无休止的争斗往往由自我来调和。因此,一个正常的人,其人格中的这三个部分经常是彼此平衡而和谐的。

(三)人本主义理论

人本主义理论从个人、意识经验与成长潜能整合的角度理解人格,其核心是强调自我实现的驱力。自我实现是个体不断努力开发自身才智与能力,实现个人潜能的倾向。人本主义理论的代表性心理学家有 C. R. 罗杰斯(C. R. Rogers)、亚伯拉罕·H. 马斯洛(Abraham H. Maslow)、K. 霍妮(K. Horney)等。

人本主义理论强调从个体的整体人格来看待其分散的行为,关注个体的创造性与成长对人格形成与改变的影响,与特质理论、精神分析理论不同的是,人本主义理论直接关注生活的不断改进,而不是反复咀嚼那些本该压抑掉的痛苦经验,不认为个体的当前行为受到其过去经验的无意识的引导,同时人本主义理论也承认人们追求自我实现的进程部分由环境现实所决定。

(四)社会学习和认知理论

以上理论都强调某种内部机制,如特质、本能等可以用以解释人格,但却无法对特定的行为进行预测。研究人格理论的另一种方式就是直接关注个体行为差异。

社会学习和认知理论学家同意环境对个体行为的影响作用,但认为认知过程对个体行为的作用同等重要,在对外界情景的理解和定义方面具有显著的个体差异,强调了个体在形成自己独特人格过程中会有主动地参与并起到决定性的作用。如我们会经常光顾自己曾经享用过美食的餐厅而不会总是尝试新的餐厅。社会学习和认知理论最具有代表性的理论是 W. 米希尔(W. Mischel)提出的认知—情感人格理论、A. 班杜拉(A. Bandura)的认知社会学习理论以及 N. 坎特(N. Cantor)的社会智力理论。

(五)自我理论

自我理论是直接关注个人的一类人格理论,关注每个人是如何处理他/她的自我感的。最早对自我进行系统研究的心理学家是威廉·詹姆斯(William James)。他认为,自我就是自己所知觉、体验和思想到的自己,包括客体自我(self as known, me)和主体自我(self as knower, I),前者为经验自我(empirical self),后者为纯粹自我(pure self)。他进一步将经验自我分为物质自我、社会自我和精神自我。物质自我(material self)的核心部分是身体,因为人终其一生都通过身体与周围事物发生联系。物质自我还包括身体之外的衣物、家属、财产等东西。社会自我(social self)指一个人在别人心目中的形象,即他的名声和荣誉。精神自我(spiritual self)是个人内在的或主观的存在,包括个人所有的能力和性格特征,这些均可通过内省觉察到。由此可见,自我概念是一个动态的心理结构,包括对自己的记忆、最想成为的理想自我以及关于别人如何看待自己的信念。如自尊常用来描述一个人对自己的概括性的评价,相对而言,低自尊者对自己各方面的评价普遍比高自尊者要低。另外,人们所从属的文化对他们如何解释自我影响也很大。如个体主义文化鼓励对于自我进行独立的解释,而集体主义文化则鼓励对自我作相互依赖的解释。

三、人格评估

人格评估可以分为客观测验和投射测验两大类。

(一)客观测验

1. MMPI 量表

人格的客观测验就是使用自陈式问卷,要求被试回答一系列问题,通过最后的得分进行比较分析的过程。最常使用的人格测量工具就是明尼苏达多相人格问卷(Minnesota Multiphasic

Personality Inventory，MMPI）。该问卷 20 世纪 30 年代由明尼苏达大学教授 S. R. 哈瑟韦（S. R. Hathaway）和 J. C. 麦金力（J. C. Mckinley）共同制定，主要目的是根据精神病学的经验效标来对个体进行诊断，因此该测验最常用于鉴别精神疾病。既可个别施测，也可团体施测。主要适用于年满 16 岁，具有小学以上文化水平、没有影响测试结果的生理缺陷的人群。

1989 年，MMPI 进行了一次主要的修订，即 MMPI-2，包括 10 个临床量表和 15 个内容量表，是世界上被使用次数最多的人格测验之一。不仅应用于精神科临床和研究工作，也广泛用于其他医学各科以及人类行为的研究、司法审判、犯罪调查、教育和职业选择等领域。20 世纪 80 年代 MMPI 被引进中国，中国科学院心理研究所组织了标准化修订工作，并根据东方国家特殊状况，排除 MMPI 得分 70 以上为异常的美国标准，而将 MMPI 得分 60 以上为异常的中国标准。

2. NEO-PI 量表和 BFQ 大五问卷

NEO-PI（NEO Personality Inventory）量表和 BFQ（Big Five Questionnaire）大五问卷都是用来评估正常成人的人格特点的量表，测量的是人格的五因素模型。其中 NEO-PI 量表既可用来研究人格的稳定性和终生的变化，还可以用来研究人格特点和生理健康、各种生活事件的关系。BFQ 大五问卷还具有良好的跨文化效度。

【阅读材料6-2】 用人格测试筛选员工，真的靠谱吗？

心理学家认为，人格特征在一定程度上决定了个体适不适合做哪个类型的工作，大五人格测试因而在工业和组织心理学中得到了广泛应用，不少公司把它用在面试和团队管理中。不仅仅在西方国家，在中国的多项研究也表明，大五人格测验在人才选拔、绩效预测方面有较好的预测效果。大五人格五个维度中，宜人性、尽责性、外倾性和经验开放性，能够很好地从两个维度预测一个人的工作绩效。所以，想要招到绩效出众员工的 HR，也会参考大五人格的量表效果。

但有研究表明，每个人的大五人格结构不是一成不变的，而是会随着认知能力的变化而变化。10～18 岁的被试年龄较小，认知水平和大五人格因素有许多差异；随着年龄的增长，其内在一致性信度会随之增长。除此之外，虽然全球化的发展使不同国家和文化的共性越来越多，但在不同经济、环境和文化背景下，大五人格测验在不同国家是否具有适用性，是否具有同样的预测性也值得思考。

比如，阿姆斯特丹大学的研究团队最近在著名期刊《科学进展》（*Science Advance*）上发表的一篇论文就指出，大五人格测试在发展中国家的适用性可能是有问题的。他们对来自亚洲、非洲、拉丁美洲、欧洲和中亚等 30 个国家的 300 000 人进行了大规模施测，且这些受试者都是来自不同年龄、教育水平、性别和阶层的代表性样本。其中，科学家们使用当地语言进行了面对面大五人格测试和认知水平的测试，并对来自 14 个国家的网络志愿者进行了网上施测，同时从美国 18～85 岁的各层次的人中选取样本进行施测。

结果发现，大五人格量表的确适用于被研究者称之为"WEIRD"（即白人为主、教育程度较高、工业化、富裕且民主）的国家，其对于工资水平有较高的预测效度。但对 23 个低收入和中等收入国家的 94 751 名调查者进行的 29 项面对面调查得出的结论发现，大五人格量表对人格特质的预测效度就不那么可靠了。但值得注意的是，与面对面调查不同，来自 14 个国家的 198 356 份网络调查显示，在网络环境下大五人格量表具有一致性信度和效度，与 WEIRD 国家的情况更为相似。原因可能是网上测试的用户受教育水平更高，其中被招募的被试大部分是年轻人和有较高的教育水平的人,而并非文化差异所导致。

当然,这并非是说大五人格测试一无所用,在使用时应注意提高它的准确度。比如对测验加强自我管理;提高外国测验的翻译质量和培训施测人员以帮助认知水平低的受测者,排除其他因素的干扰;随机分配问卷和选择被试,确保网络测试和面对面测试的变量一致性等。

资料来源:果壳,有删改.

(二)投射测验

该方法在第一章心理学研究方法中已作介绍,此处不再赘述。

第二节 气质与性格概述

一、气质概述

(一)气质的基本内涵

气质是个体心理过程的速度、强度、稳定性及指向性等动力特征的总和,是影响人的心理活动和行为的一个动力特征。气质是构成人们各种个性品质的基础。个体间气质的差异形成了各自独特的行为方式。这一概念同我们平时所说的"禀性""脾气"相近似。

所谓心理活动的动力是指心理过程的速度、稳定性、心理过程的强度以及心理活动的指向性等特点。不同的人们在他们所进行的各种心理活动的速度、强度、稳定性、灵活性等方面往往表现出很大的差异。如某个学生上课经常抢先回答教师的提问,考试前总是激动不安,参加比赛时总是沉不住气。说明这个学生具有情绪容易激动的气质特征。而某个学生在各种活动中总是表现得慢条斯理、沉着缓慢,我们说他具有安静迟缓的气质特征。个人的气质特点不以活动的内容为转移,它表现出一个人生来就具有的自然特性。

气质作为个体典型的心理动力特征,是在先天生理素质的基础上,通过生活时间,在后天条件影响下形成的。由于先天的遗传因素及后天生活环境的差异,不同个体的气质类型上存在着各种各样的差异。这种差异直接影响了个体的心理和行为,从而使每个人的行为表现出独特的风格和特点。如有的人热情活泼,善于交际,表情丰富,行动敏捷;有的人比较冷漠,不善于言谈,行动迟缓,自我体验较为深刻等。

(二)主要的气质学说类型

1.体液说

古希腊著名医生希波克拉底(Hippocrates)提出气质的体液学说,认为人的状态是由体液的类型和数量决定的。他认为人体内有4种液体:血液、黏液、黄胆汁和黑胆汁,并根据哪一种体液在人体内占优势,把人分为4种类型:多血质、黏液质、胆汁质和抑郁质。在体液的混合比例中血液占优势的人属多血质,黏液占优势的人属黏液质,黄胆汁占优势的人属胆汁质,黑胆汁占优势的人属抑郁质(表6-3)。当这4种体液调和适当时人就健康,否则,就会出现不同的体征。尽管希波克拉底的解释缺乏科学的根据,但他认识到人的气质的不同,并对人的不同气质做出了比较符合客观实际的划分,从而对后世关于气质问题的研究产生了深远的影响,这是值得充分肯定的。因此,这4种气质类型的名称也被一直沿用至今。

表 6-3　体液说的气质类型与典型特征

气质类型	典型特征
胆汁型	精力充沛,情绪发生快而强,言语动作急速难以自制; 内心外露,率直,热情,易怒,急躁,果断
多血型	活泼爱动,富于生气,情绪发生快而多变,表情丰富; 思维言语动作敏捷,乐观,亲切,浮躁,轻率
黏液型	沉着冷静,情绪发生慢而弱; 思维言语动作迟缓,内心少外露,坚忍,执拗,淡漠
抑郁型	柔弱易倦,情绪发生慢而强; 易感而富于自我体验,言语动作细小无力,胆小忸怩,孤僻

2. 血液说

首先意识到血液和气质有明显的联系,并致力于这一研究的是日本学者古川竹二。古川从家人和亲近的人们的日常言行中,注意到血型与气质的关系,然后按各个年龄段、各类职业进行了实验与观察,并在 1927 年的心理学研究会上发表了"古川学说":人因血型不同,各自具有不同的气质。同一血型,具有共同的气质(表 6-4)。

表 6-4　体液说的气质类型与典型特征

血型	典型特征
A 血型	人性情温和,老实顺从,孤独害羞,情绪波动,依赖他人
B 血型	感觉敏感,大胆好动,善于言谈,爱管闲事
O 血型	意志坚强,志向稳定,独立性强,有支配欲,积极进取
AB 血型	兼有 A 型和 O 型的特点

古川学说这一新颖的立论以及血型与气质的奇异关系一下子引起了轰动,也波及医学和教育界。但古川学说把血型与气质的关系绝对化了,事实是人们有时会表现得跟平时完全相反,面对这一问题古川学说就失去了解释力,这也是古川学说深受诟病的重要原因。

第二次世界大战后,关注古川学说,确认血液和气质的关联并最早进行进一步研究的是日本现代心理研究会会长目黑夫妇二人。他们在实践中修正和发展了古川学说,使之成为面目一新、卓越的目黑学说。目黑学说的核心是提出了"不同的两种血型气质间,存在着强弱关系"的观点。这样一来就可以解释一个人由于接触的对方不一样,常常会出现正相反的感觉,有时感到压抑,甚感无地自容,有时则感到很痛快,可以畅所欲言。这一循环关系的建立克服了古川学说在解释上的局限,只是同样缺少了科学依据。

3. 体型说

德国精神病学专家 E. 克瑞奇米尔(E. Kretschmer)根据自己对精神病人的观察和研究,提出了气质的体型说。他认为人的身体结构与气质特点以及可能患有的精神病种类有一定的关系。他将人的体型分为三种类型:细长型,具有分裂的气质,表现为不善交际、孤僻、神经质、多思虑;肥体型,具有狂躁的气质,表现为善于交际、表情丰富、热情;筋骨体型,具有黏着气质,表现为迷恋、一丝不苟、情绪具有爆发性。

美国心理学家 W. 谢尔顿(W. Sheldon)也是体型说的代表之一。他从胚胎学角度把人分为三类:内胚叶型(柔软、丰满)、中胚叶型(发达、健壮)和外胚叶型(高大、细瘦)。遗憾的是,体型说理论后来被证实同个体行为几乎无关。

4.激素说

激素说是美国生理学家 L. 柏尔曼(L. Berman)提出的。激素说认为,人体内的各种激素在不同人身上有着不同的分布水平。某种激素水平较高,人的气质就带有某种特点。如甲状腺激素高的人,容易精神亢奋,好动不安。现代生理学研究证明,内分泌腺活动对气质影响是不可忽视的。但激素说过分强调了激素的重要性,忽视了神经系统特别是高级神经系统活动特性对气质的重要影响。

5.高级神经活动类型说

俄国生理学家伊万·P.巴甫洛夫(Ivan. P. Pavlov)根据个体的高级神经活动类型,将气质分为兴奋型(冲动型)、活泼型、安静型和抑制型(弱型),分别与胆汁质、多血质、黏液质和抑郁质相对应(表6-5)。这一学说的提出使气质理论建立在科学的基础上。

他通过对高等动物的解剖实验,发现大脑两半球皮层和皮层下部位的高级神经活动在心理的生理机制中占有重要地位。大脑皮层的细胞活动有两个基本过程,即兴奋和抑制。兴奋过程引起和增强大脑皮层细胞及相应器官的活动,抑制过程则阻止大脑皮层的兴奋和器官的活动。这两种神经过程具有三大特征:强度、平衡性和灵活性。强度是指神经系统兴奋与抑制的能力,兴奋与抑制能力强,其神经活动类型就是强型,兴奋与抑制能力弱,其神经活动就是弱型。平衡性是指兴奋与抑制能力的相对强弱。根据神经活动的平衡性,可以将强型又分为两类:兴奋与抑制的能力基本接近,就是平衡型;兴奋能力明显高于抑制能力,就是不平衡型。灵活性是指兴奋与抑制之间相互转换的速度[1]。巴甫洛夫认为大部分人属于活泼型和安静型两种类型,兴奋型和抑制型是有缺陷的。

表6-5　高级神经活动类型说与气质类型

神经活动类型	强度	平衡性	灵活性	气质类型
兴奋型	强	不平衡		胆汁质
活泼型	强	平衡	灵活	多血质
安静型	强	平衡	不灵活	黏液质
抑制型	弱			抑郁质

从表6-5可以看出,兴奋型,这类人的神经素质反应较强,但不平衡,兴奋过程强于抑制过程,容易兴奋而难以抑制。一般表现为情绪反应快而强烈,抑制能力较差,对外界事物的反应速度快,但不够灵活,脾气倔强,精力旺盛,不易消沉,比较外向。抑制型,这类人的神经素质反应较弱,但较为平衡,兴奋速度较慢。一般表现为主观体验深刻,对外界事物的反应速度慢而不灵活,遇到事情敏感多心,言行小心谨慎,易于激动和消沉,感受性和内倾性都比较明显。活泼型,这类人的神经素质反应较强而且较为平衡,灵活性也比较强。一般表现为情绪兴奋,活

① 杨治良,郝兴昌. 心理学辞典[M]. 上海:上海辞书出版社,2016.

泼好动,富于表现力和感染力,对外界事物较为敏感,容易随环境的变化而变化,精力分散,兴趣广泛,联系面广,反应性和外倾性都较为明显。安静型,介于活泼型和抑制型之间,相对抑制性具有较强的神经反应能力,且较为平衡,只是与活泼型相比,其灵活性不够。

二、性格概述

(一)性格的基本内涵

性格是指一个人比较稳定的对现实的态度和习惯化的行为方式。它是人的个性中最重要、最显著的心理特征,是一个人区别于其他人的主要心理标志。性格是个人在生理素质的基础上,通过社会实践活动逐步形成、发展和变化的,由于个人的生活道路不同,每一个人的性格会有不同的特征,具有复杂性、独特性和持续性的特点。性格一经形成便比较稳定,但是并非一成不变,依然具有可塑性。个体生活环境中的重大变化往往会引起个体性格特征上的变化。

性格不同于气质,它受社会历史文化的影响,有明显的社会道德评价的意义,直接反映了一个人的道德风貌。所以性格更多地体现了人格的社会属性,具有好坏之分,而气质则更多地体现了人格的生物属性,是人的天性,没有好坏之别。个体之间的人格差异的核心就是性格的差异。

(二)性格的特征

性格是十分复杂的心理构成物,具有多个侧面。性格比气质更能突出反映个体的心理面貌,是一个人本质属性的独特的、稳固的组合。

1. 性格的态度特征

人对现实的稳定的态度系统,是性格特征的重要组成部分。性格的态度特征表现为对现实的态度倾向性特点,如对社会、集体和他人的态度;对劳动、工作和学习的态度;对自己的态度等。这些态度特征的有机结合,构成个体起主导作用的性格特征,性格的态度特征属于人的道德品质的范畴,是性格的核心。

好的性格态度特征有热爱祖国、关心集体、乐于助人、正直、认真负责等;不好的性格态度特征有对集体和他人漠不关心、自私自利、不负责任等。

2. 性格的情绪特征

性格的情绪特征表现为个人受情绪影响或自我控制情绪的程度和状态的特点。如个人受情绪感染和支配的程度、情绪受意志控制的程度、个人情绪反应的强弱或快慢、情绪起伏波动的程度、情绪主导心境的程度等。好的性格情绪特征是善于管理自己的情绪,情绪稳定,积极乐观。

3. 性格的意志特征

性格的意志特征是指个体对自己的行为进行自觉调整的能力,表现在个人自觉控制自己行为以及行为的努力程度方面。如是否具有明确的目标,能否自觉调节和控制自身的行为;在意志行动中表现出的是独立性还是依赖性,是主动性还是被动性。按照意志的品质,好的意志特征是理想远大,行动有目标、有计划,具有很强的自制力,果断、勇敢。

4. 性格的理智特征

性格的理智特征是指人们在感知、记忆、想象和思维等认知方面的个体差异。它表现为不同的个体心理活动的差异。例如,在感知方面是主动观察型还是被动观察型;在思维方式方面,是具体罗列型还是抽象概括型;在想象力方面是丰富型还是贫乏型。好的理智特征是具有较强的好奇心,主动探索,独立思考,能够全面客观看待事物。

性格的这四个特征相辅相成,有机地组成一个整体。一般来说,性格的态度特征是性格的核心,对社会、对集体的态度又是最为重要的态度,因为态度不仅表明了一个人对人、事、物的心理倾向,同时它也决定了性格的其他特征。一般,一个对社会、对集体有高度责任感的人,往往也具有较高的自我要求,目标明确,同时对他人也是友好、热情的。性格的这4种特征不是一成不变的,一个人可以在不同的情境中展现性格的不同侧面,如鲁迅先生既"横眉冷对千夫指",又"俯首甘为孺子牛"。

（三）性格的类型

人的性格分为很多种类型,不同心理学家按照一定的划分原则有不同的分类结果。

1. 按照心理机能划分

英国心理学家培因(A. Bain)与法国心理学家李波特(T. Ribot)根据情绪、意志和理智在性格结构中所处地位的不同,将性格分为情绪型、意志型和理智型3种类型。其中情绪型的人情绪、情感反应比较强烈,行动带有较强的感情色彩;意志型的人行动目标明确,行为积极主动,决策坚决果断;理智型的人喜欢通过周密思考,详细权衡各种因素再做出行动。

2. 按照生活适应方式划分

瑞士心理学家 C. G. 荣格(C. G. Jung)根据利比多(Libido)(个人内在的、本能的力量)的活动方向,将性格分为内向型和外向型。其中内向型的人处世谨慎,深思熟虑,交际面窄,适应环境能力差;外向型的人活泼开朗,活动能力强,容易适应环境的变化。

3. 按照认知风格划分

美国心理学家 H. A. 威特金(H. A. Witkin)根据场理论和知觉实验,将性格分为场依存型和场独立型。其中场依存型的人,往往以外在的参照物作为信息加工的依据,易受环境或附加物的干扰,常不加批评地接受别人的意见,应激能力差。而场独立型的人,则不易受外来事物的干扰,习惯于更多地利用内在参照物即自己的认识,他们具有独立判断事物、发现问题、解决问题的能力,而且应激能力强。

4. 按照社会文化生活方式划分

德国心理学家 E. 斯普兰格(E. Spranger)根据个体认为哪种生活方式最有价值,将性格分为经济型、理论型、审美型、宗教型、权力型、社会型6种类型。

经济型的人一切以经济观点为中心,以追求财富、获取利益为个人生活目标,如企业家。理论型的人以探求事物本质为人的最大价值,但解决实际问题时常无能为力,如哲学家。审美型的人以感受事物美为人生最高价值,生活的目的是追求自我实现和自我满足,不大关心现实生活,如艺术家。宗教型的人把信仰宗教作为生活的最高价值,相信超自然力量,坚信生命永存,以爱人、爱物为行为标准,如宗教信徒。权力型的人以获得权力为生活的目的,并有强烈的权力意识与权力支配欲,以掌握权力为最高价值,如政治家或领袖人物。社会型的人重视社会价值,以爱社会和关心他人为自我实现的目标,并有志于从事社会公益事业,如支教、热心社会慈善等。

现实生活中,在一个人身上可以集中多种类型的人格特点,但常常以某一种类型的人格特点为主。

三、能力概述

（一）能力的概念与类型

1. 能力的概念

能力是指人能够顺利完成某种活动所必须具备的，并直接影响活动效率的个性心理特征。能力是影响人的活动效果的基本条件，能力的高低直接影响个体从事活动的快慢、难易和巩固程度。能力总是和人完成一定的实践相联系。离开了具体实践既不能表现人的能力，也不能发展人的能力。

2. 能力的类型

（1）根据作用方式的不同，分为一般能力和特殊能力

一般能力是个体顺利完成各种活动所具备的基本能力，是从事各种活动的前提条件。由认识能力和活动能力组成。认识能力包括注意力、观察力、记忆力、想象力和思维力（有人将其统称为智力）。活动能力包括组织能力、计划能力、适应能力及实际操作能力等。特殊能力是顺利完成某些特殊活动所必须具备的能力，如创造力、鉴赏力、组织领导能力等。

一般能力和特殊能力之间有着密切的内在联系。一般能力是发展特殊能力的内在基础，当某种一般能力在某种特殊活动领域得到特别发展时，就可能成为一项特殊能力。当然特殊能力的发展也会有效促进一般能力的发展。人在完成某种活动时，常常需要一般能力和特殊能力的共同参与。

（2）根据在能力结构中所处地位的不同，可以分为优势能力和非优势能力

优势能力是指在能力结构中占据主导地位的能力，那些处于非主导地位的能力则称为非优势能力。管理心理学认为，优势能力在一个人的工作实践中占有重要地位，管理者应该使它得到充分的发挥，使人尽其才，才尽其用。同时，也应该重视非优势能力的作用，因为非优势能力往往对优势能力的发挥起着加强和辅助作用。

（3）根据创造性程度，可以分为再造能力和创造能力

再造能力是指在活动中顺利地掌握前人所积累的知识、技能，并按现成的模式进行活动的能力。再造能力有利于学习活动的完成。人们在学习活动中的认知、记忆、操作与熟练能力多属于再造能力。创造能力是指在活动中创造出独特的、新颖的方法或结果的能力，具有独特性、变通性、流畅性的特点。再造能力是创造能力的基础，创造能力是在再造能力上发展出来的一种能力，两者相辅相成，均不可或缺。

（二）能力的差异

1. 能力水平差异

能力水平差异主要是指同种能力表现水平的高低。能力水平的高低又集中体现在人的智力水平的差异上。研究表明，全人类的智力状况基本呈正态分布。

2. 能力类型差异

能力类型差异主要是指人与人之间具有不同的优势能力。如有的人擅长运动竞技，有的人拥有音乐天赋等。另外，对同一个人来说，在他所具有的多种能力中，表现水平高的能力属于优势能力，其他能力则属于非优势能力。

3. 能力表现时间差异

能力表现时间差异主要是指人的能力在表现时间的早晚上有很大区别,有的人天生早慧,如唐朝的王勃,少年时写了著名的《滕王阁序》。而有的人则大器晚成,如画家齐白石40岁才表现出绘画才能。另外,受个体气质和性格的影响,人们在能力表现的方式上也存在着差异。一般,在具有同等水平能力的情况下,外向型的人所具有的能力会比较多地发挥出来,从而易于被人发现,内向型的人所具有的能力发挥较少,较难被人发现。

第三节　人格与参展行为

一、人格与会展的关系建立

如果把产品的购买决策、实际购买和使用视为一个统一的过程,则处于这一过程任一阶段的人都可称为消费者。根据消费者决策行为理论可以把参展商和专业观众看作展会的消费主体,但又有不同。对参展商而言,其参展行为就是其作出的购买决策行为,具体来说,参展商购买的产品是"展会",展会主办方是"产品制造厂商",展会"举办时间"就是其对展会这一产品的使用。相对而言,专业观众是一种特殊的消费主体,因为专业观众并没有购买"展会"这一产品,只是与参展商一起使用了"展会"这项产品。犹如消费群体中的儿童消费群体,专业观众虽无购买行为却有使用行为。所以提到参展行为时其所指向的主体就是参展商,而专业观众只是参观或观展。

参展商和专业观众既可以是团体、组织等群体,也可以是个人,两者参展/观展决策行为的影响因素既有内部因素(主要指参展/观展动机),也有外部因素(可分为产品因素、环境因素和其他因素等),其中对内部影响因素的探讨就是将参展商和专业观众"个体化"的主要体现。罗秋菊以来自东莞5个不同类型展会的专业观众为研究样本,发现专业观众所属的企业特征(包括企业规模、企业性质、企业所在地域)和个人特征(包括性别、学历、职位类型,但职位级别无显著影响)都会影响观展动机。目前对参展商和专业观众的参展/观展行为的研究主要集中于参展/观展决策行为,这部分内容在第四章已有陈述。由于目前关于人格与会展相结合的研究还极少,而对人格的研究更多是基于个体的角度,因此,接下来的思路之一是通过将参展商和专业观众"个体化"探讨两者在制订参展/观展决策行为中所体现的人格及其特点。

展会是一种为了互动而进行的有组织接近,是一个促进各类资源在参与个体间合理流动的关系型活动。因此,展会进行价值创造的核心源泉就是参展个体间的交流与互动。因此,接下来的思路就是从互动视角分析参展商和观众在展前、展中的互动中所体现出来的人格及其特点。

二、参展商的人格及其特点

(一)不同气质类型的参展商及其参展决策行为

气质的差异和影响会体现在参展商的参展决策行为中,不同气质的参展商在制订参展决策过程中面对同样的问题可能会有不同的反应,遇到问题时的处理方式也可能大相径庭。虽然可以将参展商进行"个体化"后探讨其在参展决策行为中的气质表现,但不能忽视其与个体消费决策的不同,还应同时将参展商所在企业的企业属性与制订参展决策人的个人特征结合起来共同考虑。在此基础上,根据希波克拉底对气质类型的划分,可以将参展商分为以下几种气质类型。

1. 胆汁质的参展商

胆汁质的参展商也称兴奋型参展商。胆汁质参展商往往情绪发生快而强,率真、热情、急躁、易怒、果断。在参展决策过程中他们通常会主动与展会主办方工作人员接触,积极提出问题并寻求咨询,表现活跃。在获得参展商列表和感兴趣的参会者名单,以及基于从展会主办方那里得到的注册名单、自己掌握的客户/潜在客户名单,这类参展商会积极地通过电话、邮件、刊登广告等来邀请自己的顾客光临展会,并参观自己的展位。对于观众来说,若能收到来自某位参展商的邀请,则最能促使他们做出观展决策。展会主办方对此求之不得,他们为鼓励参展商邀请观众参观展会,会对参展商给予奖励,如奖励其可以在展会现场购买酒水、饮料等的代金券。因此,参展商在展前同展会主办方或组织者进行积极有效的联系,有利于其开展顾客的联系和邀请工作。

这类参展商往往行动迅速,对自己中意的展会会果断地做出参展决策,并购买展位。因此,在接待工作中,会展服务人员也应注意自身的言行,以免对他们产生不好的刺激。由于这类参展商往往比较急躁,服务人员要提醒自己不要计较他们冲动的言行,在提供服务时快速、高效,语言上做到言简意赅,并事先做好安排,尽量缩短等待时间。

2. 多血质的参展商

多血质的参展商也称活泼型参展商。多血质参展商往往情绪发生快而多变,活泼好动、乐观、亲切、轻率。在参展决策过程中他们通常也会主动与展会服务人员接触,积极配合各项展会配套活动,尤其是对一些新兴市场中的企业来说,其既不清楚自己的顾客到底是谁,也不清楚这些顾客到底需要什么样的产品,所以这类参展商比较容易被说服,但情绪相对胆汁质的参展商来说又具有比较好的稳定性。这类参展商往往是展会上良好展会气氛的创造者和支持者。因此,在招展接待工作中,会展服务人员应多与他们交谈,主动介绍活动安排和设施配备,保持热情和耐心,尤其要注意突出展会活动安排的新颖性以及独特性,包括专业观众的类型也要突出多样性。

3. 黏液质的参展商

黏液质的参展商也称安静型参展商。黏液质的参展商情绪发生慢而弱,喜怒不形于色,执拗。稳重、低调是他们最明显的特点,一般需要会展服务人员主动联系询问,而不会首先提出问题,不太容易沟通,在参展决策过程中通常显得优柔寡断,犹豫不决,决策所需时间较长,十分谨慎。因此,在招展接待工作中,会展服务人员应注意满足他们需要足够多时间做决定的要求,提供展会的相关信息即可,不要过多询问或者主动交谈,他们很有可能在最后一刻才会做出参展的决策。虽然这类参展商不会有激烈的情绪表现,但一旦明确了不愿参展的态度就不容易被说服。

根据希波克拉底对气质类型的划分,除了以上三种气质类型,还有抑郁质气质。抑郁质气质主体情绪发生慢但强,内心体验丰富、柔弱、胆小忸怩、孤僻、消极被动,说话比较少,行动也比较慢速。而展会进行价值创造的核心源泉就是参展个体间的交流与互动,参展商参展绩效的实现都离不开与其他参展者的沟通与接触,抑郁质气质的表现显然不符合展会场景特点及举办初衷,故在展会招展接待工作这一场景下对此气质类型不做讨论。

会展服务人员在提供服务过程中,除了通过观察参展商的行为特征和情绪表现方式判断参展商的气质类型,还应考虑到参展商有可能会为了美化企业或个人形象掩盖其真实的气质类型。心理学研究表明,人们不管在什么情况下,都会不惜任何代价维护和保护自我形象,并且一有机会就要设法抬高自我形象。因此,会展服务人员还应不断丰富工作经验,提高自己准确判断参展商气质类型的能力,处理好与参展商之间的关系,为参展商提供能够真正满足其需求的服务,从而有效提高工作效益。

（二）不同性格类型的参展商及其参展决策行为

个体的性格分为很多种类型,不同心理学家按照一定的划分原则有不同的分类结果。不同性格类型的参展商会展现参展商性格的不同特征。这里参照依据心理机能对性格类型的划分结果,同时结合罗秋菊对参展商参展决策类型的分类①,将参展商的性格分为理智型、意志型和情绪型三种类型。

1. 理智型参展商

理智型参展商思维客观全面,会详细权衡各种因素再作出行动。这类参展商对影响参展决策的所有因素都非常看重。除了对参展费用和历届竞争对手是否参展这两个因素关注度不高,理智型参展商参展决策最关注的因素有:主办单位的推广力度、展会历届专业观众的数量和质量、主办单位的声誉、展会明确的定位、展会举办的区域是否辐射公司目标市场等。这反映了理智型参展商参展决策非常理性、谨慎,对各个要素都非常重视,尤其对专业观众的预期很高。

2. 意志型参展商

意志型参展商行动目标明确,能够较好地控制自己的行为以达成既定目标。这类参展商的参展目的清晰,依据参展目的制订参展决策并实施参展行为。如有些参展商抱着尝试的目的参展,虽然这类参展商属于"尝试型",但他们的目的较为明确,就是"试错"。因此,在控制参展成本的指导思想下,他们在制订参展决策时就会特别关注交通的便利性,主打近距离参展,希望通过参加周边区域举办的展会获得一些收获,积累参展经验,为后续参展决策提供有价值的决策依据。

3. 情绪型参展商

情绪型参展商情绪反应比较强烈,处理问题带有一定的感情色彩。参展决策过程是对一系列参展影响因素进行排序的过程,也是对这些影响因素进行一定感情赋值的过程。因此,情绪型参展商制订参展决策时不像理智型参展商严格苛刻,考虑全面,但对展会主办方的声誉、展会的专业化定位等有着情感色彩的因素比较重视,除此之外,展会主办方的推广力度和展会举办区域及其交通、展会举办区域是否辐射目标市场等因素关系着展会可能带来的参展绩效,这也是他们较为看重的。或许正因为如此,参展费用是这类性格的参展商最后考虑的影响因素。

同参展商气质表现相似,会展服务人员除了通过观察参展商的行为特征判断参展商的气质类型,还应结合自身工作经验深入剖析参展商的性格类型,通过准确掌握参展商的性格特点,为其提供有效的参展服务,取得事半功倍的服务效果。

（三）参展商的能力及其参展决策行为

参展商完成参展决策所需的能力与参展决策人作为独立正常个体所具备的能力之间既有

---

① 罗秋菊. 参展商参展决策研究:以东莞展览会为例[J]. 旅游学刊, 2007,22（5）:85-90.

区别,又有联系,两者相互作用。参加展会既能检验参展商决策能力的水平,同时通过参展也会提高参展商及参展决策人的能力。

1. 制订参展决策所需要的一般能力

参展展会是一种消费活动,参展商制订参展决策所需的能力,如同消费者在各种消费活动中所需要的一般能力,包括感知能力、分析评价能力、选择决策能力等。这种一般能力,会随着参展商参展经验的丰富与提升而逐渐提高。

一般来说,能力越强的参展商参展目标越清晰明确,明确的参展目标是有效达成参展绩效的必要前提。同时,展会不仅是一个媒介买卖双方的交易平台,更是企业实现其多维目标的综合载体,因此,成功的参展商往往有能力设定多维目标,既有销售目标,又有非销售目标(包括形象展示、关系构建等)。

2. 参展商对自身权益的保护能力

参展商在参加展会过程中当遭遇有损于参展利益、人身安全、财产安全等问题时还应具有维护自身权益的能力。由于展会举办地可能是远离参展商熟悉的城市或地区,相对而言处于弱势地位,加之展会结束后的疲惫感使参展商的维权往往是心有余而力不足。因此,参展商这一能力的发展不仅取决于参展商自己的维权意识与行为争取,更需要会展业中政府管理部门、会展企业及会展从业人员的共同努力,从根本上维护展会参与者合法消费权益,净化会展消费环境,促进会展业的健康发展。

三、专业观众的人格及其特点

(一)不同气质类型的专业观众及其观展行为

气质的差异和影响同样存在于专业观众的参展决策行为中,不同气质的专业观众在制订观展决策过程中面对同样的问题可能会有不同的反应,遇到问题时的处理方式也可能大相径庭。接下来对专业观众气质类型的梳理将延续参展商气质类型的分析思路,即专业观众的企业属性与个人特征的共同影响,同时还考虑到了专业观众的气质类型在展会现场与参展商的互动中表现得更为直观。综上以上各种因素,根据希波克拉底对气质类型的划分,将专业观众分为以下3种气质类型。

1. 胆汁质的专业观众

胆汁质的专业观众也称兴奋型专业观众。胆汁质专业观众往往情绪发生快而强,率真、热情、急躁、果断。在参观展会的过程中他们通常会主动与展台工作人员接触,积极提出问题并寻求帮助,表现活跃。这类专业观众往往行动迅速,对中意的参展产品与服务会果断地达成合作意向,或做出购买决策。因此,展台工作人员在接待时,应注意自身的言行,做到有问必答、主动介绍、热情招待。由于这类专业观众往往比较急躁,展台工作人员在提供服务时要快速、高效,语言上做到言简意赅。专业观众本就是参展商的重点关注对象,所以还应在展前就做好事先安排,把工作时间和精力尽可能多地分配给专业观众,进而缩短这类观众的等待时间。

2. 多血质的专业观众

多血质的专业观众也称活泼型专业观众。多血质参展商往往情绪发生快而多变,活泼好动、乐观、亲切、轻率。在参观展会的过程中他们通常也会主动与展台工作人员接触,尤其喜欢新颖、具有特色的产品与服务,因为参展能够帮助企业及个人接触以前从未触及,甚至从未设想过的市场区域。如高科技产业的展会之所以比面向传统行业的展会更能吸引观众参观,是因为它们总能展示出一些超乎观众预期的产品和创新思想,产生现场激发观众购买动机的作用。所以这类专业观众比较容易被说服,但情绪相对胆汁质的专业观众来说又具有比较好的稳定性。因此,展台工作人员在接待中,应多与他们交谈,保持热情和耐心,经过工作人员的讲解后,可能会使这类专业观众改变原有的基于传统思路的问题解决方案,而选择一个展会上展出的成本更低、效果更好的全新的解决方案及相应设备。即使这类专业观众没有最后的购买决策权,但已有研究表明,对于 B2C 展会而言,虽然只有约 21% 的观众属于具有采购意向的专业观众,但 63% 的观众却声明自己对采购决策具有影响;对于 B2B 展会也是如此,虽然只有约 18% 的观众具有采购意向,但 82% 的观众却声明自己对采购决策具有影响①。

3. 黏液质的专业观众

黏液质的专业观众也称安静型专业观众。黏液质的专业观众情绪发生慢而弱,喜怒不常形于色,执拗。安静、少言是他们最明显的特点,一般需要展台工作人员主动上前询问,而不会首先提出问题,常常自己安静地观看展示的产品或翻阅宣传手册,十分谨慎。因此,要做好这类专业观众的接待工作,就更需要展台在工作人员的配备上事先做好选拔和培训的安排,因为当展台工作人员的知识技能与他们的信息需求相匹配时会得到最佳的参展效果。同时在接待过程中,不要过多询问或者主动交谈,他们很有可能在最后一刻才会做出决策。虽然这类专业观众不会有激烈的情绪表现,但一旦明确了不愿购买或合作的态度就不太容易被说服,这时展台工作人员应适时结束交流互动。

如同前文所述,展会表现为人与人之间的互动,进行价值创造的核心源泉就是参展个体间的交流与互动,作为企业很少会选择抑郁质气质类型的个体作为观展代表,若是个人专业观众,除非他们主动询问,那么对他们的不打扰可能就是最好的接待服务,故在展会互动这一场景下对此气质类型不做讨论。

(二)不同性格类型的专业观众及其观展决策行为

性格体现了比较稳定的个体对现实的态度和习惯化的行为方式,所以性格类型会直接影响专业观众的观展决策行为。同样这里参照依据心理机能对性格类型的划分结果,同时结合罗秋菊对专业观众观展决策类型的分类②,将专业观众的性格分为理智谨慎型、意志明确型和情绪稳定型 3 种类型。

1. 理智谨慎型专业观众

理智谨慎型专业观众,他们思维客观周到,对影响观展决策的所有因素都会进行细致权衡,然后再作出行动。不仅重视展会历届规模和质量,而且他们看重主办方的声誉、展会的影响力以及所举办的区域,同时对费用、举办时间和举办地安全等也非常关注,这类观众对参观展览会的抉择比较谨慎稳妥。

2. 意志明确型专业观众

意志明确型专业观众观展目的清晰、明确,能够较好地依据观展目的制订观展决策并实施观展行为。如有些专业观众抱着尝试、探测的目的参加展会,虽然也希望有所收获,但目的在于探索而非收获,属于特殊形式的意志型专业观众。因此这类观众的显著特点是对影响观展

① BORGHINI S, GOLFETTO F, RINALLO D. Ongoing search among industrial buyers[J]. Journal of Business Research, 2006, 59(10-11):1151-1159.

② 罗秋菊,保继刚. 专业观众参观展览会的决策研究:以东莞展览会为例[J]. 现代管理科学,2007(4):19-22+59.

决策各个因素的关注程度都低,尤其是对外在因素(如展会举办时间、花费等)很不关注。与之相对应,还有一类专业观众对展会本身的外在要素不太看重,但对展会的内在价值,包括其历届规模和档次以及定位等内在特质尤为重视,是另一种特殊形式的意志型专业观众。

3. 情绪稳定型专业观众

情绪稳定型专业观众的情绪反应起伏不大,在观展决策过程中对影响因素的关注都比较中性,他们会全面考虑有关展会的各个因素,但各个因素的重要程度分布比较平衡,除了对展会外在因素略微关注,没有明显的偏好或者特别注重的因素。这类专业观众是展会上的大多数,也是展会重要的客源保证。

综上所述,不同性格类型的专业观众为类型不一的展会提供了不同的机遇。意志明确型专业观众中的尝试探新类专业观众和情绪稳定型专业观众为新展会项目和品牌培育中的展会项目提供了客源保证,而理智谨慎型专业观众和意志明确型专业观众中的品质追求类专业观众是展会高质量专业观众的保证。新展会项目的关键之处在于提升尝试探新类专业观众的参观绩效,使他们具有再次参观意愿,并进行正面口碑传播,吸引那些理智谨慎型和品质追求型的专业观众,从而提升展会专业观众的质量,保证展会的持续发展。

(三)专业观众的能力及其观展决策行为

1. 制订观展决策所需要的一般能力

专业观众往往有着明确的观展目标,虽不需要像参展商那样购买展位,但作为重要的展会消费者,也需要具备完成消费决策的一般能力,包括感知能力、分析评价能力、选择决策能力等。这种一般能力会随着专业观众观展经验的丰富与提升而逐渐提高。

2. 对自身权益的保护能力

专业观众在参加展会过程中当遭遇有损于自身利益、人身安全、财产安全等问题时,还应具有维护自身权益的能力。专业观众这一能力的发展不仅取决于参展商自己的维权意识与行为争取,更需要会展业中政府管理部门、会展企业及会展从业人员的共同努力,从根本上维护展会参与者合法消费权益,净化会展消费环境,促进会展业的健康发展。

3. 从事展会消费活动所需要的特殊能力

特殊能力是指专业观众购买展会展示产品与服务所应具有的能力,需要相应的专业知识以及分辨力、鉴赏力、检测力等特殊的展会消费技能。另外,专业观众参加展会除了实现购买目标,某种程度上观展的过程也是一种体验的过程、审美的过程,如参加创新性强且具有相应专业知识储备的高科技技术展会,为了得到独特深刻的观展体验与审美愉悦,还需要专业观众具备一定水平的审美能力,这种审美能力就构成了专业观众特殊能力的一个方面。

四、人格及与其他展会参与者的互动

(一)参展商人格及与其他参展商、普通观众的互动

展会成功的关键在于对参展商、观众和展会组织者这三大构成主体的目标的满足。参展商会主动或被动地与展会组织者、专业观众发生难以数计的交流与互动。除此之外,参展商与其他参展商、参展商与普通观众也存在着各种形式的交流互动,参展商人格不同处理方式也各不相同。

1. 参展商之间的互动

这一问题往往体现为参展商之间兼容性的探讨。当出现不兼容带来的冲突时,相对而言胆汁质的参展商更有可能选择较为激进的处理方式,如新加坡国际家具展上,一荷兰参展商因椅子专利问题被其他参展商殴打致死;又如北京某次房展上,搜狐展台因播放声音太大而与海南五指山翡翠名苑展台发生冲突,酿成多人打斗事故。当然,胆汁质、多血质的参展商也更乐于主动与其他参展商交流与建立关系,甚至能够从中找到适宜的合作伙伴,并与远方的合作伙伴建立起信任,并为企业间所形成的围绕着研究、产品开发、营销而进行持续性合作网络的构建迈出宝贵的第一步。

2. 参展商与普通观众之间的互动

专业观众,也就是买家,是参展商们希望在展会上看到并与之交流互动的重点对象。但实践证据表明,在全部的展会观众当中,专业观众通常只占10%或更少,其他的90%都是各类非典型观众。因此,不管参展商愿意与否,他们都无法回避与普通观众的正面接触与交流互动,尤其是具有明确观展目的的非专业观众会想方设法与参展商进行交流。如有可能一位胆汁质的展台工作人员与观众热聊半个多小时才发现对方是非专业观众。普通观众是潜在消费者,理智型的参展商会有意识积累参展经验,提高准确识别观众类型的能力,合理安排展台服务,而一位情绪型的展台工作人员则有可能会区别对待不同观众。

(二)专业观众与普通观众之间的互动

专业观众在参观过程中,除了与参展商接触交流,还有可能与普通观众发生互动。在展会这种"面对面"互动及其轻松的气氛和平等分享的氛围下,不同气质类型的专业观众与普通观众都有机会进行知识的传递与分享,这种知识流动甚至有可能促使胆汁质或多血质普通观众转变为专业观众。如一个原计划购买数码相机的普通观众,经过与专业观众的探讨后或许最终购买的是展会上展出的另一种数码产品,可能是一个具有相同解决方案的平板,也可能是一个具有所需功能的新款手机。因为他们对自己的采购需求具有较大的不确定性,所以从展会的非专业买家转化为专业买家的概率也较高。

当然,专业观众在与普通观众互动中也有可能受到来自普通观众的影响。一个观众是普通观众还是专业观众只是相对参展商的销售目标而言,并不是某一领域专业水平的划分,所以普通观众中也不乏专业人士,尤其是随着新兴行业中层出不穷的新产品和新技术,普通观众在信息、知识等方面的贡献将显得非常宝贵,从而对不同气质、性格类型专业观众的购买决策产生相应的影响。

【本章小结】

人格是指个体带有倾向性的、本质的、比较稳定的心理特征的总和,主要包括气质、性格、能力等,其中气质是人格的生理属性的反映,性格是人格社会属性的反映,能力反映了活动效率的高低。不同的人格理论,包括人格特质理论、心理动力学理论、社会认知与学习理论、人本主义理论及自我理论分别研究了人在一定条件下如何及会做出怎样的反应。常用客观测验和投射测验两类方法进行人格评估。

参展商和观众既可以是团体、组织等群体;也可以是个人,通过"个体化"的方式依然可以在人格与参展商及观众之间建立起关系。每种不同类型的气质、性格与能力都对参展商和专业观众的参展/观展决策及展会中的互动行为产生重要影响。因此,展会主办方服务人员为参展商提供服务时、展台工作人员为观众提供服务时还应根据参展商、观众的行为特点与情绪表达方式,具体问题具体分析,从而达到事半功倍的服务效果。

【思考练习】

1. 简述人格的概念与影响因素。

2. 简述人格理论以及它们之间的内在关系。

3. 简述主要的气质学说以及它们之间的关系。

4. 简述性格的概念及其特征。

5. 简述人格与气质、性格之间的内在关系。

6. 简述参展商的气质类型及其参展决策行为特点。

7. 简述参展商的性格类型及其参展决策行为特点。

8. 简述专业观众的气质类型及其观展行为特点。

9. 简述专业观众的性格类型及其观展行为特点。

10. 谈谈你对参展商和专业观众能力构成的理解,并举例说明。

【关键术语】

人格 气质 性格 能力 参展商的人格 专业观众的人格

【案例讨论】

会展活动的创新:来自新零售的经验借鉴

新零售对传统零售业的改造,是对"场、货、人"三者相互关系及内容的创新。场,即销售场所,新零售的"场"已经从传统店面扩展到计算机、手机等智能终端和 App 上,也必将进入物联时代,消费场景发生颠覆性变化。货,传统零售限于货架上的商品,新零售一方面在满足消费者的个性化实体或虚拟商品需求,另一方面使知识、服务、课程、社交、情感等都变为商品。人,即顾客,与商家关系有三种:随机关系——随来随买卖随走;弱关系——顾客若没看到短信、微信类的消息就无法买卖;强关系——具备联系通路,可以满足任何时间、地点、方式的双向触达,新零售是以人为本,与消费者建立通路通道的关系。

上述"场、货、人"三者关系对应于会展活动,是"场地、产品和品牌、参观者"之间的关系,其顺序更应调整为参观者、产品和品牌、场地。新会展所要重构的是,会展活动只有一个核心——参展商;会展活动只有一个本质——品牌及产品营销和传播;参展商所注重和面对的是参观者。全部会展活动是围绕于此展开的——这才是一种正常的逻辑。

新零售对于传统零售业态的改造大致有 4 类:便利店、超市、百货公司、购物中心。会展活动——尤其是 B2C 类的会展活动——更类似于介于"百货公司"和"购物中心"之间,前者是"所见即所得",让消费者在紧凑的空间里享受一次性的、对于最多品类的选择和购买;后者则强调逗留时间,而"逗留"的概念背后是串联,在不同品牌、品类、品种之间做串联,拉住消费者的脚步,享受串联起来的过程。新零售不是"线上服务+线下体验"或"线上+线下"这么简单粗暴、一言蔽之,而是力图与消费者产生一种能够解决其痛点、在最短时间即可找到的最直接、最高效的交互。会展活动要解决的痛点也在于此,在不同空间和时间的接触点上,与观众发生最直接和高效的交互。会展活动最符合及具备线上线下融合的需求,线上展览或虚拟展览的体验目前终不及线下会展活动满足面对面交流,便于发现潜在客户及其意向的事实,现场所具备的可视、可听、可触、可感和可用性等直观属性方面,线上尚未找到能够替代真实场景和体验的现实路径。因此,线下构建"场景+体验"是未来会展活动的关键;线上则从会展活动全过程的两端推动对于"场景+体验"的分析、把控、造势、反馈,即实现"展前预热+展中引爆+展后发酵"。

新零售是回归零售业的本质——创造极致的消费者体验;B2C 类会展活动特别需要准确及时地发现和挖掘用户需求——甚至从无到有,定义用户价值,并在会展活动的不同时间、空间节点上推动项目达成目标。会展业创新借鉴新零售之目的,也是围绕会展的本质——品牌和产品营销,创造出"非去不可"的会展活动体验。

资料来源:中国贸易报.有删改.

思考题:

1.本案例涉及本章哪些知识点?

2.结合案例内容谈谈你对"场景+体验"展会的理解。

3.结合本章节内容分析不同人格的参展商和观众在"场景+体验"展会中的表现。

下 篇

会展服务与管理中的心理学

第七章
学习与会展

【本章概要】

　　本章主要是学习理论的介绍与应用,首先简述了学习的内涵与特征,然后系统梳理了学习理论的类型及其相关内容,紧接着对参展商和观众在展会中学习的内容与途径进行了解释,最后从会展企业的角度对学习理论在展会中的运用作了阐述。

【学习目标】

　　(1)掌握学习的概念及其特征。

　　(2)掌握经典条件反射理论的内容及其在市场营销中的应用。

　　(3)掌握操作条件反射理论的相关内容。

　　(4)了解认知学习理论的内容及其发展。

　　(5)熟悉认知地图及观察学习法的内容及其应用。

　　(6)熟悉展会中的学习的5W1H。

　　(7)掌握参展商在展会中学习的内容与途径。

　　(8)熟悉专业观众在展会中学习的内容与途径。

　　(9)掌握学习理论在会展发展中的运用。

【开篇案例】

场景时代的会展学习场景

会展是信息传播的媒介之一,贯穿展会举办过程始终,是高密度的信息传递活动。主办者和参展商使用各种宣传手段把商品和知识信息传达给观众。会展活动的举办是否成功,很大程度上取决于传播是否通畅。进入数字时代,会展活动设计也要随之应变:会展场所变为会展场景,变为学习场景。

传统会展活动更多关注如何加强展示效果、扩大展会规模。而信息数字技术的快速发展,展会线上线下的融合,迫使会展活动对其举办场所功能和内容作出改变,开始向会展场景化探索迈进。

好的会展场景具有两个特点:一是景观化和沉浸式的体验;二是专业化精准服务的适配。在会展场景设计中,我们可以把"场"和"景"分开来进行设计,这样就可以更好地理解与操作。针对"场"的设计是一种环境设计,通过布置改善环境来突显不同情景下的场所、现场和事件,营造出某种习惯氛围(或是反习惯),"场"可以是实体的也可以是虚拟的。针对"景"的则是一种服务设计,其核心是如何促进信息与服务的有效传递,通过加入社交活动、内容传递和信息分享等形式,在场景中给人带来不同的心理感受,增强用户体验,使提供的信息和服务更有效果和被需要。通过对场景有针对性地设计可以营造某种适配的环境氛围,使所提供的信息和服务突显其功能性和精准性。这背后是场景时代全渠道全载体的商业创新思维,更有助于展会内容信息的互动传播。那么,如何在展会活动中适时地加入场景设计呢?例如,很多展场中会设置展会形象宣传景观,这时只需要留出一个适当的位置空间,方便观众拍照留念,并适时鼓励引导他们发送朋友圈、抖音、短视频甚至直播,就能构成一处展会现场照相场景,这是加强展会形象传播的最好方式,这些观众多是行业内人士,他们在个人圈层内自发进行的广告宣传能吸引更多专业性访客的到来。

此外,任何一处有效的会展场景设计都可以增加展会人气和延长观众停留时长,变相完成导流。观众在展会上延迟时间越久,学习得越充分,越有可能接受展会传播的内容并带来相应的服务转化或消费,这对当前正在迅速恢复的线下会展尤其具有意义。

资料来源:中国贸易报.有删改.

第一节　学习的理论基础

一、学习的基本内涵

(一)学习

学习是个体通过练习或经验导致行为或行为潜能持久改变的过程或结果,是个体与环境之间相互作用的过程。

个体对环境的适应分为生理适应和心理适应。生理适应主要通过个体固有的遗传机制的成熟和成长实现,心理适应则必须通过学习来不断建构新的心理机制,产生相应的心理变化。学习就是个体以生理适应为基础并通过心理变化适应环境的过程。

(二)学习的特征

1. 行为或行为潜能的改变

这是学习发生的标志。学习就是个体获得行为经验的过程。当个体能够展示某方面的行为,如开车或弹奏钢琴,我们就说学习已经发生了。通常我们无法直接观察学习本身,这是因为我们无法直观看到大脑内的变化,尽管如此,我们依然可以从个体实践操作水平的进步中看到学习的发生。但是,学习与行为的关系并不总是一一对应。有些学习并不能在可测量的行为中表现出来,如通过参加展会,观众获得一种新的态度、创新能力或者提高对美的鉴赏力。这些都是可以改变个体行为的潜能,因为态度能够影响个体将会采取怎样的行动。因此,学习会改变个体行为,行为的改变可以是外显的,也可以是内隐的。

2. 较为持久的行为变化

个体一旦学会了某种行为,行为或行为潜能的变化就必须在不同场合表现出一致性。比如个体一旦学会了游泳,他将总能这样做。值得注意的是,一致的变化并非永久性变化。如你每天都练习说英语,你的英语口语会保持在一个相当稳定的水平。然而,一旦你放弃了这种有规律的训练,你的英语口语水平就会朝着最初水平下滑。但有一点需要注意,你当初达到的英语口语水平越高,再次学习起来就会越容易。如某研究团队通过对上海工博会的长期追踪发现,持续参与大型国际展会的企业,其创新能力约为非参展企业的 2 倍之上。由此可以看出,学习过程中有一些东西由先前的经验而"保存"了下来,从这种意义上说,由学习带来的变化可以是永久的。

3. 基于经验的过程

学习只有通过个体的经验才能发生。经验包括吸收信息(以及评价和转换信息)和作出反应来适应环境。个体因经验而产生的学习有两种类型:一是有计划地练习或训练,二是生活中偶然情境里获得的经验产生的学习。因此,因有机体年龄增长而出现的自然成熟及大脑发育所带来的变化,以及因疾病和脑损伤而引起的变化都不属于学习的范畴。有些行为上的持久变化还需要经验和成熟准备相结合。心理学家特别感兴趣的问题是,行为的哪些方面能够通过经验而改变,以及这些改变是如何发生的。

二、学习理论及其应用

学习理论研究是 20 世纪心理学界的重点领域之一,是对学习的实质及其形成机制、条件和规律的系统阐述,主要有行为主义和认知心理学两大派。从学习理论发展的历史来看,在 20 世纪上半叶,行为主义学习理论占据主导地位,20 世纪 60 年代以后,认知主义的观点逐渐取代了行为主义。到了 20 世纪末,在吸收和综合了行为主义学习理论和认知主义学习理论的观点的基础上,又出现了人本主义学习理论和建构主义学习理论两个代表性的新方向。行为主义学习理论着重研究的是人类最本质的认知表现方式,即行为变化;认知主义学习理论研究的是人类深入的认知过程,即思维方式;建构主义学习理论则是对认知主义学习理论的进一步发展,它主要强调了人类的自我积极建构的能力;而人本主义心理学强调人的情感认知因素的重要意义,为自主学习方面的研究奠定了理论上的基础。

　　一个大型展会往往会汇集来自不同国家、不同经济背景和专业的许多城市和地区参与者，为企业参与跨地域学习、知识共享和知识获取奠定了重要渠道。展会中这些充沛的机会可以给行业学习、创业创新升级带来良好的契机。我们关心的是展会提供的学习机会会给参展商和观众带来哪些行为上的变化，以及这些变化是如何发生的。因此，下面将着重介绍行为主义学习理论与认知学习理论中的相关理论，并对其在展会中的应用进行具体分析。

　　（一）行为主义学习理论

　　行为主义心理学派由约翰·华生（John Watson）创立，现代心理学关于学习的许多观点都可以在他的著作中找到根源，后被 B. F. 斯金纳（B. F. Skinner）继承并发扬光大。行为主义学习理论认为学习是个体对外界环境事件做出反应的结果，因此又称为刺激-反应理论。该理论的主要观点是，将一个本来不能诱发有机体某种反应的刺激和一个天生就能诱发有机体这种反应的刺激，进行配对并经过练习后最终也能引起该反应，即表明该刺激与该反应之间形成了新的联结。这种联结形成的过程就是学习。这种将环境中的配对事件迅速联系在一起的先天能力，具有深远的行为应用意义。我们这里重点介绍俄国生理学家巴甫洛夫和美国心理学家斯金纳在行为主义学习理论上作出的代表性贡献。

　　1.巴甫洛夫的经典条件反射理论

　　（1）产生过程

　　第一个严格的经典条件作用研究，源于心理学中最著名的一次意外事件。俄国生理学家伊万·P.巴甫洛夫（Ivan. P. Pavlov）在进行使他获得 1904 年诺贝尔奖的消化功能研究时十分偶然地发现了学习可以来自两个相互联结在一起的刺激。

　　【阅读材料7-1】　巴甫洛夫与经典条件作用

　　巴甫洛夫设计了一种研究狗的消化过程的技术，他在狗的腺体和消化器官中植入管子，将其中的分泌液导入体外的容器中，这样就可以对分泌液进行测量和分析了。为了产生分泌液，巴甫洛夫的助手要将肉末放入狗嘴里。这种程序重复了几次以后，巴甫洛夫观察到狗表现出一个他未曾料到的行为——它们在肉末放进嘴里之前就开始分泌唾液了。它们只是看见食物，后来是看到拿着食物的助手，甚至是只听到助手走过来的声音，就开始分泌唾液了。事实上，任何有规律的先于食物出现的刺激都能够诱发唾液的分泌。

　　当时著名的生理学家查尔斯·谢林顿（Charles Sherrington）曾劝他放弃对这种"心理的"分泌进行愚蠢的研究，幸运的是，巴甫洛夫具有科学研究的技能和好奇心，他开始对这一奇怪现象进行严格的探索，并放弃了自己对消化功能的研究，他这样做得结果，却是永久地改变了心理学的进程。在其后来的生活中，巴甫洛夫一直在努力寻找影响经典条件作用的各种变量。由于主要的条件作用现象是巴甫洛夫发现的，也由于他在追踪影响条件作用之变量方面的贡献，经典条件作用也被人们称为巴甫洛夫条件作用。

　　资料来源:格里格，津巴多. 心理学与生活[M].王垒,等译.16 版.北京:人民邮电出版社, 2012.

　　（2）理论定义

　　一个原来不能引起某种无条件反射的中性刺激物，由于总是伴随着某个能够引起该反应的无条件反射刺激物出现，重复多次后，该中性刺激物也能引起无条件反射，这种反射即经典条件反射。

　　从理论定义中可以发现，经典条件作用的核心是反射性反应。反射是一种无须学习的反应,如唾液分泌、瞳孔收缩、眨眼、膝盖痉挛,即有机体的本能反应。任何能够自然诱发反射性行为的刺激,如实验中的食物,都叫无条件刺激(Unconditioned Stimulus,UCS)。由无条件刺激诱发的行为,叫无条件反应(Unconditioned Response, UCR)。与无条件刺激匹配的刺激就是中性刺激物(Conditioned Stimulus,CS),如实验中的声音,由此而诱发的反应就是条件反应(Conditioned Response,CR)。UCS-UCR 之间的联结关系是人生而有之的,但 CS-CR 之间联结的建立就是通过经典条件作用创造的,即学习产生的结果。因此,经典条件反应建立的最佳条件是中性刺激物出现在无条件刺激物之前,两者之间间隔时间很短,并且中性刺激物能够可靠地预测无条件刺激物的出现,这样才会使得中性刺激物最为有效获得最初只有无条件刺激物才有的影响有机体行为的某种力量。

(3)基本规律

习得(Acquisition)。即 CR 首次被诱发出来并随着试验的重复而不断增强其频率的过程。一般来说,CS 和 UCS 必须经过多次匹配后,CS 才能可靠地诱发 CR。

消退(Extinction)。当 CS(如声音)不再预示 UCS(食物)时会发生什么呢? 在这类情形下,CR(唾液分泌)会随着时间的推移变得越来越弱,最终不再出现。当呈现 CS(而不呈现 UCS)却不见 CR 时,我们就说消退过程发生了。因此,条件反射并不必然是有机体行为库中一个永久内容。

自发恢复(Spontaneous Recovery)。不过,当 CS 之后再次单独呈现时,CR 又会以一种较弱的形式再次出现。但是当最初的配对又重新恢复时,CR 会迅速变强大。

由此可以看出,随着实验的结束,CR 似乎也随之消除了,但是一些最初的条件作用很可能还是被有机体保持了下来,这一特征不仅为有机体的再学习节省了时间,而且很好地证明了学习与操作之间的不同,操作意味着学习的发生,但学习的发生并不总是通过操作的变化来体现。

(4)刺激泛化和刺激辨别(分化)

刺激泛化是指经过经典条件作用习得的反应会自动扩大到从未与最初的 UCS 匹配过的中性刺激上的现象,叫作刺激泛化。新的中性刺激与最初的 CS 越相似,反应就越强。因为重要刺激在自然界很少每次都以完全相同的形式出现,所以刺激泛化通过最初特定经验拓展学习范围,从而建立相似的安全因素。

刺激辨别(分化)与刺激泛化相反,就是有机体学会在某些维度上(如色调或音高)对与 CS 不同的刺激作出不同反应的过程。通过辨别训练,有机体逐渐学会了辨别哪一种与实践相关的信号能够预测 UCS 的到来,哪些则不能,从而使有机体对其他与最初 UCS 不相似的刺激的反应会越来越弱,

总之,有机体若要在环境中表现出最佳行为,就必须平衡刺激泛化和刺激辨别的过程,因为过度选择(错过出现在眼前的猎物是很不划算的)及反应过度(对任何预兆都恐惧不安)都不是有机体适应环境的最优解。经典条件作用提供了一种允许生物体对其环境结构做出有效反应的机制。

(5)经典条件作用的应用

经典条件作用可以帮助我们更好地理解一些重要的日常行为,尤其是有关个体的情绪和偏好,如个体为何会有某种强烈的情绪反应,或者为什么对某种事物有着特别的偏好等。将经典条件作用应用到现实世界中最广泛的研究点是恐惧条件作用。华生和他的同事曾试图证明

许多恐惧反应都可以理解为中性刺激物与天然能诱发恐惧的东西相配对的结果,并成功地通过实验让小阿尔伯特习得了恐惧(参见阅读材料7-2)。

【阅读材料7-2】　小阿尔伯特习得了恐惧?

华生和雷纳(1920)训练小阿尔伯特害怕一个他最初曾喜欢的小白鼠,将小白鼠的出现与一个令人讨厌的UCS——用锤子在小阿尔伯特身后敲击一个大钢条所发出的巨大噪声匹配在一起。对这一有害噪声的无条件惊吓反应和悲伤的情绪是小阿尔伯特学会对小白鼠的出现产生恐惧反应的基础。仅仅经过7次试验,小阿尔伯特的恐惧便形成了,后来将这种恐惧泛化到了其他有毛的东西上,如小兔子、小狗,甚至圣诞老人的面具。

资料来源:格里格,津巴多. 心理学与生活[M]. 王垒,等译. 16版. 北京:人民邮电出版社,2012.

涉及强烈恐惧时,条件作用在中性刺激上与UCS仅匹配一次后就会见效。单一的创伤性事件可以使人形成强烈的生理、情绪和认知上的条件反应,有些甚至会持续终生。"一朝被蛇咬,十年怕井绳"就是这种过程的典型例证。

与之相反,人们也能将快乐或激动的反应解释为经典条件作用。在市场营销中,广告商希望经典条件作用能够作为积极的力量在产品与消费热情的建立联结中起到作用。比如,消费者每次饮用可口可乐牌子(条件刺激)的碳酸饮料(无条件刺激)后,都倍感清凉爽口、精神倍增(无条件反应)。于是,消费者以后再看到可口可乐的标志(条件刺激),都能联想到那种清凉爽口、精神倍增的感觉(无条件反应)。同样,在参展商和观众参加展会的过程中,无法做到在选择一个展会前将所有同类展会都一一体验,因此,根据参展商和观众参加展会决策的影响因素可知,展会的品牌及其声誉(条件刺激)具有重要影响,这是他们先前参加展会的消费体验中所习得的条件反应。这也是展会需要树立品牌的重要性所在。

2. 操作条件反射理论

(1)理论定义

操作条件反射理论是指在一定的情境刺激中,个体某种反应结果能满足其某种需要,以后这种操作活动得到强化而形成的条件反射,这种反射即操作条件反射,也称工具性条件反射。

几乎与巴甫洛夫在研究经典条件反射作用的同时,美国心理学家桑代克[①](Thorndike)也在观察猫如何从迷笼中逃脱,并发现了行为与结果之间的关系,即跟随满意结果的反应变强,以后出现的概率越来越大,否则以后出现的概率就会越来越小。桑代克将这种行为与结果之间的关系称为效果律。桑代克认为学习的实质就在于形成情境与反应之间的联结,即S(Stimulus)-R(Response),而且这种联结是直接的,不需要中介作用,学习的进程是一种渐进的、盲目的、尝试错误的过程。除了效果律,准备律和练习律是另外两个主要的联结学习规律。准备律是指学习者在进入某种情境时所具有的预备性反应倾向会影响到某种反应的学习。练习律是指对已经形成的某种情境与某种反应的联结,正确的重复会增强这一联结。

美国行为主义心理学家斯金纳接受了桑代克关于环境结果对行为有着强烈影响的观点,发展了操作性条件作用程序,利用他发明的操作箱(一种能让他操纵行为结果的装置)——斯金纳箱,对有机体行为结果及其对后来行为的影响进行实验性的分析。

---

① 桑代克采用实证主义的研究取向,使教育心理学研究走向了科学化的道路,是科学教育心理学的开创者,是第一个系统论述教育心理学的心理学家,被称为"现代教育心理学之父"。

（2）理论的条件

操作条件反射作用出现的条件有强化与惩罚两种。

强化可以分为正强化和负强化。正强化是指环境以奖励的方式提供强化物，以加强了反应并使被刺激者作出适当的行为。如你的宠物鼠在转圈之后得到了它想要的食物，那么它转圈的行为就会得到加强。负强化也会加强反应，并使被刺激者做出适当的行为。如大雨倾盆时使用雨伞，这是因为使用雨伞的行为能够避免被淋湿这一令人讨厌的刺激，从而使下雨时使用雨伞这一行为得到强化。

惩罚同样可以分为正向惩罚和负向惩罚。正向惩罚是指一种反应导致发生了不愉快的事情，当惩罚发生后，被刺激者就不再重复这种行为。如触摸热炉子会产生疼痛，疼痛就是对先前不当行为的惩罚，那么下次就不大可能再摸炉子。负向惩罚是指一种反应导致了令人喜爱的事情的消失，当惩罚发生后，被刺激者也就不再重复这种行为。如一个小女孩打自己的弟弟，父母便取消了她的零花钱，作为她打弟弟行为的惩罚，那么她就会知道以后不能再打弟弟了。

综上所述，可以看出强化与惩罚的区别，从定义上看，强化总是增加某一反应再次发生的概率，而惩罚总是减少某一反应再次发生的概率。一般我们可以通过使用一种强化物来增加某种行为出现的可能性，同样，我们也可以通过使用一种惩罚物来降低某种行为出现的概率。

3. 经典条件反射理论与操作条件反射理论的区别

首先，这是两种不同的联结过程。经典条件反射强调的是无条件反射刺激物，且无条件反射刺激物是明确的，而操作条件反射更强调行为结果对行为发生概率的影响，无条件反射刺激物不明确。斯金纳引入了操作条件性刺激这个概念来与传统的条件性刺激相区别。操作条件性刺激与此不同的是增加了一个新的元素：行为后还有一个后果。尤其对实验中的动物提供一个好的后果，效果特别明显，比如奖励食物。同时，不好的后果也可以训练出来，比如对猫或其他实验动物使用水枪进行惩罚。也就是说，传统的条件性刺激只是基于已存在的反应上对它进行变化，而操作条件性反应则产生了新的行为模式。用公式来表达就是，经典条件反射是 S-R 的联结过程，操作条件反射是 R-S 的联结过程。

其次，操作条件反射有赖于有机体作出一定的动作反应，经典条件反射却依赖于对有机体的条件刺激。经典条件反射过程中有机体往往是被动接受条件刺激，而操作条件反射过程中有机体是自由活动的，是通过有机体自身盲目尝试错误体验到动作的结果之后，以一种机械的方式逐渐自动产生的联结过程。

最后，两者在学习形式上也有着重要区别。经典条件反射学习中，无条件刺激在前，无条件反应在后，反应由刺激引发，个体处于被动地位；操作条件反射学习中，条件反应在前，无条件刺激在后，反应是自发的，个体处于主动地位。

（二）认知学习理论

一般认为，认知学习理论发端于早期认知理论的代表学派格式塔心理学的顿悟说。但是，直到 20 世纪六七十年代认知学习理论才真正形成。认知主义学习理论是通过研究人的认知过程来探索学习规律的学习理论。这里的认知指的是知识表征和加工所涉及的心理活动，如思维、记忆、知觉和语言的运用等。由于有机体的有些学习形式无法用经典条件作用和操作条件作用来解释，因此，我们认为，行为一部分是认知过程的产物。

认知学习理论包括德国心理学家 W. 苛勒（W. Kohler）的顿悟学习理论、美国心理学家托尔曼（E. C. Tolman）的认知—目的学习理论、皮亚杰（J. Piaget）的认知结构理论、布鲁纳（J. S. Bruner）的认知发现说等。社会学习理论中的观察学习同样强调认知过程在学习的重要地位。在这里将其归入认知学习理论范围内。

1. 苛勒的完形—顿悟说

苛勒通过对黑猩猩的问题解决行为进行了一系列的实验研究，提出了完形—顿悟说。顿悟学习的实质是在主体内部构建一种心理完形。顿悟说强调学习不是一种盲目的尝试，而是对情境有所顿悟从而顺利解决问题。当人遇到问题时，会重组问题情境的当前结构，以弥补问题的缺口，以达到新的完形，从而联想起一种可行的解决方案。这一过程的突出特点是顿悟，即对问题情境的突然领悟，也就是我们常说的"理解力"。

【阅读材料7-3】　苛勒的箱子实验和棒子实验

箱子实验中，苛勒把黑猩猩置于放有箱子的笼内，笼顶悬挂香蕉。简单的问题情境只需要黑猩猩运用一个箱子便可够到香蕉，复杂的问题情境则需要黑猩猩将几个箱子叠起方可够到香蕉。在复杂问题情境的实验中，有两个可利用的箱子。当黑猩猩用手或者站在一只箱子都无法够到香蕉后，坐在箱子上休息时忽然间起身将两只箱子叠放在一起从而成功取到香蕉。后来苛勒稍微改变了实验情境，但黑猩猩仍能用旧经验解决新问题。

在棒子系列实验中，笼外放有食物，食物与笼子之间放有木棒。对于简单的棒子问题，黑猩猩只要使用一根木棒便可获取食物，复杂的棒子问题则需要黑猩猩将两根木棒接在一起（一根木棒可以插入另一根木棒），方能获取食物。在复杂的棒子问题情境中，最初只见黑猩猩一会儿用小竹竿，一会儿用大竹竿来回试着拨香蕉，但怎么也拨不着。不得已，它只得拿着两根竹竿飞舞着，突然，它无意地把小竹竿的末端插入了大竹竿，使两根竹竿连成了一根长竹竿，并马上用它拨到了香蕉。黑猩猩为自己的这一"创造发明"而高兴，并不断地重复这一接棒拨香蕉的动作。在第二天重复这一实验时，苛勒发现黑猩猩很快就能把两根竹竿连起来取得香蕉，而没有漫无目的。

苛勒通过对黑猩猩上述问题解决行为的分析，发现黑猩猩在面对问题情境时，在初次获取食物的行为不成功之后，并未表现出盲目地尝试—错误的紊乱动作，而是坐下来观察整个问题情境，后来突然显出了领悟的样子，并随即采取行动，顺利地解决了问题。

资料来源：朱文彬，赵淑文. 高等教育心理学[M]. 北京：首都师范大学出版社，2007. 有删减.

2. 托尔曼的认知地图

最初阐述进化论时，达尔文就指出，动物的认知能力同它们的身体形态一同进化。托尔曼开创了学习认知过程的研究先河。他创设了一种巧妙的迷津实验情境，在这种情境中，当迷津中通往目标的三条通道中无论哪一条受到阻碍时，先前在迷宫中自由探索过的小白鼠都能够顺利找到其他路线到达食物箱，而不是通过尝试错误盲目地探索迷津的各个不同部分。小白鼠的这种学习行为用特定刺激和反应之间机械的、一对一的联结无法解释，看起来更像是在对迷津内部的认知地图（Cognitive Map）（即现代认知心理学中的认知结构）——迷津整体布局的表征的反应。

根据这个实验以及其他许多实验，托尔曼认为，动物的学习并非刺激情景之间或反应与强化物之间的简单联结，而是包含了对全部行为背景的其他各个方面的学习与表征。外在的强化并不是学习产生的必要因素，不强化也会出现学习。在此实验中，小白鼠在未获得强化之前

学习已经出现,只不过未表现出来,即潜伏学习。

3. 社会学习理论

美国心理学家 A. 班杜拉(A. Bandura)在反思行为主义所强调的刺激—反应的简单学习模式的基础上,接受了认知学习理论的有关成果,重视认知过程在学习中的作用,提出了"人在社会中学习"的基本观点,形成了综合行为主义和认知心理学有关理论的认知—行为主义的模式,即社会学习理论。该理论着眼于观察学习和自我调节在引发人的行为中的作用,重视人的行为和环境的相互作用。

(1)观察学习的内容

观察学习是指个体有时并不直接参与学习活动,而是观察榜样的行为及结果,从而习得这种行为的一种学习形式。观察学习也被称为替代学习或社会学习,是一个复杂的过程。个体仅仅通过观察到他人的行为被强化或被惩罚后,就会在后来或者作出类似的行为,或者避免类似的行为。认知通常以期待的方式进入观察学习。本质上,在观察一个榜样后,你可能会想,如果我也像他那样做,我会得到同样的强化物,或者避免同样的惩罚。个体在积累知识时会把观察到的东西储存在记忆中,以便将这些信息用于指导行为。观察学习被认为是现实社会生活中一种最为普遍而有效的学习模式。

班杜拉按信息加工的模式对观察学习进行了分析,认为观察学习由四个相关联的子过程组成:注意过程(对榜样的知觉),保持过程(示范信息的储存动作),复现过程(记忆向行为的转变),动机过程(从观察到行为)。每个子过程又包括了一些影响它们的变量。个体可以将自身的认知能力用于记忆和推理,从而依据他人的经验来改变自己的行为。人类观察学习的一个经典演示就是班杜拉的玩偶实验(参见阅读材料7-4)。

【阅读材料7-4】　班杜拉的玩偶实验

儿童在电视上、电影里和游戏里看到的暴力,会不会导致他们形成攻击性行为？班杜拉和他的同事成功地演示了儿童是如何学会攻击性的方式的。在看过一个成人榜样对一个大型塑料玩偶进行拳打脚踢后,实验组儿童相比没见过攻击榜样的控制组儿童表现出了攻击行为。后来的研究表明,即使榜样是一些卡通人物,儿童也会模仿所看电影片段中的榜样行为。由于人们能非常有效地进行榜样学习,你不难理解,为什么大量心理学研究都探讨电视对行为的影响。

资料来源:根据相关资料整理.

班杜拉将观察学习分为三种不同维度的类型。①直接的观察学习,是对榜样行为的简单模仿,即直接模仿榜样的外显行为。②抽象性观察学习,是指观察者从对他人行为的观察中获得一定的行为规则或原理,从而能根据这些规则或原理表现出某种类似的行为。③创造性观察,指观察者通过对各个不同榜样的行为特点进行新的组合,从而形成一种全新的行为方式。

(2)观察学习的特点

观察学习不一定具有外显的行为反应,观察往往会带来观察者知识或知识结构的变化,因此,观察者在尚未表现行为时就已经学到了如何去做,他可以在自己的行动中表现出来,也可以不表现出来。另外,有些观察到的行为可以表现出来,有些行为如危及生命安全或不被社会接受的行为无法也不能表现出来。

观察学习并不依赖直接强化。强化在观察学习中并非关键因素,没有强化,观察学习照样可以发生。观察者不必直接做出反应,也无须亲身体验强化,只要通过观察他人在一定环境中的行为,并观察他人接受一定的强化便可完成学习。

观察学习具有认知性。观察学习基本上是认知过程。观察者能通过观察他人的行为得到某种认知表象,并用以指导自己以后的行为,学习活动必然包含内部的认知过程。

观察学习不等同于模仿。模仿是指学习者对他人行为的简单复制,而观察学习指的是从他人的行为及其后果中获得信息,既可能包含模仿,也可能不包含模仿。观察到他人行为不一定就是有价值、值得尝试的行为,需要进一步认知判断。

(3)观察学习的优点

首先,观察学习可以避免在切身学习体验中因犯错误而付出高昂代价。班杜拉指出如果只能通过尝试错误的方式去学习,个体的生命都会有危险,如学习游泳,学习开车等。通过观察学习可以有效避免在实际学习时因犯错误而引发的高昂代价。

其次,观察往往是学习很多新行为最好的甚至是唯一的手段。我们通过观察榜样的行为能学到亲(帮助)社会行为,也会学习到反(危害)社会行为,如谋杀、抢劫、贪腐等,这些行为往往也伴随着沉重的代价,观察学习能力会让人们学会如何规避它们。

最后,观察学习可以缩短行为学习的时间。观察学习可以让观察者不必经历不断试错以逐渐去除错误反应来获得正确反应这一冗长过程,就可以获得大量的、完整的行为模式,从而大大缩短了学习新行为的时间。观察者可以从他人的成功和错误行为中立即获益。如第6届进博会企业展吸引128个国家和地区的3 400多家企业参展,参展的世界500强和行业龙头企业数达289家,均超过之前历届水平。参加进博会的龙头企业越来越多,正是这些龙头企业观察到已参展企业所获得的宝贵的中国机遇与可观的中国市场后做出的选择。

第二节　展会中学习的内容和途径

展会期间的知识获取和学习不同于电话和互联网等远程交流模式,因为参与展会的各个主体之间会进行不同形式与不同程度的互动,这些互动有助于展会参与者理解复杂的知识。我们需要确定的是展会中学习的几个基本问题:学习的主体是谁,学习的内容是什么,学习的途径有哪些,为什么要学习,学习是在什么时间什么地点发生的。由于展会主办方关注的焦点始终在参展商和专业观众身上,结合展会场景,我们对以上问题给出了如图7-1所示的答案。

图7-1　展会中的学习的5W1H

由图 7-1 可以看出,展会中的学习一般集中发生在展会举办期间[1],借助展会现场的各个展台,通过参展商与观众,尤其是与专业观众的交流和互动实现各自的展会参与目标,这种参展个体间的交流与互动是展会中的学习发生的过程,也是展会创造价值的核心源泉,是参展商和观众参加展会的原因所在。至于展会中的学习效果则因展台而异、因观众而异。我们将重点分析在展会中参展商和专业观众的学习内容与学习途径。

一、参展商的学习内容

参展行为的发生有赖于参展商的学习,参展商参展动机的产生、参展态度的形成以及参展决策的作出等都是学习的过程。

(一)参展动机的学习

参展动机是推动参展商发动参展行为的内在驱动力,参展需要激发,促使参展商实施参展行为以满足参展需要。参展需要包括一般会展需要和核心会展需要。参展商的核心会展需要最开始是直接销售,这也是传统展会最主要的功能之一。

展会使大量的人、物品、信息在同一时间、空间上聚集。一次成功的展会,可以汇集大量生产商和经销商,它为商品买卖双方进行贸易谈判、形成契约,提供了有效的机会,大大节省了商品买卖双方的时间和资金,特别是国际性展会使企业在很短的时间里获取最新产品信息,认识大量来自世界各地的经销商,使企业在国际化发展过程中节省了时间,拉近了距离,从而降低了企业的销售成本。参展商通过参加展会直接面对专业买家,中间环节与成本少,销售额与销售效益高,参展商销售动机的形成以及参展行为的重复正是来自这样的展会环境刺激。根据行为主义学习理论中的经典条件反射理论可知,参展商参加某一展会(条件刺激)获得了良好销售效果(无条件刺激)后,倍感满意(无条件反应)。多次参展之后,参展商一旦看到展会的相关宣传推广信息(条件刺激),都能联想到那种强烈的成就感(无条件反应),至此参展商完成了完整的经典条件反射学习过程,即环境刺激与反应之间建立起了联结,进而激发参展商产生再次参展的动机与行为。如全球领先清洁品牌德国卡赫,2018 年首次参加进博会时并不确定投入能带来多少回报,但展会期间爆棚的人流量和纷至沓来的订单很快打消了他们的疑虑,仅现场消费者端的订单就超过百万元,从此以后卡赫每年展会还没结束,就提前预订下届席位。

现代展会相较于以往产生了新的发展趋势。参展商逐渐发现,通过参加展会不仅可以进行直接销售,同时更有助于其系统获取市场中竞争者、供应商和顾客的各方面信息,这种定期、惯例式的聚集,能够让参展商通过学习获得重要信息,发现合适的合作伙伴,建立与长距离伙伴的信任,进而显著提升企业的长期竞争力,而不只是一个短期销售的机会。也就是说参展商的主要参展目的变成了促进知识交流、构建关系平台,而非直接销售。这种参展动机的变化也是参展商在后天参展过程中习得的一种结果,是参展商对展会这一环境刺激(S)的主动反应(R),体现了操作条件反射理论的学习过程及其带来的行为变化。

值得注意的是,参展动机既会受参展需要的影响,也会因为外在诱因的存在和变化而产生

---

[1] 展前和展后也有不同形式的学习发生。我们可以把展前阶段看作展会中的学习的准备,把展后阶段看作对学习成果的应用与检验,是展会学习的延续,并对下一次展会的参展决策产生影响。

和变化。因此,展会宣传、展会规模及专业水平等在参展商的动机学习过程中会起到明显的刺激强化作用,这种学习过程既有行为学习,也有认知学习,更有社会学习。不仅可以巩固参展商已有的参展动机,还会鼓励参展商产生新的参展动机。

(二)参展态度的学习

吸引参展商参展是主办方的头等大事,也是展会得以健康发展的必要前提,随着对参展商认识与理解的加深,发现不同的参展商对同一展会,抑或同一参展商对不同展会的参展态度都是存在差异的。认知学习理论认为,学习不是在外部环境的支配下被动地形成刺激—反应(S—R)联结,而是主动地在头脑内部构造认知结构,也就是说个体在学习情境中学到的是思维方式。我们在关心参展商可观察到的参展行为反应外,更要关心刺激—反应中间的内部认知过程,即刺激是怎样引起参展商的反应和学习行为的内在机制。

参展态度是参展商对参展对象和参展条件作出行为反应的心理倾向。由于态度的社会性(习得性)特征,参展商的参展态度的形成与改变也都是通过生产实践及参加展会学习到的,是通过认知、情感和行为倾向表现出来的一种心理倾向。参展商们从行业内部和外在会展商业环境等提供的各种信息中对展会这件事进行认知,在认知过程中通过对信息的加工处理与企业自身需要进行对比,进而产生积极或消极情感,并最终形成各自相应的行为倾向。这一过程中,无论是认知、形成情感还是表达行为都与学习密切相关。

参展商参展态度的学习可以通过以下途径进行。

1. 可以通过顿悟学习

苛勒的完形—顿悟强调学习不是一种盲目的尝试,而是对情境有所顿悟从而顺利解决问题。这一点在线上展会的参展态度的学习中有着很好的体现。2020年新冠疫情迫使传统线下展会纷纷取消,但参展商的参展需要以及专业观众的观展需要并没有消失,面对这一问题挑战,加上在线会议等远程互动技术的发展,线上展会成为问题解决的新方式,这是整个会展行业的顿悟学习。对于参展商而言,线下展会的取消使参展需要无法实现,出现了一个问题缺口,但线上展会出现了,并且基本具备线下展会应有的构成与功能,受疫情影响全球许多大型国际展会也都转而通过线上方式举行,参展商通过重组面对的问题情境的当前结构,即对问题情境的突然领悟,形成线上参展态度,从而达到新的完形。如2020年广交会首次在线举行,共有2.5万家企业线上参展,数量与往年线下参展商数量基本持平,累计直播28.48万场次,共有189.39万人次观看,在线观看的人次与往年直接进馆人次大致相当。

【阅读材料7-5】　米奥兰特双线双展办展模式受青睐

米奥会展是国内第一家在创业板上市的主营展览主办业务的民营公司,多年来深耕境外自办展,是国内领先的境外办展组织者。2022年,米奥会展围绕"一带一路"及"金砖国家"市场需求为核心,持续开发双线双展产品,针对当前境外展览恢复但中国企业出展依然受阻的市场变化,为中国的外贸企业开拓国际市场量身打造的线上线下、境内境外全流程服务:展前线上搭建"数字化海外展厅"提供在线选品,展品提前出海备展;展会期间线下举办实体展会,展商上线、买家到场,买家零距离体验产品的同时,与卖家通过线上即时商洽了解产品功能;展后进行二次运营服务,帮助展商获得更多与采购意向相匹配的买家客户。充分利用一切条件在境外实现线下办展,创新办展模式。

资料来源:中国贸易报.有删改.

2.可以通过观察学习

观察学习来源于社会学习理论。社会学习理论提出了"人在社会中学习"的基本观点,重视人的行为和环境的相互作用。展会是一种为了互动而进行的有组织接近,是一个促进各类资源在参与个体间合理流动的关系型活动。展会进行价值创造的核心源泉就是参展个体间的交流与互动。因此,观察学习同样可以成为参展活动中一种有效的学习模式。参展商的观察学习既可以发生在参展前,也可以发生在参展中,如哪些熟悉的同行出现了哪些新的变化,现场观众与其他同行有哪些互动等;观察的对象既可以是行业龙头企业,也可以是参展商认为重要的其他行业参展者。

已有研究表明,行业内知名企业参展是参展商(尤其是小型参展商和大型参展商)制订参展决策的重要依据之一。行业龙头企业本就是众多参展商关注和学习的对象,这些龙头企业参展会吸引并促使参展商形成积极的参展态度,形成相应的"领头羊"效应,带动整个产业生态圈的目光聚焦于该展会,为参展企业通过观察收集各种创意和知识提供很好的机会。

与现存和潜在客户的交流是参展商参与展会最重要的动力,因为一个互补的知识创造过程就是通过观察实现的。展会期间,参展商与其他的展会参与者之间可进行面对面的交流,参展企业的异质性及其所需知识的不同有助于参展商进行取长补短的学习,通过观察来自其他地区的产品和尖端技术及其市场影响,来采取新的生产实践和技术创新,期望通过同样的做法得到同样良好的结果,或者避免同样的问题产生。同时,这些互动交流使重要知识在不同参展主体之间流动溢出,这一过程中参展商还可通过观察对方的面部表情和身体姿势,额外获得重要信息,一方面有助于理解复杂的知识,另一方面可以更好地理解其真实态度和意见,并对未来业务关系、合作前景等进行初步判断,进而影响以后的参展态度与参展决策。

班杜拉按信息加工的模式对观察学习进行了分析,参展商通过观察学习形成参展态度的过程也包含了四个相关联的子过程:注意过程(对龙头企业及其他展会参与者的知觉),保持过程(示范信息和交流信息的存储),复现过程(参展记忆向参展态度的转变),动机过程(从观察到参展决策行为)。每个子过程又包括了一些影响它们的变量。参展商可以将自身的认知能力用于记忆和推理,通过观察所获得知识与信息,从而完善现有的企业发展战略、调整参展目标、改变接下来的参展行为。

当然,企业(潜在参展商)有时并不直接参与展会,而是观察榜样的参展行为及其结果,从而习得相应参展态度,以避免某些不好的结果发生在自己身上。

(三)风险知觉及减少购买后疑虑的学习

会展活动中的风险知觉主要是针对参展商和观众而言。因为参展商需要通过购买展位才能参加展会,专业观众和一般观众都是展会的消费者,所以他们在参展过程中都会涉及购买决策。任何决策都包含着不确定和不可知因素,加上会展产品的特殊性,在展会活动中有时会出现意料之外的状况,所以参展商和观众要学会区别相互竞争的会展产品和服务,学会对待在购买决定中所包含的风险和未知因素(第二章已详细阐述),以及学习如何消除购买后疑虑等问题。

购买后疑虑一般多发生在参展之前或参展之后。由于参展商有限理性的特征,无法做到穷尽所有可能,因此很难作出最为理想的决策。在参展决策制订完成到实施的这段时间里,所出现的新信息、突发事件等都有可能使参展商改变甚至取消原有的参展计划。此外,决策的正确与否无法证实,也会造成参展商心理上的不确定。即便参展决策进行了实施,不满意的结果仍可能使参展商不再光顾。因此,学习如何减少购买后疑虑变得非常重要。

根据认知学习理论可知,参展商当前的学习依赖于原有的认知结构和当前的刺激情境,受主体预期的引导,而非习惯的支配,因此,有两种方式可用来帮助参展商学习如何减少购买后疑虑。

一是有选择地接触新信息,尤其是寻找能够支持自己决策的信息,这有利于参展商增强对其决策是正确的信心。同时还应避开自己放弃决策的有利信息,通过接受信息的一致性来减少心理上的疑虑。

二是坚信自己的选择。坚信自己所选择的决策带来的结果与其他未选择决策所得到的结果基本是大同小异的,甚至是坚信所选择决策的结果是最好的,从而有效维护自己的心理平衡。

当然,展会主办方也可以积极主动帮助参展商减少或消除购买后疑虑,如让主办方及时公开参展商、专业观众等的信息,让彼此之间的信息可充分获取,从而有效降低风险知觉,稳定参展商的情绪与信心,顺利按照计划参加展会。

（四）展会空间背景环境的学习

除以上学习内容之外,参展商通过参加展会对展馆、展会举办地等背景环境还存在一种特殊形式的认知学习过程——认知地图。认知地图是认知学习理论的一个重要概念,最早由美国心理学家托尔曼引入心理学文献。他认为,动物和人的学习,并不是只通过练习或强化来完成一系列动作,还可以凭借知觉经验获得对环境一般性质的认识。

展会举办地往往远离参展商所熟悉的环境,若是国际参展则距离更加遥远,为了顺利参展,参展商需要快速熟悉展会场馆内部布局、展馆周边及举办地的交通、住宿、餐饮等周边环境,但不会通过盲目试错的方式完成,这时参展商往往会利用一些要素,如主要道路、标志性的参照物、关键节点(如交叉路口、道路的起点和终点、广场等)、区域(具有共同特征的较大的空间范围)、边界(不同区域的分界线,如围墙、地面颜色等)等形成对展馆及举办地的空间表象,这种认知地图就像地图可作为地形、地物的代表一样,可在展会举办期间大大提高参展商的工作效率。参展商的认知地图不仅仅局限于位置和轮廓这些几何特征的记忆,还包括展会举办地的自然人文特征,并且这些认知地图会随着参展次数和参展经验的增加不断进行补充、修正与完善,从物理空间变化到互动空间,然后演变到情感空间,这也就解释了展馆相关条件、展会举办地环境如何影响参展商的参展态度与参展决策。

二、专业观众的学习内容

（一）观展动机的学习

无论对参展商而言,还是从主办方的视角来看,展览会的成功极大程度上依赖于专业观众,而专业观众的观展动机的产生、观展态度的形成以及观展决策的作出等也都是学习的过程。

专业观众的观展动机同样包括购买动机和非购买动机(建立关系、搜集信息、学习交流等)两大类。同参展商参展动机学习过程一样,专业观众的购买动机也体现了经典条件反射理论的学习过程,专业观众参加某一展会(条件刺激)获得了良好采购绩效(无条件刺激)后,倍感满意与成就感(无条件反应)。多次参展之后,专业观众一旦看到展会的相关宣传推广信息(条件刺激)时,都能联想到那种强烈的成就感(无条件反应),至此专业观众完成了完整的经典条件反射学习过程,即环境刺激与反应之间建立起了联结,进而激发专业观众产生再次观展的动机与行为。

后来研究发现,专业观众的观展动机呈现出了非购买动机高于购买动机的特征,这一变化就蕴含了专业观众对展会这一环境刺激(S)的主动反应(R),是专业观众在观展学习过程中习得的一种结果,体现了操作条件反射理论的学习过程。

（二）展会空间背景环境的学习

专业观众参与展会需要离开惯常的工作环境来到展会现场,因此对展馆、展会举办地等背景环境同样存在认知地图这一特殊形式的认知学习过程。认知地图的形成需要借助一些关键要素,这些要素包括主要道路、标志性的参照物、关键节点、区域、边界等,专业观众利用这些要素形成的展会空间背景环境认知非常有利于提高观展效率。随着观展经验的增加,专业观众的认知地图还会不断丰富完善,从位置和轮廓等几何特征记忆扩展至人文要素,并对其后续观展态度与观展决策产生影响。

三、展会中的学习的主要途径

参展商和观众参与展会的行为都是学习的结果,参与展会的行为学习可以通过展前的信息获取、展中的互动与体验、展后的经验积累等途径进行。

（一）展前的信息获取

信息是参展商和观众参与展会行为学习的重要来源。参展商和观众所关心的,并且能够帮助其解决与参与展会相关问题的信息主要来自会展商业环境和个人社交环境。当参展商和观众利用获取的信息处理展会参与中的各种问题时,学习的过程就开始了,这种学习具有明显的主动性。

1. 会展商业环境的信息

会展商业环境的信息主要是由会展相关企业发出的各种信息构成。主要包括媒介宣传、人员推广以及各种营业促销等方式,利用文字、图片、声音等手段传递各种关于展会及其服务的信息。

会展商业环境提供的信息对参展商和专业观众产生的影响,主要体现在创造性地传递信息能够激发唤醒潜在参展商和观众对展会及其服务的注意,从而引起兴趣,调动联想,诱发情感,强化已有动机,促使参与展会决定的作出。当然,作为外在诱因存在的信息,同样可以激发参展商和观众产生新的展会参与动机。另外,丰富的会展商业信息能够成为参展商和观众知觉的有益补充,知觉的选择性使参展商和观众对信息的关注与获取存在一定的漏失,足够数量与质量的会展信息能够扩大参展商和观众决策的选择范围,一定程度上也能够促进展会参与行为的发生。

2. 个人社交环境的信息

个人社交环境是由参展商或观众的合作伙伴、同事、亲友及其他与之有交往的人所构成的。心理学家认为,人们所获取的信息69%来源于个人的社交环境。相对会展商业环境信息,来自个人社交环境的信息对人们的展会参与动机有着更为明显的影响力。人们普遍倾向于认为来自个人社交环境的信息更可靠、更值得信任。这也是个体社会学习的典型体现,是参展商和观众通过替代强化和替代惩罚进行学习参加展会的能力。参展商和观众运用自身的认知能力对来自个人社交环境的信息进行记忆和推理，从而依据他人的经验作出或者改变自己的展会参与行为。参展商和观众参与展会的动机、态度、偏好等都受到其所处人际关系环境的直接影响。当然，来自身边社交环境的信息并不总是对的，在使用这些信息时还需要结合自身实际情况以及人际关系的社会语境（如密友关系、工作关系等）进行综合判断考量。

（二）展中的互动与体验

1. 展中的体验及其学习

这里的体验主体为观众，体验过程发生在展会上参展商以展品为道具，以展台为舞台，为观展观众创设的一些可参与、可操作的活动中。这些活动可以是静态的观阅体验，也可以是动态的活动体验。

通过这些体验活动构成的环境刺激使观众或主动或被动地与展品、参展商及参展企业接触，获取新信息、新知识、新体验，如在展会上参与有关展品的知识竞答活动以赢得奖品；或在科技展会上，在触摸屏上自由拖动和放大产品的 3D 模型，了解其内部结构；又或是在汽车展会上，坐在驾驶座上体验最新款汽车的驾驶感觉等。体验的过程即学习的过程，体验的结果会影响观众后来的观展行为或消费行为，如观展动机、购买决策等，也就是说体验的环境刺激与观众行为之间建立起了联结，形成了一定的条件反射，观众通过体验完成了观展学习过程。进博会上的"展品变商品""展品变爆品"等都从一定程度上体现了展中体验学习对观众后续消费行为的影响。

2. 展中的互动及其学习

展会以行业经验和知识交换为学习内容，为全球行业参与者进行面对面的持续互动，创造了一个独特的互动环境。这里的互动主要是指直接面对面的交流互动，而观察属于间接互动。由于参展商希望展会观众的主体是专业观众（也称作买家），主办方也一直以此来向参展商推销自己的展会，所以展中的典型互动是发生在参展商与专业观众之间。若把展会看作一个临时性的市场，那么最重要的知识流动（包括行业近况、新兴技术、客户需求、发展战略等）就发生于参展商和专业观众（买家和潜在买家）之间，学习就蕴含于这个互动过程中，既有行为学习，又有认知学习。

已有研究证实，参展商参展目标越明确，同时与专业观众之间的互动越频繁，那么参展绩效就越好[①]。这里的参展绩效既包括销售绩效，还包括关系构建、信息搜集、形象展示等非销售绩效。参展商参展目标的实现实质上就是专业观众行为的结果，而行为的推动力量就来自参展商与专业观众两者之间的互动。如每一届进博会食品及农产品展区都有很多品牌和产品的首发，作为进口食品采购商的专业观众如何在其中挖掘到宝藏展品，与参展商的互动就必不可少，因为进口食品采购不仅要考虑到好吃，更要考虑到好卖（如采销一体情况下如何解决消费人群、消费场景等问题）。展会进行价值创造的核心源泉就是参展个体间的交流与互动。参展商和观众作为学习者，在参与真实的、有意义的问题解决过程中，会将自己所拥有的先前经验和新获得的信息相结合，对它们进行整合和解释，并通过这一过程发展出有意义的、深入的、创新性的知识，并用于指导后续行为。除此之外，展中的这种面对面互动还有助于消除双方信息

---

① 成红波，何会文. 参展目标与观众互动对企业参展绩效的交互效应研究[J]. 旅游科学，2015，29（5）：65-77.

不对称,因为很容易就新信息的可靠性或对方的可信度向周边同行进行询问,同时,展中面对面互动还可以帮助参展商或观众评估未来潜在合作伙伴,降低互动的风险。

实践证据表明,在全部的展会观众当中,专业观众通常只占10%或更少,其他的90%却是各类非专业观众,因此,不管参展商愿意与否,他们都无法回避与非专业观众的正面接触与交流互动。这种类型的交流互动同样也能带给参展商在销售与非销售参展绩效上的积极反馈,这一点在高科技产业的展会上体现得更加明显。这是因为高科技产业展会总能展示出一些超乎观众预期的产品和创新思想,导致本无购买意向的非专业观众在展会现场被激发出了购买动机。如一个基于传统的问题解决思路而有意购买某类设备的非专业观众,当在展会上遇到一个成本更低、效果更好的全新的问题解决方案与相应设备时,有可能最终购买的是后者,并基于良好的观展体验在展会后向更广泛的群体传播他们对展会和参展商的印象,从而提升参展商在展会上的收益以及品牌传播。这种行为变化正是两者之间互动的体现,也是学习的结果。

(三)展后的经验积累

参展商和观众每一次参加展会都是展会参与经验最直接、最基本的来源。这些经验无疑将会影响参展商和观众以后的展会选择和参展活动。经验是学习展会参与行为的源泉。这里的经验更多的是指参展商和观众亲身经历形成的经验。

概括化是学习的核心和最本质的东西。所谓概括化就是将客观事物的共同特征或本质特征在头脑中概括形成规律性的认识(经验),并将此概括推广到其他事物中去。如通过参加展会是否全面了解了行业动态,捕捉到了微小的新兴技术迹象,把握了最新的市场需求变化,洞察了产业新发展和新趋势等。参展商和观众会通过自身的展会参与经验对一个展会形成或积极或消极的概括结论,这个结论会对后来的展会参与行为产生直接的影响。

参展商和观众展会参与经验的概括化通常是在不断的学习强化中实现的,有些极端性展会参与经历甚至会让参展商和观众形成反射性的行为反应。除此之外,来自他人的经验,尤其是通过观察学习同样可以让参展商和观众形成对展会、会展目的地、会展产品与服务以及会展从业者形成某些概括性的认知,进而影响自己的后续展会参与行为。

值得注意的是,参展商在展会结束后并非简单地回到日常的工作状态,而是会有意识地将展会的学习内容应用于诸如提高产品开发技能和个人能力等行为,为下一次展会的出色表现作准备。从这种展会学习行为以复杂的方式与日常工作共存的过程可以看出,展会已经逐渐成为激发个人和企业成长的重大事件,也更广泛地扩展了我们对展会价值的理解。

【阅读材料7-6】 参展商成功参展的经验与技巧

一、参展目的明确

明确参展的最终目的有助于其他工作的完成。

二、详细参阅展商手册

该手册包括展商报到、布展搭建、运输、相关物品租赁、专项负责人员联系方式,以及展会旅馆住宿、展会广告等,参展前仔细阅读展商手册能够避免一定的麻烦,提高参展效率。

三、及时制作展会所需的各类资料

这些资料出现细微的误差往往会给公司带来很大的损失,以企业的网址和电子信箱为例,有不少外国采购商习惯通过电子邮件与供应商进行联系,英文的网址 E-mail 信箱,如果错了一个字母,外商的来信就犹如石沉大海,潜在客户因此而流失。

四、重视每个参展人员的作用

应提前告知他们参展的目的、内容及期望、并对员工进行加强性培训,使其了解参展的重要性,以及自身形象行为等对公司形象的影响,以最好地发挥每一个员工的作用。

五、有计划地派发宣传资料

首先需要参展人员乐于交谈并善于了解陌生人的需要,当了解采购商的意图后,有礼貌地要求对方用商业名片或对方样本进行交换是比较符合国际惯例的做法。

六、注意和重视参观商的需求

与采购商交流的时候,不应反复强调自身产品如何优质、价格如何合理,而应该仔细聆听客户的询问,抓住采购商最关心的问题,尽量提供符合客户需求的产品及服务,使公司成为对客户业务有所增值的供应商。

七、熟悉产品演示

在展前对员工进行一定的培训,必须对产品的各项特性有所了解并能熟练地为客户讲解介绍。

八、专人专项职责到位

可以根据公司的实际情况,安排接待人员、销售人员、翻译人员、技术人员以及总负责人员,以更有效地与前来问询的采购商进行沟通,训练有素、职责分明的团队一定能给客户留下非常好的印象。

九、重视展后工作的跟进

展会结束后,应在第一时间将展会上收集的信息、名片、客户的要求进行分类、归总,并规整成一份详细的记录,将分类记录交付相关销售人员以便联络。根据时间表每日、及时跟进。

十、重点进行展览会效果评估

每次展会结束后应立即进行效果评估,包括对新产品推出的市场反响、参展人员的绩效评估、营销计划的实施效果、各类印刷品的发放情况、客户的反映情况等进行总结等,以便参展商对下一次参展有更充分的准备,并制订更好的展会营销策略。

资料来源:卡尔文森·展览网.有删改.

第三节　会展企业对学习理论的运用

一、行为主义学习理论的运用

(一)树立品牌意识

品牌是一个企业生存与发展的灵魂所在,品牌不仅代表着质量保证,更重要的是能够满足消费者购买时的心理愉悦感。经典条件反射理论的学习告诉我们,人们也能将快乐或激动的反应解释为经典条件作用。在市场营销中,经典条件作用能够作为积极的力量在产品与消费热情之间建立联结并起到推动作用。参展商的参展过程就是一个消费过程,他们不可能在购买展会展台和相关服务时将所有类型的展会及其提供的服务都一一体验,因此,决定参展商购买选择的是品牌,是参展商先前的消费体验中所习得的条件反应。这是树立品牌的重要性所在,也是经典条件反射理论带给我们的启示。对展会观众而言,这一过程同样适用。

会展企业塑造品牌要从内到外全方位进行。目前我国会展管理体制下,展会的政府、协会背景是展会品牌的重要体现,还有 UFI 认证也是打造品牌的重要途径,但真正成为参展商和观众心目中的品牌以及名牌,还需要依靠展会及其服务过硬的质量打动参展商和观众的内心,并与之产生情感共鸣。

【阅读材料7-7】 国内高知名度的展会

1. 中国国际进口博览会

中国国际进口博览会简称"进博会",2018 年举办第一届,是由中华人民共和国商务部和上海市人民政府主办的大型博览会,旨在坚定支持贸易自由化和经济全球化,主动向世界开放市场。进博会吸引了来自全球的顶级企业和品牌参展,是中国对外开放的重要窗口。

2. 中国进出口商品交易会

中国进出口商品交易会简称"广交会",创办于 1957 年,是中国历史最长、层次最高、规模最大、商品种类最全、到会采购商最多且分布国别地区最广、成交效果最好的综合性国际贸易盛会,被誉为"中国第一展"。

3. 中国国际服务贸易交易会

中国国际服务贸易交易会简称"京交会",创办于 2012 年,是经国务院批准,全球唯一由服务贸易领域国际组织、世界贸易组织共同主办的高规格国际经贸交流活动,已成为全球服务贸易领域规模最大的综合性展会和中国服务贸易领域的龙头展会。

4. 中国国际消费品博览会

中国国际消费品博览会简称"消博会",创办于 2002 年,是经国务院批准,由商务部和海南省人民政府共同主办,全国唯一以消费精品为主题的国家级展会,是海南自由贸易港建设的重要窗口和平台。

5. 中国国际高新技术成果交易会

中国国际高新技术成果交易会简称"高交会",创办于 1999 年,由商务部、科学技术部、工业和信息化部、国家发展改革委、农业农村部、国家知识产权局、中国科学院和深圳市人民政府共同举办,每年在深圳举行,是目前中国规模最大、最具影响力的科技类展会。

6. 中国(上海)国际技术进出口交易会

中国(上海)国际技术进出口交易会简称"上交会",创办于 2013 年,是经国务院批准,由中华人民共和国商务部、科技部、国家知识产权局和上海市人民政府共同主办,专门为技术贸易设立的国家级、国际性的专业展会。

7. 中国国际工业博览会

中国国际工业博览会简称"中国工博会",创办于 1999 年,是由工业和信息化部、国家发展和改革委员会、科学技术部、商务部、中国科学院、中国工程院、中国国际贸易促进委员会、上海市人民政府共同主办,中国工业领域规模最大、功能最全、水平最高、影响力最强的展览盛会之一。

8. 博鳌亚洲论坛

博鳌亚洲论坛成立于 2001 年,总部设在海南博鳌,现已成为亚洲以及其他地区政治、工商和学术界领袖就亚洲及全球重要事务进行对话的高端平台。论坛每年定期举行年会,吸引全球政商学界精英参与,共同探讨亚洲和全球发展的重大问题。

9. 中国-东盟博览会

中国-东盟博览会简称"东博会",创办于 2003 年,是由中国和东盟 10 国政府经贸主管部门及东盟秘书处共同主办，广西壮族自治区人民政府承办的国际经贸交流盛会。东博会在促进中国与东盟的全面合作中发挥了重要作用。

10.中国西部国际博览会

中国西部国际博览会简称"西博会"，创办于2000年，是经国务院批准，由中国西部地区共办的国家级国际性盛会，是国家实施西部大开发战略重大举措之一。西博会致力于推动西部地区经济合作与交流，助力西部地区打造内陆开放高地。

资料来源：根据展会官方资料整理.

（二）善用宣传技巧

心理学认为，信息是经验形成的重要条件，媒介宣传是参展商和观众获取产品和服务信息的重要渠道。经典条件反射理论的学习告诉我们，经过经典条件作用习得的反应会自动扩大到新的中性刺激上，与最初的中性刺激越相似，反应就越强。由于重要刺激在自然界很少每次都以完全相同的形式出现，所以刺激泛化通过最初特定经验拓展学习范围。经典条件反射理论中的刺激泛化规律给会展企业的广告宣传工作带来了一定的启示。

会展企业在进行展会及其相关服务宣传推广时可以将参展商和观众以往所熟悉（亲历的经验或来自其他途径的经验）并且印象良好的内容结合起来，因为泛化是基于刺激的知觉相似性，这样的宣传方式不仅能够帮助参展商和观众快速理解并接受宣传内容，而且还能够留下积极的印象，从而在参展商和观众产生参加展会需求时成为其选择对象中的一个选项。这已成为目前会展宣传中常用的技巧之一。如我们通常将某个展会称为"食品展中的进博会""迷你版世博会"等。

（三）加强宣传促销

行为主义学习理论告诉我们，环境刺激对有机体的行为学习尤为重要，没有刺激就没有行为反应。进入人们注意范围内的产品才会让人们产生认知，才有可能引发消费行为。展会是在特定时间、特定空间进行的临时性集群活动，因此参展商和观众无法像购买其他商品一样在购买前进行一定的尝试，因此，展会宣传以及宣传促销成为促进参展消费的重要推力。

借助各种宣传媒介，运用一定的宣传技巧，将展会及其相关服务信息源源不断推送给潜在参展商和观众（尤其是专业观众），使之产生相应的积极认知结果，引发兴趣，诱发情感，推动实际行动。积极的消费结果会进一步强化会展认知，推动参展行为的再次发生，以此产生良性循环。需要注意的是，展会宣传效果不是一蹴而就的，需要不断提供信息刺激，使人们朝着与最终消费行为反应一致的方向前进，因为人们对参展行为的学习是一个连续接近塑造的过程。

（四）合理运用强化

强化物是操作条件作用的强大代理，它们改变和维持着行为，它们可以通过经验来学习，可以是实物，也可以是活动。事实证明，大量的人类行为中受生物学意义的无条件强化物（如食物、水等）影响的很少，而像金钱、成就、地位、分数、优惠等条件强化物对人类行为的影响意义更大。如进博会提供的组团观展服务，通过《进博会组团观展信息表》进一步收集意向观展时间、展区及板块、采购产品等信息，与进博会参展商——对应、精准匹配，做好对接，打通展客商精准对接的"最后一公里"。除此之外，展会的各项优惠政策也是一种有效且影响面大的强化物，如提前预订享展位费折扣、进博会的"5件免税"政策、大型展品回运费补贴等形式，都能促使参展商连续选择或优先选择展会，对参展商的行为起到一定的强化作用。

合理运用强化才能产生良好效果,过频、过多或者不当,不仅不会起到积极的推动作用,可能还会适得其反,引起反作用。同时,会展企业提供的这些强化物还应做到兑现及时、方便、实惠等,以免顾客对之产生免疫反应。

（五）重视展后服务

良好的售后服务对影响参展商和观众的行为具有独特的作用和意义,它不仅能在很大程度上增加参展商和观众对会展企业的好感,增强其重复购买的可能性,而且还会使参展商和观众成为会展企业良好口碑的宣传者,影响其身边的潜在参展商和观众。这也是操作条件反射作用带给我们的启示。良好的展后服务是一种条件强化物,满足了参展商和观众对尊重、自信、自豪感、身份等的心理需求,使之成为影响行为的强大内在力量。一个询问满意度的电话或者主动咨询意见和建议,对参展商和观众来说都是一次正向的强化。除此之外,展后的展品回运、展台拆除、垃圾清运等方面往往是参展商较为头疼的问题,会展企业或展会主承办方可以尽可能多地提供帮助解决这些问题,同样可以成为正向强化物来影响或改变参展商后续的参展行为。

二、认知学习理论的运用

认知学习理论告诉我们,个体学习的发生并非刺激情景之间或反应与强化物之间的简单联结,个体具有主动性,会对全部行为背景的其他各个方面进行学习和认知。外在的强化并不是学习产生的必要因素,不强化也会出现学习。由于人总是生活在一定的社会条件下,人的认知、行为与环境因素三者及其交互作用都对人类行为产生影响。

（一）重视服务的整体性

托尔曼的认知地图研究开创了人类动物学习认知过程的先河。认知地图能部分地帮助人们保持环境中客体空间位置的细节,还有些认知过程可以被人们用来发现他们在环境中遇到的各种刺激物的经验结构或经验类型,即学习中的概括化。参展商和观众在参加展会的过程中会经历不同的阶段,需要解决不同阶段的问题,接触不同的会展企业工作人员,每一环节遇到的人、事、物等刺激都会成为参展商和观众最终整体评价形成的构成要素,因此,会展企业,尤其是展会主承办方工作人员应树立服务的整体性意识,进一步完善服务保障措施,持续提升参展商和观众的便利度、舒适度、满意度。

（二）合理利用榜样的作用

观察学习理论证实了人类有能力运用认知过程,借助替代奖励和替代惩罚来改变行为。本质上,当一个人观察一个榜样的行为后,这个榜样可以是明星、权威人物、亲朋好友等,他/她可能会想:如果我也像他/她那样,我会得到同样的好处,还可以避免同样的问题发生。同样,参展商和观众会从其他参展商和观众那里学习如何参加展会,从而顺利实现参展目标,避免可能碰到的各种问题。需要注意的是,合理利用榜样的示范作用才能产生良好效果,真实、客观是发挥榜样作用的根本原则,弄虚作假只会适得其反。

【本章小结】

学习是个体与环境之间相互作用的过程。行为或行为潜能的改变是学习发生的标志,这种改变经由个体经验发生,是一种较为持久的变化。学习理论研究是 20 世纪心理学界的重点领域之一,主要有行为主义和认知心理学两大流派。

展会中的学习一般发生在展会举办期间,学习主体是参展商和观众,其中参展商的学习内容包括参展动机的学习、参展态度的学习、风险知觉及减少购买后疑虑的学习、展会空间背景环境的学习;专业观众的学习内容包括观展动机的学习、展会空间背景环境的学习。参展商和观众参与展会的行为都是学习的结果,参与展会的行为学习可以通过展前的信息获取、展中的互动与体验、展后的经验积累等途径进行。

行为主义学习理论中的经典条件反射作用和操作条件反射作用、认知主义学习理论以及观察学习理论等都对参展商和观众在展会中的学习行为发挥了重要的影响,同样也为会展企业的组织管理与市场营销提供了非常有意义的启发和指导。

【思考练习】

1. 结合实例说明学习的含义与特征。
2. 简述经典条件反射理论的含义与规律。
3. 简述操作条件反射理论的含义与条件。
4. 总结经典条件反射理论和操作条件反射理论的异同点。
5. 结合实例简述展会中学习的 5W1H。
6. 简述参展商在展会中的学习内容与学习途径。
7. 结合实例谈谈你认为参展商在展会中还会有哪些方面的学习?
8. 简述专业观众在展会中的学习内容与学习途径。
9. 结合实例谈谈你认为专业观众在展会中还会有哪些方面的学习?
10. 结合实例尝试总结普通观众在展会中的学习内容与学习途径。

【关键术语】

学习　行为主义学习理论　认知学习理论　经典条件反射
操作条件反射　认知地图　观察学习

【案例讨论】

"沉浸"会是会展的未来吗?

抛开技术手段营造的浸入式场景和感官包围,沉浸式体验的核心在于增加传统线下活动与参与者之间的链接,增加互动,通过满足参与者的个性化需求,实现情感共鸣,达成提升参与体验的目标。从这一角度来看,传统展会活动的主办及参展商通过有意识地设计展会现场互动游戏,增强观众的参与感与体验感,可以算是会展业探索线下会展活动局部沉浸式体验的雏形。

2021年,展览业在探索线下沉浸式体验领域迈出了新步伐:刚刚结束的第6届淘宝造物节以"遗失的宝藏"为主题,打造了3万平方米超大型沉浸式密室,为观众带来一次独特的观展体验。

一是全方位场景还原,营造感官全包围的沉浸氛围。为了还原古城场景,造物节联合《长安十二时辰》美术概念设计团队北斗北工作室,打造超过15个电影级的梦幻场景。与通过AR/VR或全息影像技术打造的虚拟场景不同,淘宝造物节线下实景搭建搭配现场灯光及音响特效的方式更具真实感,创新引入真人NPC(非玩家角色),发放和回收任务,引导剧情走向,观众走入展馆仿佛穿越时光,进入大型RPG(角色扮演)游戏。这种全感官沉浸的方式让观众更具代入感,沉浸更彻底。

二是构建完整故事剧情,让沉浸更有目的。淘宝造物节以创造力著称,本届造物节的观展方式颇具创造力:联合暴风岛沉浸式密室,围绕"古城密宝遗失,号召天下英雄集结寻宝"的主线故事,构建了完整的人物和故事情节,同时引入密室逃脱寻找线索、提交任务及时间限定的玩法,让观展变成特定故事背景下的限时任务,让沉浸体验的目的性凸显,更容易引起情感共鸣。

三是在引入对抗的同时,赋予观众独特身份,激发观众参与热情。除了引入密室逃脱的经典玩法,现场还引入阵营对抗。观众想要加入密室,必须选择唯一的身份加入阵营。观众的每一次主线或支线任务提交,每一次现场互动,均可为所在阵营累积一定"灵感值","灵感值"高的队伍最终获得胜利。引入阵营对抗可有效激发观众的参与热情,以低成本提高互动效果,增加观众停留时间,让体验更加持久和深入。

四是线上线下无缝连接,形成闭环。回归到展会活动的本质,展商参展的主要目的依然是品牌展示、圈粉、达成交易。如何更高效地实现观众的动线引导,更合理地实现观众的线上导流和转化?造物节通过任务的方式打通了线上淘宝平台和线下展会平台,实现了流量闭环。观众在现场扫码领取任务、寻找任务线索后线上提交,主办方通过设定不同的任务路线和任务线索,轻松实现现场分流和动线引导;展商通过加入任务体系,引导观众关注店铺、社交分享、加入社群,实现品牌私域导流。同时,由于线上线下的链接就是体验任务的一部分,因此并不会造成"出戏",影响观众体验。

作为一场以年轻群体为主要受众的创造力大展,淘宝造物节和线下沉浸式观展体验具有天然契合度。对于绝大多数产业或消费展而言,展会举办的目标、展商及观众的接受度、技术手段的应用,都决定了大型展会打造类似淘宝造物节这样完全沉浸式体验存在较大难度。尽管如此,沉浸式体验仍然是展会现场运营可借鉴的方向之一。

资料来源:中国贸易新闻.有删改.

思考题:

1.本案例可以用哪些学习理论来解释?

2.结合本案例以及本章学习到的学习理论总结分析沉浸式观展体验相比传统观展体验的优势与劣势。

3.你认为沉浸式体验是展会现场运营可借鉴的方向吗?结合学习理论谈谈你的理解。

第八章
会展企业服务与管理心理

【本章概要】

本章内容主要围绕会展服务与服务心理展开。在梳理会展服务概念的基础上,总结了会展服务的特征、会展服务的心理功能以及会展服务中的沟通方式,并分析了参展商为观众提供的会展服务及其心理功能,然后阐述了会展服务投诉的原因及处理过程,最后对会展企业员工的心理健康及管理进行了详尽分析。

【学习目标】

(1)掌握会展服务的概念与特征。
(2)熟悉会展服务的双重性。
(3)了解会展服务中的沟通方式。
(4)掌握参展商服务与会展服务的关系。
(5)熟悉参展商服务的服务心理与提高途径。
(6)掌握会展服务投诉的概念及处理原则。
(7)掌握会展企业员工心理健康的影响因素。
(8)了解会展企业员工的挫折及其影响因素。
(9)掌握会展企业员工受挫后的心理防卫机制。
(10)了解会展企业员工疲劳的产生原因及应对。

【开篇案例】

会展人才培养体系及其变化

近十年来,我国会展人才职业培训与多元评价体系发生了重要变化。

首先,国家职业分类调整完善会展职业工种体系。人力资源和社会保障部颁布2022年版《中华人民共和国职业分类大典》(以下简称《大典》)。2022年版大典在保持八大类职业类别不变的情况下,净增了158个新的职业,现在职业数达到了1 639个。由中国贸促会商业行业委员会建议的新职业"会展服务师"和新工种"会展场馆管理师""会议接待服务师",经评审纳入2022年版《大典》,从根本上解决我国会展行业的会展服务、场馆管理、接待服务等从业群体的职业身份问题,从而增强了会展从业人员的职业荣誉感和认同感,有助于促进会展行业人力资源开发和会展行业可持续发展。2022年版《大典》共设置会展相关职业3个、工种2个。职业包括会展策划专业人员、会展设计师和会展服务师;工种包括会展场馆管理师和会议接待服务师,归属在会展服务师项下。其中,会展策划专业人员属于专业技术人员,会展设计师、会展服务师、会展场馆管理师和会议接待服务师属于技能人员。

其次,政府部门改革创新多元技能人才评价方式。人力资源和社会保障行政主管部门将原来的职业资格评价和专项职业能力考核两类技能人才评价方式调整为职业资格评价、专项职业能力考核和职业技能等级认定三类评价方式。目前,《国家职业资格目录》不含会展类职业,因此职业资格评价方式不适用于会展类职业。此外,也没有地方人力资源和社会保障行政主管部门针对会展类职业或岗位开展专项职业能力考核。现仅有职业技能等级认定模式适用于会展类职业,主要是指《大典》中所规定的会展类职业和工种。职业技能等级认定属于水平评价类,不具有准入性质。因此,按照现行的法律法规和管理规定,会展业没有准入类的职业(或工种)以及相关的证书。由于改革后的职业技能等级认定模式只可面向技能类职业,因此归属专业技术人员的"会展策划专业人员",即原来的"会展策划师"不开展政府部门认可的职业技能等级认定工作,也未开展相关的专业技术人员职称评审。

最后,社会化职业培训与评价丰富会展人才供给。中国贸促会商业行业委员会先后研制并发布了《会展职业经理人资质条件》(T/CCPITCSC 005—2017)和《展示设计人员职业能力要求》(T/CCPITCSC 018—2018)团体标准,并组织开展了会展职业经理人、展示设计师职业培训与评价,为行业从业人员知识更新和会展专业教师能力提升发挥了积极的促进作用,目前部分省市的会展项目招投标中已将中国贸促会商业行业委员会颁发的相关证书纳入加分项。中国贸促会和国际展览与项目协会(IAEE)联合主办的注册会展经理(CEM)培训认证项目至今已在中国开展20年,是面向会展业领军人物和中青年骨干的最高层次的业界培训活动,已经成为中国会展界最有影响力和公信力的国际培训项目。此外,中国贸促会(中国国际商会)培训中心还立足中国国情,针对国际会议行业发展规律、特点和实际需求,策划开发了注册国际会议经理(CIEP)培训认证项目。

资料来源:中国贸易报.

第一节　会展服务与服务心理

一、会展服务概述

（一）会展服务的概念

会展业作为现代服务业,服务是会展发展的主要内容和职责,会展的价值也是通过高质量的服务创造和产生的。目前关于会展服务的定义尚未达成一致。

Bayyurt 认为会展服务可以分为展会参观者接受的服务和参展商接受的服务。会展服务的提供方是展会的主办方或承办方,主办方或承办方通过为展会参观者和参展商提供优质服务提高展会的展出效果。Aditya 认为会展服务可以从广义和狭义两个角度进行理解。从广义角度来看,所有人在展会中得到的服务都可以称为会展服务。既包括会展参观者感受到的服务、参展商得到的展览辅助服务,又包括所有的现场服务、环境服务等;从狭义角度来看,会展服务就是指会展主办方为参展商提供的辅助性服务,包括为参展商提供优质的环境、良好的展览设施、高质量的会展指引服务等。

国内学者也从不同角度提出了对会展服务的界定。如王微明提出会展服务是主办方在展前、展中、展后提供的所有专业服务和辅助服务的总和,服务对象是参展商和专业观众;王保伦指出展前、展中和展后的服务紧密结合组成了展览产品的核心;戴光全和张骁鸣认为会展服务是一种典型的综合型产品,包含了支持性设备、辅助物品、显性服务、隐性服务;应丽君、牟红从展会举办过程的角度指出主办方在前期所投放的广告、优惠活动等营销组合,以及展后期的跟踪评价、咨询信息等也都应属于展会服务的范畴;刘松萍认为展会服务就是展会组织者在展会期间,为了使展会参与者能够更加便捷参展而提供的一系列服务内容,不仅包括在展馆内的专业服务,还有一系列的相关行业的配套服务,如餐饮、交通、旅游等。张涛将会展服务划分为核心服务、辅助性服务以及具有增值价值的服务;刘枭、许林洁等以用户体验为核心,提出智慧会展服务平台是一个面向主办方、参展方和观众的综合服务平台,包括信息服务、虚拟现实场景、地图导览、社交分享、精准营销和现场管理等。

综上所述,我们可以从服务过程、服务对象和服务内容等方面理解会展服务。按服务过程来看,会展服务包含了展前、展中、展后等三个阶段,是这三个阶段服务的总和;从服务对象来看,广义的会展服务对象是指所有参与展会的人,而狭义的会展服务对象则就是指参展商,作为展会构成三个主体之一的专业观众也逐渐成为展会的重点服务对象;从服务内容来看,可以将会展服务分为有形服务(如硬件设施条件、辅助物品等)和无形服务(如餐饮接待服务、论坛现场服务、交通指引等),线上服务作为时代产物也已成为会展服务发展的新内容与新要求。因此,会展服务就是指展会主办方或承办方为所有参加展会的人,尤其是参展商和专业观众所提供的展前、展中、展后等全过程的所有有形服务和无形服务的总和。随着时代与行业发展,会展服务的内容还会进一步丰富并细化。

【阅读材料8-1】　**什么是服务**

关于"什么是服务"这个问题,不同的学者从不同的角度给出了各种各样的解释。

1960 年,美国市场营销协会(American Marketing Association, AMA)最先给服务下的定义为"用于出售或者是同产品连在一起进行出售的活动、利益或满足感"。这一定义在此后的很多年里一直被人们广泛采用。1974年,斯坦通(Stanton)指出"服务是一种特殊的无形活动。它向顾客或工业用户提供所需的满足感,它与其他产品销售和其他服务并无必然联系"。1983年,莱特南(Lehtinen)认为"服务是与某个中介人或机器设备相互作用并为消费者提供满足的一种或一系列活动"。1990年,格鲁诺斯(Gronroos)给服务下的定义是"服务是以无形的方式,在顾客与服务职员、有形资源等产品或服务系统之间发生的,可以解决顾客问题的一种或一系列行为"。当代市场营销学泰斗菲利普·科特勒(Philip Kotler)给服务下的定义是"一方提供给另一方的不可感知且不导致任何所有权转移的活动或利益,它在本质上是无形的,它的生产可能与实际产品有关,也可能无关"。

综上所述,我们也可以这样理解服务:服务就是本着诚恳的态度,为别人着想,为别人提供方便或帮助。

资料来源:百度百科.

(二)会展服务的特征

1. 综合性

可以从不同角度理解会展服务综合性的特点。首先,从会展服务自身构成来看,会展服务从展前信息发布、展会策划、招商招展、资源配置开始到展中现场接待再延续到展后评估,从有形的硬件设施服务到无形的接待服务,从展馆内的各项服务到展馆周边甚至整个城市的相关配套服务,涉及多个不同时空但又紧密关联的服务场景,这些都体现了会展服务的综合性。其次,从会展服务对象来看,会展服务对象除了参展商和专业观众,还有其他来到展会现场的人们,包括普通观众,重要领导及随行人员、国际友人等,服务对象的多元性直接影响了会展服务内容的综合性。最后,对会展服务工作人员的要求同样具有综合性。由于会展服务内容复杂、服务对象多元,为了做好会展服务工作,参与会展服务的人员不仅要掌握一般的服务技能,而且还要有良好的综合素质,如在政治、文化、艺术、科技等方面具有一定的积累。

2. 专业性

服务是会展发展的主要内容和职责,会展服务同样具有专业性的要求与特点。从有着专业技术门槛的展会策划、场馆布置、展台搭建、展品运输、同声传译、知识产权保护等,到展会现场的礼仪引导、票务登记、突发事件处理等接待服务,再到展后的旅游安排、展台拆除等都要求会展服务人员必须掌握足够的相关专业知识,以保障服务的快速、高效、及时。只有明确会展的业务性质、范围、工作流程、职责要求及服务标准,才能很好地完成会展服务工作。

3. 短暂性与持续性并存

一般一个商业展会的开展时间为3~5天,会展服务中的接待服务主要集中于这一阶段,相对展前的准备与展后收尾工作而言具有时间上的短暂性。在展会正式举办前,展会主承办企业要历经短为3~6个月、长则1~2年的筹备期,开展场馆租赁、招商招展、营销宣传等大量前期工作。展后工作从参展商撤展开始,需要主承办方提供一系列后续支持服务,如展品回运、纠纷处理、下一届展位预订等,还有满意度调查、回访等,往往也会持续较长一段时间。

4. 个体与群体的兼顾性

会展服务中,会展服务人员既要全面掌握展会参与者的一般需求特征,又要及时关注他们的个性化服务要求,因此,我们说会展服务具有个体与群体兼顾性的特点。这一特点对会展服务人员的工作提出了更高的要求,尤其是当面对一个参展团队时,在一对多的情况下平衡好群体要求与个体需要是一个不小的挑战。

（三）会展服务中的双重服务

服务,最基本含义就是为他人做有用的事情。会展服务过程中不仅要帮助参展商、专业观众和其他参加展会的人解决在参与展会过程中所碰到的各种具体问题,而且还要通过这一互动过程让他们对服务人员、对自己都满意。因此,会展服务具有双重价值,即功能价值和心理价值。

1. 功能服务

会展服务中的功能服务主要是帮助展会参与者,尤其是参展商和专业观众解决与参展相关的具体问题,如提供展前的参展商与专业观众之间的配对信息、设备租赁、特殊展品制作、展后的展品回运、垃圾清运等,以及展中的交通、餐饮、住宿等配套服务。功能服务的质量往往要受到会展企业所具备的种种物质条件的制约,同时也取决于会展服务人员所具有的知识和技能。会展服务人员的工作经验越丰富,掌握的服务知识越全面,也越能更好地为客人提供各种问题的有效解决方案。

2. 心理服务

会展服务中的心理服务主要是指让展会参与者体验到轻松愉快的人际交往,增加他们的亲切感和自豪感。心理服务的质量主要取决于服务人员是否具有爱心、满腔热忱、善解人意和具有一定的表现能力。

会展服务讲究知人之所需,急人之所急,甚至能在会展参与者尚未说出要求时,能以最快的速度提供服务,这样的服务是会展服务中最有价值的部分,也是最能打动人的服务。要做到这一点,需要会展服务人员对工作充满热情,能够在日常工作中做个"有心人",主动积极地察言观色。同时,会展企业在会展开展阶段应在细节管理的基础上推行问题管理法,要求会展的每位工作人员通过细节管理及时解决工作中遇到和发现的问题,并在工作结束后对问题的改进情况进行总结,通过如鼓励培养、搜集整理、系统规范和培训奖励等一系列措施使之成为员工的自觉行动,从而从整体上提高会展的管理水平和服务质量。

二、会展服务中的沟通方式与服务心理

沟通是人们分享信息、思想和情感的各种过程的总和,包括言语沟通和非言语沟通。

（一）言语沟通

言语沟通是人类特有的一种有效的沟通方式。通过言语沟通,不仅可以传递信息、表达思想、交流感情,还可以对他人产生影响。

1. 选择准确表达思想内容的语句

这是会展服务交往中的首要一环。在接待过程中,服务人员的语言表达要口齿清楚、语义准确、条理清晰,切忌逻辑混乱,语义含糊不清,表达重复啰嗦。语言贯穿于整个服务过程。因此,服务人员要具备掌握专业术语、灵活运用语言艺术的能力。语言艺术是指在服务过程中,服务人员在了解顾客的需要、分清场合后,将语句、词汇、语义、语音、语速有机结合,表达出使人心悦诚服、乐于接受的语言。

2. 言语交往要适合特定的交往环境

根据接待对象、时间、地点、场合、情绪等的不同,选择不同的服务用语。如接待外宾时不卑不亢,接待年长者时要表达出充分的尊重,接待年轻人时要表达出亲切真诚等。会展服务人

员在接待来自不同地域、不同行业领域、不同参展目标甚至不同宗教信仰等的人的时候要根据交往环境的不同选择合适的服务语言。

3.注意会展服务中的语言表达技巧

最基本的语言表达技巧是规范使用服务用语。最常用的服务用语,包括您好、对不起、别客气、请稍等、谢谢等。会展服务交往和日常生活中的人际交往不同,它是一种公务性的交往,语言使用需要规范准确,不能随性而为。通过规范使用服务用语,既要传递出服务人员良好的专业素养,形成积极的交往印象,又要快速准确掌握服务需求,为服务工作顺利完成奠定基础。

语言交往中还要注意声调的使用,不能太高也不能太低。如果声调太低,则会给人无精打采、态度傲慢的不良印象,但如果声调过高,则又会给人产生急促、不耐烦的心理感受。一般展馆内环境比较嘈杂,需要根据展馆具体环境调整声调,既能清晰准确传递语言信息,解决参展人员提出的服务问题,又要能给人留下舒适、得体的良好印象。

(二)非言语沟通

非言语沟通是人们通过使用不同于言语的方式来沟通感情、交流信息的过程。通常包括身体动作、面部表情、穿着打扮、交往距离等内容,一般称作身体语言。非语言的作用十分重要,在两人的交往过程中,大约60%的"含义"通过非语言方式传递。

1.面部表情

微笑是人类基本面部表情中的一种,对服务行业来说,微笑服务至关重要。微笑时嘴角微微上翘,自然地露出6~8颗牙齿即可,幅度不宜过大。

微笑服务可以带来良好的第一印象,快速融洽与客人的关系,不仅能引发客人发自内心的好感,从一定程度上稳定客人焦虑急躁的情绪,还可以让客人对服务人员产生信赖之情。同时,在服务交往中,微笑也容易给服务人员自身带来热情、主动、自信等良好的情绪氛围,处在这一氛围中的服务人员,工作效率也会随之提高,给服务人员自身带来成就感,这种成就感有利于服务人员自身的身心健康。

2.身姿动作

这主要体现在展中接待服务要求中,在其他环节的会展服务中同样适用。服务礼仪中对服务人员的身姿动作有着具体的要求,走姿、站姿、坐姿、手势等都不容忽视。如礼仪引领时,应在被引领者左前方大概一米远的位置,走姿自然、大方,要转弯或有台阶的地方要回头给予明确提示;论坛结束时,要提醒参与者带好随身物品;指引方向时应做到五指并拢,切忌只伸出食指进行指引;站姿和坐姿要端正,不能过于松散给人留下散漫、不专业的消极印象等。

3.空间距离

这里的空间距离是指服务交往中客人的"个人领域",即每个感到安全、舒适的私人空间。社会心理学认为,私人空间范围一般要求身体前面0.6米左右,左右两侧均为1米左右,身后为1.5米左右。一旦他人擅自闯入,就会让人不舒服、不自在。但私人空间的大小因人而异。一般女性比男性私人空间要求要大,具有攻击性人格特征的人的私人空间要求更大。在接待过程中,服务人员要有遵守客人"空间距离"的意识,与客人保持合理的身体距离,既不过近让人感到压抑,也不过远让人感到冷漠;同时,还应不与客人随意开玩笑,说不该说的话,与客人保持适当的心理距离。

【阅读材料8-2】　生活中的私人空间现象
1. 乘电梯的时候,人为什么总是往上看?

乘电梯时,人会不自觉地仰头看着显示的楼层数。实际上,这一行为与我们的私人空间有着很大的关系。电梯是一个非常狭小的空间。在电梯中,人与人的私人空间出现了交集,也就是说互相感觉对方进入了私人空间,因此感到不舒服,想尽早离开这个狭窄的空间。向上看就是这一心理的表现。盯着显示楼层数字看,不仅是为了确认到了要去的楼层,而且不停变换的数字使我们感受到电梯移动,让我们感觉到向"解放"前进,从而缓解焦急的心理。

2. 大家都喜欢坐靠边的座椅

当很多人涌入一节空车厢之后,长座椅两端往往会先被人坐满,座椅的中央后被人坐满。在地铁里,也经常能看到这样的情景:只要靠边的座椅空着,就有人从很远的地方跑过来坐下。这种行为也是由人的私人空间意识引起的。靠边的座椅,只有一侧和别人接触,多数人喜欢坐在这里。万一不小心睡着,不仅可以减少倒在别人身上的概率,而且用手机发短信也不用担心别人偷看。总之,周围的人越少,越自在。

资料来源:根据相关资料整理.

三、参展商与会展服务及服务心理

(一)参展商与会展服务

现有对会展服务的理解主要是基于会展企业的视角,即以会展主承办方的身份思考如何围绕展会的举办来提供全面周到的会展服务,面向的服务对象是以参展商和专业观众为核心的所有展会参与者。目前关于会展服务的学术研究基本是按照这一思路展开,从参展商、专业观众、普通观众等角度尝试梳理他们对展会主承办方所提供会展服务的要求与评价,并提出相应的改进与提升措施。

展会进行价值创造的核心源泉就是参展个体间的交流与互动。如果把展会看作一个临时性的市场,那么最重要的知识流动就发生在参展商和专业观众之间,这也是参展商实现参展销售绩效和非销售绩效目标的重要环节。这一过程往往伴随着参展商围绕实现参展目标提供给专业观众及其他观众的各种服务。展会中的学习也是发生在这一过程中,在第七章中对此已详细阐述。因此,在解释会展服务时还应注意到发生在参展商与观众之间的这一特殊的会展服务类型,并给予一定的关注与重视。

(二)参展商服务与服务心理

参展商服务指的是参展商以展台为服务发生地,在展会开展期间提供给观众的各种服务的总和。由于展台是参展商提供服务的主要场景,所以展台的参展工作人员的服务态度、服务技能、服务时机的把握等都将直接影响到与观众的互动与交流,进而对参展绩效产生影响。

1. 服务态度心理功能及改善

服务态度是参展工作人员在对参展工作认识和理解的基础上对观众的一种情感和行为倾向。服务态度影响服务行为。良好的服务态度是展台接待服务的重要内容,也是参展商树立企业正面形象的关键因素。服务态度对观众的购买决策与行为、企业形象与经济效益等方面都会产生重要影响。

（1）服务态度的心理功能

第一，具有感召与"逐客"功能。参展工作人员主动、热情、周到的良好服务态度会让观众产生亲切感、热情感、真诚感，使人如沐春风，从而产生无形的吸引力，这就是态度的感召功能。相反，恶劣的服务态度，如对观众区别对待、敷衍推脱、冷漠傲慢、厌烦轻蔑、无所谓等，则会造成观众的极大不满，让观众避而远之甚至招来投诉，恶劣服务态度的逐客功能就发生了。在了解企业、品牌、产品的前提下，和蔼可亲、主动、热情但不会显得过头，这是对参展工作人员服务态度的基本要求。

第二，服务态度还有感化功能与激化功能。服务态度的感化功能轻于感召功能，但两者在心理作用上是相似的，都是参展工作人员以优良的服务态度对观众产生的一种吸引力。感化功能能够化解观众的不满情绪和转变观众对企业和服务的看法。当有时专业观众对展品不够满意而犹豫不决时，参展工作人员的良好态度甚至可以转变专业观众的这种看法并促成采购决策。激化功能则刚好相反，指参展工作人员本身工作上的不热情、不主动、不耐烦，致使观众产生情绪波动、理智失控、心理冲突加剧的心理作用，往往会产生不良后果。

（2）服务态度的改善途径

改善服务态度很复杂，涉及参展工作人员自身的意识、企业文化、社会和周围的环境条件。既包括参展工作人员自身可控的因素，也包括参展工作人员自身不能控的因素。综合来说，可从以下3个方面着手进行服务态度的改善。

首先，建立良好的第一印象。服务语言、表情、动作和姿势等都是展现服务态度的方式，参展工作人员可以运用动作、表情，同时注意说话技巧、讲究说话艺术以及声调的使用，提高自身态度的感染力，从而给观众留下良好的第一印象。总之，参展工作人员要以精神饱满、表情可亲、语言精练、动作姿态轻盈优雅、服务技能娴熟规范的形象出现在观众面前，把自己的专业能力和对观众的关心与热情恰当地表现出来，以良好的第一印象为接下来的展会服务工作打好基础。

其次，做好展前培训，不断改进提高。展前培训是企业参展人员做好展台接待服务工作的重要一环。已有研究证实，展前促销、参展工作人员的展前培训等展前活动对参展绩效的影响远远超过展台规模、现场促销等展中活动的影响，在展台位置、参展人员培训等方面做足功课，比简单地扩大展台规模或增加参展工作人员数量的效果要好得多[①]。通过展前培训让参展人员调整工作心态，明确参展目标，熟知参展工作要求，充分了解展品相关信息等，同时不断有意识地积累参展经验，这些都将有利于提高展台接待服务工作效率，给观众留下专业、高效的企业形象。

最后，改善工作环境，完善服务行为。工作环境包括物质环境和人际环境。完备的设施设备、良好的人际交往环境、和谐的企业氛围等都将有利于提高展台接待服务工作效率，进而让参展工作人员在展台接待服务中保持良好的工作情绪。服务行为常常表现在服务形象、服务动作和服务语言等方面，形象美、举止美、语言美都是构成优质服务的重要因素，而这些的实现与工作环境的好坏息息相关。参展企业管理者在强调服务理念、严格要求员工的同时，也应努力创造良好的工作环境，打造合理的物质工作环境和融洽的人际工作环境，真正做到以人为

---

① LEE C H, KIM S Y. Differential effects of determinants on multi-dimensions of trade show performance: By three stages of pre-show, at-show, and post-show activities[J]. Industrial Marketing Management, 2008,37(7):784-796.

本,为满意的员工带来满意的参展绩效,并以此形成良性循环。

2.服务技能的心理功能及改善

服务技能是指参展工作人员在提供展台接待服务时所用到的技能。服务技能是构成服务素质的一个最重要的组成部分。服务技能有高低之分。一般来说,服务技能高是指技能里包含的知识和信息丰富,包括全面了解参展产品、现场演示操作娴熟、熟悉市场情况、了解行业发展前沿与趋势、恰到好处地引导等方面,同时有着良好的沟通和表达能力。参展工作人员扮演的角色除了"迎宾礼仪"外,更要学会对观众察言观色,并主动礼貌地向观众介绍品牌和产品。引导他们去触摸产品、感受产品的独特之处。

(1)服务技能的心理功能

参展工作人员的服务技能与观众的服务体验及采购决策呈正相关关系。也就是说,参展工作人员的服务技能越高,观众的服务体验就越好,越有可能做出采购决策。

观众在来到展台、接触参展工作人员之前都有一定的心理预期。这时,丰富的产品知识、熟练的操作技能、卓越的专业素养和服务意识会使观众对服务结果和企业的管理水平产生信任,这种信任度和满意度的提升,不仅影响观众的现场服务体验和采购决策,还会影响观众对企业的未来心理预期,从而为企业带来更多的合作伙伴和合作机会。

(2)提高服务技能的途径

服务技能的提高主要可以从员工自身和企业两个方面进行努力。

一方面,作为员工要努力提高自身的综合素质,端正对提高服务技术水平的态度,把在岗操作和岗下练习结合起来,把经验积累和书本知识结合起来,积极参加组织培训,主动学习和掌握相关专业知识,提高操作的熟练程度,提升理论的应用水平,深化职业素养与服务境界。

另一方面,企业还应高瞻远瞩,在企业内部建立有效的激励机制、培训机制、考核机制,完善各种规章制度,提供针对性的展前培训课程,创造良好的环境条件和竞争氛围,把强制提高和员工的自觉行动结合起来,把培训学习与员工的职业发展结合起来,以实现良好的参展结果。

【阅读材料8-3】　多元会展人才职业培训体系的构建

根据现行的《国民经济行业分类》(GB/T 4754—2017),作为商务服务业的重要组成部分,会展业已从2011年版《国民经济行业分类》的小类"L7272 会议及展览服务"上升为目前的中类"L728 会议、展览及相关服务"。《国民经济行业分类》(GB/T 4754—2017)包含20个门类、97个大类、473个中类和1 380个小类。由此可见,会展业在国民经济行业分类中的地位举足轻重,是现代服务业的重要支柱之一。根据英国标准协会(BSI)与英国经济学人杂志共同研究的组织生存力模型,组织实现可持续发展的核心包括产品、流程和人才。因此,会展业的市场主体要保持组织生存力,人才是关键要素之一。

会展人才培养的主要渠道包括学历教育和职业培训。在学历教育方面,我国在高等职业教育领域,有130所高职院校开设了149个"会展策划与管理"专业点,37所高职院校开设了39个"展示艺术设计"专业点。其中,广东职业技术学院、广东环境保护工程职业学院设有两种学制专业点。在普通本科教育领域,2003年以来的20年中,教育部一共审批或备案了147个会展本科专业点,其中会展经济与管理专业点143个,交叉学科会展专业点4个。由于学科调整与专业变革,先后有19所高校撤销或停招会展经济与管理专业。上述学历教育会展人才培养较有效地满足了会展行业人才的储备需求。

职业培训则是会展人才培养另一种有效供给方式,根据2022年新版的《中华人民共和国职业教育法》,职业培训包括就业前培训、在职培训、再就业培训及其他职业性培训。《国务院关于推行终身职业技能培训制度的意见》也指出:职业技能培训是全面提升劳动者就业创业能力、缓解技能人才短缺的结构性矛盾、提高就业质量的根本举措,是适应经济高质量发展、培育经济发展新动能、推进供给侧结构性改革的内在要求,对推动大众创业万众创新、推进制造强国建设、提高全要素生产率、推动经济迈上中高端具有重要意义。

资料来源:中国贸易报.

3. 服务时机的心理功能及改善

服务时机是指参展工作人员为观众提供服务的时间点,即"火候"与"机会"。参展工作人员的工作与观众参观展台都存在着各自的"起始点"与"终结点"。一般来说,如果参展工作人员的服务时间与观众的参观时间基本一致,观众就会感到便利和满足,否则,对其后续行为将受到很大的影响。

(1)服务时机的心理功能

服务时机首先体现在服务的热情程度与服务时间的把握上。适度、适时的服务让人轻松且愉快。

热情服务一直被当作优质服务的考量因素之一,但是对热情服务"度"的要求却并不明确。从观众的角度来说,过分的热情服务不仅可能不会提高服务的满意度,还有可能招来厌烦。对很多观众来说,在参观展台的过程中,都需要有时间独自思考、比较和选择,这段时间里他们不希望被打扰。如果参展工作人员热情过度,轻则可能会使观众有压迫感,咨询交流草草结束,重则这样紧追不舍的热情服务会把观众吓跑。所以,在提供服务的时候,留出一定的"零打扰时间"是非常有必要的。

最佳的服务时间点就是观众想要发问但尚未说出来的时候,这时候参展工作人员及时出现给予专业解答,不仅会使观众感到愉悦,甚至还伴有惊喜之情,从而对其采购决策与采购行为产生直接的推动性影响。因此,适时的服务往往能取得更高的顾客满意度。"超前"或者"延后"都不能产生这样的效果。

需要注意的是,等待能够破坏一次实际上完美的服务过程。参展工作人员要对展台参观人流量做好预案,如果等待无法避免,应想方设法让等待变得可以忍受,可通过设置"服务等候区"来"预热"接下来的互动与交流,让观众保持良好心情并形成满意结果。

(2)把握服务时机的途径

首先,准确辨别参观者身份类型,提供有针对性的服务。对参展商来说,专业观众,即专业买家,是他们的重点吸引和互动对象,但专业观众通常只占展会全部观众的10%甚至更少,在占展会观众90%比例的各类普通观众中:大约19%是无购买意向,或无购买能力的冒牌买家(Tyre Kickers);8%是来询价、比价的人(Wheeler-dealers);21%是仅对技术问题感兴趣的技术专家(Technocrats);26%是怀有其他目的的狡猾的人(Foxes),如想向参展商推荐商品;26%是来展会进行一日游的人(Day-trippers),如学生或退休的人[1];除此之外,还包括一些媒体、设计

---

[1] BLYTHE J. Trade fairs as communication:a new model[J]. Journal of Business & Industrial Marketing, 2009,25(1):57-62.

师、技师、大学教师等,他们来参观是因为自己的工作与展会所涉及的行业相关①。

一般一个商业性展会通常只持续 3～5 天,在短短的几天时间内,参展工作人员要接待大量的观众,精力消耗巨大,为了能够与专业卖家进行高质量的交流与互动,就要求参展工作人员能够迅速、准确辨别参观者身份类型,必要时进行服务分级。当然,这并不是让参展工作人员对观众从态度上进行区别对待,仅仅是从提高工作效率的角度科学、有效分配服务时间和精力,把握好服务时机。

其次,依观众的气质类型提供因人而异的展台接待服务。气质的差异和影响同样存在于观众的参观行为中,不同气质的观众参观过程中面对同样的问题可能会有不同的反应,遇到问题时的处理方式也可能大相径庭。参展工作人员还需结合相应的心理学知识与参展经验研判观众的气质类型,找准服务时机,做好展台接待服务工作。这一部分内容在第六章第三节有详细阐述,在此不再赘述。

最后,选派合适的参展工作人员。展会举办时间短暂,参展企业更加注重互动的效率与效果,人员安排成为实现参展绩效的重中之重。实践证明,选派善于沟通、长于交际、了解产品的员工去参展,做好与专业买家的交流与互动,不仅是提升销售绩效的关键,而且是提升非销售绩效的重要途径。值得提醒的是,参展工作人员在与专业买家交流时,不能将全部心思都放在促使专业买家做出购买决策和下订单方面,还应耐心做好形象展示、现场接待等工作,通过互动交流深入挖掘专业买家在信息提供、品牌塑造、关系构建等方面的价值与贡献,在实现良好销售结果的同时提升非销售绩效。

第二节　会展服务中的投诉管理

一、会展服务投诉的概念

虽然会展服务包含了展前、展中和展后三个阶段服务,但展中的现场接待和管理是对较短时间范围内的人、事和物进行接待和管理,涉及几千甚至上万的参展商,参展商的展品运输、场地管理,还有以万计的观展观众,各种各样的事情聚集、众多和繁杂,因此,展会现场往往是会展服务投诉发生的集中地,也对展会现场管理提出了更高的要求与挑战。会展行业的性质决定了服务是生命,而现场服务工作更是服务中的服务,务必要从每一个细节做起。基于此,我们这里将会展服务投诉聚焦于发生在展会现场的投诉。具体来说,会展服务投诉是指展会举办期间参展商或观众主观上认为由于会展服务工作上的差错,损害了他们的利益,而向有关人员和部门进行反映或要求给予处理。

会展服务投诉的产生既可能是服务中确实出现了问题,也可能是由于参展商或观众的误解。会展服务投诉具有双重性。一方面,投诉的产生确实会对企业或展会的声誉产生负面影响,但从另一方面来看,投诉可以帮助企业及展会识别自身存在的不足,解决投诉问题,平复情绪,是提高服务质量、完善管理流程与管理水平的一次机会。因此,既不要把投诉看作洪水猛兽,也不能对投诉的处理过于形式化,应客观、全面地看待投诉在管理中的作用。

---

① BELLO D C, LOHTIA R. Improving trade show effectiveness by analyzing attendees[J]. Industrial Marketing Management, 1993,22(4):311-318.

二、会展服务投诉的原因分析

导致会展服务投诉的原因多种多样,既有主观原因,又有客观原因。

(一)主观原因

1. 态度的原因

服务态度既有感召和感化的积极意义,又有逐客与激化矛盾的作用。服务态度中对客人的不尊重往往也是导致客人投诉的主要原因。会展服务过程中,参展商和观众对服务的期望不仅有解决问题的功能服务,更重要的是在接受服务的过程中感受到来自服务人员的尊重、关心和重视。正因为此,服务态度不当是引起参展商和观众不满意的敏感因素,成为客人投诉的主要原因。

当参展商或观众遭遇如下服务态度时,如态度冷淡或轻蔑,缺乏主动服务意识,对客人爱搭不理,或对客人的询问一律回答"不知道""不清楚";服务用语不规范,不注意礼貌礼节,冲撞客人甚至对客人冷嘲热讽;不尊重客人的习惯等,就很有可能被投诉。

2. 服务行为及沟通的原因

服务过程中引起顾客投诉的原因也有很多,主要表现为服务不负责任。参加展会的展商或者观众大部分来自外地,对当地交通、住宿、餐饮等是陌生的,对这些方面的服务引导不够往往会影响他们接下来的参展情绪;有时候还会出现参展商在展会现场或者找不到组委会工作人员,或者组委会工作人员电话打不通等情况,这些欠缺服务意识的服务行为很容易导致参展商或观众的投诉。除此之外,工作敷衍推脱、不主动,损坏或遗失相关物品,对展馆环境不熟悉、一问三不知等,同样有可能引起参展商或观众的投诉。

另外,服务过程中沟通非常重要。服务中的沟通除了语言沟通,还有非语言沟通,使用不当,这两者都有可能造成客人投诉。有些投诉是由于沟通中出现了误会。如向参展商传递与展会相关的各类服务信息和规定不及时全面、对专业观众的消费习惯没能充分掌握等。有些投诉确实是服务人员没做好,如接待过程中服务人员若语气生硬冷漠、言辞不友好、动作粗鲁无礼、眼神轻蔑或挑衅等,都将极大地引起参展商和观众的反感,进而引发投诉。

(二)客观原因

1. 硬件设施设备因素

硬件设施设备是展会及其服务得以开展的重要条件,也是服务顺利进行和完成的保障。如果设施设备不够完备或者质量不佳,不仅会影响服务人员的工作及其质量,还会直接影响参展商和观众的参展体验,导致投诉。如展馆 Wi-Fi 流量不足,租赁的展具设施功能缺失等,这将会影响参展商的网络使用需求以及展品展示等工作的开展,从而可能引起投诉。

2. 不可抗力因素

展会举办期间,有可能会发生一些不可抗力的状况,如极端恶劣天气、交通事故、火灾、大型工程施工等,同样会影响参展商和观众的满意度,也有可能会带来投诉。遇到不可抗力因素时,展会主承办方工作人员还应主动做好安抚和信息传达工作,做好参展商和观众的心理建设,尤其是要提前做好备案,同时积极协调配合问题的解决。

3. 个人因素

参展企业选派到展会现场的参展工作人员以及观众都有着自身的个性特征,不同个性特征的人面对同样服务问题的反应也是不同的,一般外向的、攻击性强的人比较容易投诉,而内向的、同理心强的人则更多的是自己抱怨几句。所以,会展企业,尤其是展会主承办方还应注意到这一点,没有投诉并不意味着服务中真的没有问题,还应主动去观察、了解,做好展后满意度调研和参展商及观众的跟踪反馈工作。同时,即使是同一个人,面对同样的服务问题,在不同情绪状态下的反应也是不同的。一般情绪状态越好越愿意大事化小、小事化了,因此,会展服务人员在提供服务的时候还应注意观察参展商或观众的情绪变化,避免激化矛盾,巧妙化解问题。

三、会展服务投诉的心理表现

参展商或观众不是一旦出现不满意就会发起投诉,而是有一个渐进的心理发展过程。一般先是因为对服务的不满意出现情绪上的波动,这是潜伏阶段,这种情绪波动如果没有得到重视或者及时补偿就会发展为愤愤不平的激动情绪,这种情绪最终会以投诉行为或者与服务人员的直接冲突表现出来,这是爆发阶段。在这个情绪变化、发展的过程中,参展商或观众经历了不同的心理活动过程,因此,投诉行为发生时的心理需求也不尽相同,总结如下。

1. 寻求保护的心理

展会投诉是参展商和观众自我保护意识增强的具体体现。由于参展商或观众在展会参加过程中物质方面或精神方面或者两方面受到了损害或者没有达到应有的满足,他们就会向相关人员和部门进行反映,以实现自我保护的心理需求。

2. 寻求尊重的心理

在导致投诉的原因中,服务态度上的不尊重是主要原因之一。尊重是日常人际交往中基本的心理需求,在服务的情境中,对尊重的需求与期望值更高,也是较为敏感的因素。当会展服务人员在态度、言行等方面表现出对参展商和观众的不尊重却没有相应的解释或者赔礼道歉,就会引起他们明显的情感抵触,进而希望通过投诉重新获得这一需求的满足。

3. 寻求发泄的心理

参展商或观众投诉前都经历了一个情绪激发、激化与爆发的过程,即投诉时已是负面情绪满负荷的状态,只有发泄出去才能重新平静下来。投诉就是一个很好的宣泄口,投诉的过程实质上就是宣泄情绪的过程,宣泄不满和愤怒情绪的过程。

4. 寻求补偿的心理

会展服务投诉意味着客人在精神和物质或者两个方面都没有得到应有的满足,有些由于会展企业或展会主承办方自身的过错还给参展商和观众造成了一定的经济损失,这时投诉就成为获得物质和精神补偿的重要途径。

5. 寻求平衡的心理

参展商和观众投入时间和金钱换取令人满意、愉悦、公平的服务需求,如果没有实现最初的心理预期,甚至还产生了经济损失,就会产生心理不平衡的消极体验。这时他们就会以投诉的方式引起相关部门和人员的重视与解决,通过获得相应的精神补偿或物质补偿,以重新实现心理平衡。

四、会展服务投诉的处理方法

会展服务人员需要明确地认识到,处理投诉不是一种人、财、物上的浪费,而是自我修正完善的机会。投诉处理的过程,是解决客人提出的问题并进行物质和精神上补偿的过程,也是发现服务中存在的问题与漏洞的过程。投诉处理妥善,不仅可以安抚参展商或观众的情绪,满足其心理需求,而且还可能成为企业营销的一次良机。

（一）把握正确的处理原则

1. 耐心倾听,弄清真相

参展商或观众来投诉时,往往情绪比较激动,言辞有可能会比较激烈,有些时候表达还会词不达意,语无伦次,这时接待投诉的服务人员要注意礼貌礼节,耐心倾听,不要轻易打断,也不要急于解释,更不能辩解,否则会更加激怒他们。要想方设法让他们安静下来,如在倾听客人讲述的过程中,礼貌询问事情的一些细节,确认某些信息等,并做好记录。一般情况下,当参展商或观众在看到会展服务人员做记录时都会减缓讲述的语速,这是非常有利于情绪平复的一种方式。一旦情绪放松并平静下来,就可以更好地弄清事情来龙去脉及真相,了解参展商或观众的投诉要求。

2. 态度客观,不予争辩

在接待参展商或观众的投诉时,服务人员除了要注意礼仪礼貌,更重要的是要给他们讲述与申诉的机会,弄清事情真相。态度客观,维护企业利益与企业形象固然重要,但也要尊重客观事实,既不能与他们争辩,推卸责任,也不能贬低他们,激化内部矛盾,更不能一味退让,为了息事宁人而答应他们的不合理要求。

3. 区别不同情况,采取恰当解决方式

弄清真相后,如果发现投诉来自参展商或观众的误会,还需进行耐心解释,消除误会,同时对他们对展会管理工作的监督与支持表示感谢。

如果发现投诉是由于会展服务人员的过错造成,首先要对参展商或观众表示诚恳的道歉,必要时请领导出面对他们表达真诚的歉意,并对他们的投诉表示感谢,这样做可以使参展商或观众感受到他们的投诉得到了重视,满足其得到尊重、重视的心理需求。

如果发现投诉是会展服务人员的差错或未履行合同而给参展商或观众造成了物质损失或严重的精神伤害,要表达诚恳的道歉,在权限允许范围内,征求他们的意见,并做出补偿性的处理,如适当的展位折扣、展品推荐、免费参加活动等。如果自己权限内的补偿方案没能取得认可,则需要讲清楚自己的权限范围,超出权限范围需要向上一级请示,获得参展商或观众同意后给出一个答复的程序和日期。

如果投诉问题比较复杂,需要花点时间厘清真相,则不要急于表达处理意见,先给予参展商或观众情感上的安抚与补偿,记录投诉的问题,并与他们一起商定解决问题的程序和日期,并认真履行及给予及时的反馈。

如果投诉问题已经厘清并遵守一定程序给予了合理的解决方案,但是参展商或观众始终不同意,存在明显的无理取闹的行为时,会展企业或展会主承办方还应对这一类特殊投诉行为制订相应的解决措施。

（二）遵循处理投诉的程序

会展企业应根据实际情况制订投诉处理的程序,一方面有利于投诉处理快速、有效,另一方面有利于投诉处理方案的制订合理、有度,降低企业经营成本。因此,在处理参展商或观众的投诉时应严格遵守相关程序。一般投诉处理程序是:耐心倾听,弄清真相;表示道歉,进行安抚;制订解决方案,征求意见;主动联系,及时反馈;记录过程,认真总结。展会主办方可在开展期间现场设立咨询台解决参展商和观众提出的相关问题,并要求咨询处的工作人员必须要对展会的各个环节非常清楚,能够自主解决问题,帮助客户联系到相关的负责人解决问题。总之,会展企业对待参展商和观众的投诉应做到件件有反馈,事事有回应。

会展企业对会展服务投诉问题最好的选择就是尽量避免投诉的发生。通过完善服务流程,提高服务质量,让参展商和观众能够高兴而来,满意而归。根据对投诉原因的梳理也可以发现,受各种条件的制约以及一些不可预测因素的影响,会展服务投诉几乎是不可避免的。同时,会展企业还应意识到,展会投诉是一把双刃剑,处理得当同样可以为企业带来良好的顾客口碑与企业形象。因此,投诉发生后如何处理,如何从功能和心理两个方面为参展商或观众提供补救性的服务,成为发挥其有利一面的关键。会展企业与会展服务人员应共同努力,建立投诉处理工作部门及投诉处理机制,主动积累投诉处理经验,加强员工培训与日常管理,不断完善服务的规章制度,为参展商和观众提供满意的服务,减少投诉的发生。

虽然这里只探讨了展会现场接待服务中投诉的处理原则与程序,但以上内容对展前、展后投诉的处理同样适用。

第三节　会展企业员工的心理健康与管理

一、心理健康概述

(一)心理健康的含义

心理健康的基本含义是指心理的各个方面及活动过程处于一种良好或正常的状态。心理健康的理想状态是保持性格完美、智力正常、认知正确、情感适当、意志合理、态度积极、行为恰当、适应良好的状态。与心理健康相对应的是心理亚健康以及心理病态。心理健康从不同的角度有不同的含义,衡量标准也有所不同。

(二)心理健康的标准

人的健康分为生理健康和心理健康。心理健康是现代人健康不可分割的重要方面。与生理健康一样,一个人的心理健康也是有标准的。了解与掌握心理健康的衡量标准,对于增强与维护人们的整体健康水平有重要意义。人们可以以此为依据对照自己,进行心理健康的自我诊断。若发现自己的心理状况某个或某几个方面与心理健康标准有一定距离,就可以有针对性地加强心理锻炼,以期达到心理健康水平。若发现自己的心理状态严重地偏离心理健康标准,就要及时地求医,以便早期诊断与早期治疗。

美国心理学家马斯洛和米特尔曼(Mittelman)在合著的《变态心理学》中提出的心理健康的10条标准被公认为最经典的标准:①充分的安全感;②充分了解自己,并对自己的能力作适当的估价;③生活的目标切合实际;④与现实的环境保持接触;⑤能保持人格的完整与和谐;⑥具有从经验中学习的能力;⑦能保持良好的人际关系;⑧适度的情绪表达与控制;⑨在不违背社会规范的条件下,对个人的基本需要作恰当的满足;⑩在集体要求的前提下,较好地发挥自己的个性。

(三)心理健康的影响因素

心理健康的影响因素是多方面的,主要包含以下这些影响因素。

1. 生理因素

影响个体心理健康的生理因素包括遗传和疾病。心理学家们曾用家谱分析的方法研究遗传因素对个体心理健康的影响,结果发现在有心理健康问题的学生中,家族中有癔症、活动过度、注意力不集中病史的所占比例较大。除了遗传因素之外,病菌、病毒干扰、大脑外伤、化学中毒、严重躯体疾病等疾病因素也都可能导致心理障碍甚至精神失常。

2. 家庭因素

影响个体心理健康的家庭因素包括家庭结构、家庭环境和父母教养方式。家庭结构是指家庭中的成员组成。多数研究发现结构完整、气氛和谐的家庭有利于儿童的心理健康,而破裂家庭或父母不和谐、经常争吵对儿童身心健康明显有不利的影响,容易使儿童产生躯体疾病,同时会导致心理障碍的发生率增高。家庭环境是指家庭的物质生活条件、社会地位、家庭成员之间的关系以及家庭成员的语言、行为与感情的总和。研究证明组成家庭环境的物质环境、语言环境、人际环境和心理环境越好,越有利于儿童的心理健康。父母的教养方式对个体的心理发育、人格的形成、归因方式以及心理防御能力等都有着极为重要的影响。已有研究表明不良的父母教养方式对青少年的心理健康水平有着显著的消极影响。

3. 学校因素

对心理健康有显著影响的学校因素有学校的管理和教学、学校环境、教师因素。学校的管理制度和教学方式往往决定了一所学校的校风、教风和学风。学校环境一般是由学校的物质环境、班级风气和人际关系组成。教师因素是指教师自身的认知与行为特点,这些都对个体的心理健康产生重要的影响。

在个体发展中,学校教育是相当重要的。学校的重要性首先表现它在较长时间内对人进行系统教育,而这种系统教育对人的社会行为的塑造是其他行为无法替代的。学校的重要性还在于它有着独特的、完整的机构,是社会的雏形,对人了解社会、发展自我和人格、培养合乎角色要求的社会行为模式起着重要的作用。

4. 社会因素

对心理健康有显著影响的社会因素有社会环境、学习与工作环境、社区环境等。人生活在现实的社会环境中,在一定的社会环境影响下成长和发展。一定社会的文化背景、社区环境、社会风气和生活环境等因素都对个体的心理健康产影响。如社会环境的风俗习惯、道德观念;学习与工作环境中的物质环境、拥挤与噪声等;社区环境中的人际关系、社区文化。

5. 个体因素

除上述原因之外,个体某些方面的因素如外貌、能力、习惯、个性特征等也会影响心理健康状况。一般外貌较好、能力强、自律性强的人比较容易得到更多人的认可和喜爱,会对自己产生更多的满意与自信,心理健康状况也比较好,反之则会体验到更多的焦虑、自卑、挫折等消极心理活动过程,特别是处于青春期的时候,可能会导致心理问题的出现。另外,人格特征是与心理健康密切相关的心理品质。同样的生活挫折,不同的人反应可能完全不同。研究表明特殊人格特征往往是导致相应精神疾病,尤其是神经官能症的发病基础。因此,培养健全的人格是保持身心健康的关键因素之一。

(四)员工心理健康管理的意义

员工心理健康就是组织内的员工有一种高效而满意的、持续的心理状态。现在企业员工有五大心理状态:职业压力感、职业倦怠感、职业方向感、组织归属感、人际亲和感。当员工处于心理健康状态时,这五大心理状态就都是积极的、均衡的。了解员工心理健康状况,不仅可以对员工的工作行为进行把脉,发现职业状态背后深层的心理原因,而且还可以通过一些缓解和治疗的手段,帮助员工从职业心理问题中解脱出来,缓解挫折、压力等带来的心理伤害,保养心理健康。

对员工心理健康进行管理的目的就是促进员工心理健康,降低管理成本、提升组织文化,最终实现提高组织绩效的目的。有效的员工心理健康管理的意义表现为以下3个方面。首先是减少人才流失。实施员工心理健康管理的企业能使员工感受到企业对他们的关心,使员工更有归属感和工作热情,能吸引更多的优秀员工,由此降低重大人力资源风险,保护企业的核心资源,提高劳动生产率。其次通过员工心理健康管理的实施,使员工压力处于最佳水平,身心更健康,精力更充沛,由此提高企业的劳动生产率,增强企业的核心竞争力。最后是预防危机事件发生。通过员工心理健康管理的实施,对员工的压力水平进行即时性监控,并推荐适当的指导建议,促进员工随时调整身心状态,预防员工心理危机事件的发生。我们接下来从挫折和疲劳两个方面梳理其对会展企业员工心理健康的影响以及应对方式。

二、会展企业员工的挫折

(一)挫折的含义

挫折是指个人从事有目的的活动时遇到无法克服的障碍或者干扰,不能实现其心理需求的目标时而产生紧张、焦虑、不安等情绪的状态。

挫折包括三个方面的含义。一是挫折情境,指对人们有动机、目的的活动造成内外障碍或干扰的情境状态或条件。构成刺激情境的可能是人或物,也可能是各种自然、社会环境。二是挫折认知,指对挫折情境的知觉、认识和评价。三是挫折反应,指个体在挫折情境下所产生的烦恼、困惑、焦虑、愤怒等负面情绪交织而成的心理感受。其中挫折认知是核心因素,挫折反应的性质及程度,主要取决于挫折认知。一般来说,挫折情境越严重,挫折反应就越强烈,反之挫折反应就越轻微。但是只有当挫折情境被主体所感知时,才会在个体心理上产生挫折反应。如果出现了挫折情境而个体没有意识到,或者虽然意识到了但并不认为很严重,那么也不会产生挫折反应,或者只产生轻微的挫折反应。因此挫折反应的性质、程度主要取决于个体对挫折情境的认知。

挫折同其他事物一样,具有二重性。从消极方面看,挫折使人痛苦、失望或消极、颓废,甚至做出某些粗暴对抗行为;从积极方面看,挫折能够锻炼人的意志,使人更成熟、坚强,激励人由逆境中奋起,更加努力向上,形成一定的应对挫折的能力。

(二)挫折产生的原因

1.客观环境因素

客观环境因素可以分为自然环境与社会环境两种因素。

自然环境因素是指各种非人为力量所造成的时空限制、自然灾害、意外事故、生老病死等。自然界内的万事万物都有其固有的存在和发展规律,人类不可能对所有事物都达到完全彻底的认识,即便认识了也不可能绝对地征服自然。所以要在自然环境中生存发展,人就必然会遇到自然界所带来的种种困扰,挫折也就在所难免。

社会环境因素是指来自个体所生存的社会环境的一些干扰和障碍,如政治、经济、文化、道德、法律、宗教等。既包括大的社会环境,也包括学校、社团、家庭等小的社会环境。如随着会展行业多元化发展,其产业链向系列化、一体化延伸,涉及更多外延企业,除了营销、策划等传统业务,会展设计、会展物流、会展信息服务、网络会展增值等业务出现,对设计、运营等岗位的需求大幅度增加,对会展从业人员提出了新挑战,造成了新压力。

2. 个人主观因素

个人主观因素包括个人的生理条件、心理因素与动机冲突等。

生理条件是指个体与生俱来的身材、容貌、智力、生理缺陷及健康情况等所带来的限制。如想做会展策划设计却天生色弱,想做会展营销却有一定程度的社交恐惧症等都会带来直接的挫折。

心理因素是指个体的心理特点和心理水平,如需要、动机、理想、信念以及能力、气质、性格等所带来的影响。如对一个会展企业员工构成挫折的情境和事件,对另一员工却不一定会构成挫折,这就是个体感受的差异,即个体受挫与否,是由当事人对自己的动机、目标与结果之间关系的认识、评价和感受来判断的。正如巴尔扎克所说,"世上的事情,永远不是绝对的,结果完全因人而异。苦难对于天才来说是一块垫脚石,对于能干的人是一笔财富,而对于弱者是一个万丈深渊"。

动机冲突是指当个体同时产生了两种或两种以上的动机,但受限于现实条件,只能实现其中一种而放弃其他的动机时就会产生受挫感。如一名会展企业员工想要接受晋升的机会却又担心自己无法胜任时就会产生受挫感。同时,当期望与能力之间出现矛盾时,如刚进入职场的会展企业新员工就希望自己能够很快升任管理者,但这一想法往往很难如愿,也会让人感到失意沮丧。

3. 组织因素

组织因素包括组织的管理方式、工作性质和工作环境等。

组织的管理方式是指组织是否采用了恰当的员工管理方法。传统的组织管理多采用 X 理论,即主张用权威控制和惩罚的方法来管理员工,容易导致组织目标与个人动机之间的严重冲突,员工受挫现象较为普遍。因此,组织要选用恰当的管理方式,减少或消除管理方式带给员工的挫折感。目前会展企业面临着数字化转型的挑战,但传统的组织架构及其管理方式使员工只专注于自己的分工,一定程度上压制了员工的探索动力,很难发挥员工的主观能动性和创意性,成就感不足成为另一种形式的挫折。

工作性质是指工作本身的特点。工作性质对个人的心理健康非常重要。如果工作性质与个人需求能够匹配,就能够激发个人的工作热情与兴趣,在工作中体现出个人的才能和价值,获得自我实现的满足,否则工作就会成为心理上的负担,引起不良情绪,产生挫折感。如由于有着明确的业绩考核标准,会展企业中处于营销类岗位的员工更容易感受到挫折。

工作环境包括物质环境、人际关系环境和心理环境等。会展服务具有综合性的特征,这也使会展服务过程离不开员工间的相互配合与协作,因此,除了必要的物质工作环境,人际关系和谐融洽,心理上对组织有归属感与自豪感等都会有利于员工的心理健康。另外,分工过细也会导致心理挫折。分工细致一方面可以让员工快速熟悉工作岗位要求,提高工作效率,但另一方面单调、重复的工作内容很容易让员工失去新鲜感,逐渐产生受挫感。数字化转型时期的会展企业需要从心理层面激发员工的工作热情,从企业带着员工向前发展转变为由员工推着企业走。

【阅读材料8-4】　职场友谊能促进会展企业员工的服务创新行为吗?

职场友谊作为一种自愿的非排他性的职场联系,表现为同事间的相互欣赏、彼此信赖和利益与价值观的分享。与那些以工作角色为纽带的工作联系有所不同,职场友谊以个体间的情感联系为纽带,能够满足员工的社会心理需求。会展业属于典型的服务业,会展企业作为一种中介性的专业服务组织,通常以项目团队为基本组织单元,为参展商和观众提供从信息发布、展会策划、招商招展、资源配置、现场接待、展中服务到展后评估的全方位服务,涉及多个不同时空但又紧密关联的服务场景。这种会展服务的集合性特征,使会展服务过程离不开员工间的相互配合与协作。紧密的合作要求员工之间除工作关系之外,还能够建立良好的职场友谊。在友谊的联结下,员工可能更愿意与同事分享各自在不同展会服务项目中积累的差异化经验或教训,进而产生改进展会服务的新颖想法,并通过合作付诸实践,从而表现出服务创新行为。因此,会展业的服务创新实践为实证检验本研究的理论模型提供了非常好的实践场景。

该研究以广东地区224名会展企业员工为问卷调查研究对象,基于"工作要求-资源"理论,引入内在动机为中介变量,组织认同感为调节变量,构建了职场友谊对员工服务创新行为的影响机制模型。研究结果证实了在工作中收获较高水平友谊机会和友谊强度的员工更加倾向于表现出改善工作流程、改进服务方式等服务创新行为来提升展会质量。

本研究对企业管理者具有一定启示意义。首先,企业可以通过提高员工在工作中的职场友谊水平来激励员工表现出服务创新行为。例如,借助定期团建活动、员工生日会、趣味运动会等活动形式,为员工创造可以相互沟通、增进了解、加强合作、培养友谊的机会和环境。其次,企业可以通过激发员工的内在动机来促进其开展服务创新。如鼓励员工在工作中发表自己的意见与看法,给员工安排与其能力相匹配且具备一定挑战性的工作,提升员工对工作的热爱和兴趣,激发员工自主地开展工作,进而提升服务创新水平。最后,高组织认同感能够弥补员工内在动机的不足,企业可以通过营造创新的组织文化和组织价值观,以员工培训、企业年会等形式,将企业创新价值观植入每一个员工心中,提升员工个人与组织价值观和利益的一致性感知,提高员工的组织认同感,进而促进服务创新行为。

资料来源:余传鹏,朱靓怡,叶宝升.职场友谊对员工服务创新行为的影响研究:以会展业为例[J].旅游学刊,2022,37(5):124-136.

(三)受挫后的心理防卫机制

1.心理防卫机制概述

心理防卫机制是指个体面临挫折或冲突的紧张情境时,在其内部心理活动中具有的自觉或不自觉地解脱烦恼,减轻内心不安,以恢复心理平衡与稳定的一种适应性倾向。最早由弗洛伊德提出该概念。他认为人格结构包括"本我""自我"和"超我"三部分,心理防御机制是自我受到超我、本我和外部世界的压力时,自我发展出的一种机能,即用一定方式调解、缓和冲突对自身的威胁,使现实允许,超我接受,本我满足。由于每个人的个性特点和遭遇挫折时的情境不同,采用的防御机制也不相同。我们可以把防卫机制的类型分为十六种,属五大类,见表8-1。

表 8-1　心理防卫机制的类型与种类

机制类型	作用种类
逃避机制	压抑、否定、退行、潜抑
自我欺骗机制	反向、合理化、仪式抵消、隔离、理想化、分裂

续表

机制类型	作用种类
代替机制	幻想、补偿
攻击机制	转移、投射
建设机制	认同、升华

2. 常用心理防卫机制的心理作用

（1）压抑作用

压抑作用也称为动机性遗忘，是将个体不能容忍的或具有威胁性、痛苦的经历、欲望或动机压抑到无意识中去。压抑是各种防卫机制中最基本的方法。个体在面对不愉快的情绪时，不知不觉有目的地遗忘，与因时间久而自然忘却的情形不一样。如我们常说"我真希望没这回事""我不要再想它了"，或者在日常生活中，有时我们做梦、不小心说漏了嘴或偶然有失态的行为表现都是这种压抑的结果。会展员工在工作过程中难免会遇到不愿回想起的人、事或物，以及暂时无法实现的目标，这时候他就会选择性地将其压抑到无意识中去，以减轻因此产生的心理压力。

（2）合理化作用

合理化作用也叫文饰作用。当人们的行为或动机的结果不符合社会公认的价值标准，或是自己的意愿、目的不能实现时，为了减轻焦虑情绪，人们会寻找一个合理的解释。

一般，合理化作用可分为酸葡萄效应，甜柠檬效应和推诿三种方式。其中酸葡萄效应是指当自己所追求的东西因自己能力不够而无法取得时，就加以贬低和打击。与酸葡萄效应相反，甜柠檬效应是指企图说服自己和别人，自己已完成的或已拥有的是最佳的选择。推诿是指将个人的缺点或失败，归咎于其他理由。如伊索寓言中的那只狐狸，当它想吃葡萄而无法够到的时候，就说葡萄是酸的，后来为了填饱肚子，用柠檬来充饥时就说柠檬是甜的，并把这一切的过错推到树的身上。如现实中可能会发生一名会展员工看到同事晋升高一级职位时，虽然内心很羡慕，但嘴上却说新岗位压力太大，还是维持现状更好这样的情景。

（3）反向作用

反向作用是指人们为了避免自身某种与社会期望不相符合的动机所带来的焦虑情绪，而做出与这种动机相反并与社会期望相符合的行为。使用反向作用，一方面可以掩盖自己原有的动机，消减由此产生的焦虑，另一方面可以压抑原有动机，即所谓的反向作用，如"此地无银三百两""赶狗入穷巷""以退为进"等都是反向的表现。通常使用反向作用的人，本身对于自己在使用此机制一无所知，而非口蜜腹剑或刻意而为。如"上班摸鱼"是流行于社交媒体和网络平台的互联网语言，描述的是在工作时间内偷懒或者做一些不相关的事情，而不是专注于工作。会展企业里同样存在此类现象。从心理学角度看，这种工作行为可能会让员工感到内疚或者不安，为了掩盖这种不安，员工可能会用多种形式营造忙碌的氛围以缓解这种行为带来的愧疚情绪。

（4）补偿作用

补偿作用是指当一个人由于某些方面的不足，如形象不佳或身体残疾，为了弥补这些不足所带来的自我价值的缺失，便会在其他方面加倍努力，以求得心理上的平衡。

补偿可分为消极性的补偿与积极性的补偿。所谓消极性的补偿是指个体所使用来弥补缺陷的方法,对个体本身没有带来帮助,有时可能带来更大的伤害。如借酒浇愁愁更愁。所谓积极性的补偿是指以恰当的方法来弥补其他方面的不足或缺陷。如"失之东隅,收之桑榆"的经典表述。目前会展行业人才学历集中在本科与高职高专层面,在职业生涯发展中学历可能会成为一个障碍因素,面对这样的情况,有的员工会积极寻求学历提升机会,有的员工可能就会陷入自怨自艾或对晋升机制的抱怨里而无法自拔。

(5)投射作用

投射作用是指人们无意识地将一些自己所不期望的动机、态度和个性特点,投射到别人身上,使自己觉得别人具有这些特点,而非自己,由此来削减自我价值被否定的恐惧,维持自己的心理平衡。精神分析学者认为投射是个体自我对抗超我时,为减除内心罪恶感所使用的一种防卫方式。所谓"投射"是指把自己的性格、态度、动机或欲望,"投射"到别人身上。如"以小人之心度君子之腹""我见青山多妩媚,料青山见我应如是""五十步笑百步"等就是投射作用的写照。

会展服务包罗万象,会展管理的成功靠的就是一流的服务,离不开员工间的相互配合与协作,但可能会出现社会惰化效应。这种效应是指个人与群体其他成员一起完成某种事情时,个人所付出的努力比单独时偏少,个人的活动积极性与效率下降的现象。作为当事人为了降低由此行为带来的自我怀疑,会认为团队中其他成员也有同样的做法。

(6)升华作用

对于许多社会不允许的欲望或动机以社会允许的方式表现出来,可以受到社会的欢迎,自己的内心也可以得到慰藉。这种既释放了心理能量又不用担心受到责罚的心理防卫机制,即升华作用。升华一词由弗洛伊德最早使用,他认为将一些本能的行动如饥饿、性欲或攻击的内驱力转移到一些自己或社会所接纳的范围时,就是"升华"。如一个人将失业后的愤怒与悲伤转化为刻苦学习的动力并最终找到心仪的工作。升华作用是一种很有建设性的作用,也是维护心理健康的必需品。如果没有它将一些本能的冲动或生活挫折中的不满愤懑转化为有益世人的行为,这个世界将增加许多不幸的人。

2020年会展业受到新冠疫情的巨大冲击,会展从业者把重创带来的压力、挑战转化为求新、求变,寻求突破口的动力,一定程度上推动了数字会展的发展。2021年励展会展公司和米奥会展公司成为运营"数字会展"比较有代表性的企业。其中励展会展公司开发的"励展通"实现了线上线下展览融合发展,运用数字会展平台后公司2021年业务增长47.51%;米奥会展公司开发的"网展贸Max"在线数字展览平台,已覆盖127个国家,能够实现中国参展企业在线做外贸、找客商、拓展市场等目标,该数字会展系统2021年实现收入1.54亿元,占公司总收入84.8%,真正实现了数字化会展的转型。

3.心理防卫机制的特征

首先,防御机制不是蓄意使用的,它们是无意识的或至少是部分无意识的,真正的防御机制是无意识进行的。其次,防御机制是借支持自尊或通过自我美化(价值提高)而保护自己及防护自己免于受伤害。从它的作用和性质来看,可分为积极的防御机制和消极的防御机制两种。最后,防御机制似有自我欺骗的性质,即以掩饰或伪装我们真正的动机,或通过否认对我们可能引起焦虑的冲动、动作或记忆的存在而起作用。因此,自我防御机制是借歪曲知觉、记忆、动作、动机及思维,或完全阻断某一心理过程而自我防御免于焦虑。实际上,它也是一种心理上的自我保护法。

必须指出的一点是,防御机制本身不是病理的,它们在维持正常心理健康状态上起着重要的作用。但正常防御功能作用改变的结果可引起心理病理状态。另外,防御机制可以单一地表达,也可多种机制同时使用①。

三、会展企业员工的疲劳

（一）疲劳的概念

疲劳是人们连续学习或工作以后,由于能量的消耗而引起的机体的生理和心理变化。疲劳表现在生理方面叫作生理疲劳,疲劳表现在心理方面叫作心理疲劳。

（二）会展企业员工的疲劳分析

1.疲劳的类型

生理疲劳包括体力疲劳和脑力疲劳。体力疲劳是由于肌肉、关节持续重复地活动,造成能量的消耗和废物积存过多,导致人的劳动能力下降以至消失的现象。脑力疲劳是因为用脑过度,使大脑神经活动处于抑制状态的现象。假设大脑功能区处于抑制状态,其所代表的功能则相应失去。

心理疲劳本质上是一种紧张。明显的标志就是学习与工作效能降低。医学心理学研究表明,心理疲劳是由长期的精神紧张、压力、反复的心理刺激形成的。它超越了个人心理的警戒线,这道防线一旦崩溃,各种疾病就会乘虚而入,在生理上引发多种身心疾患,在心理上造成心理障碍、心理失控,甚至心理危机等危害。

2.疲劳产生的原因

（1）生理疲劳产生的原因

生理疲劳产生的原因主要来自紧张而持续的劳动与工作环境因素。如劳动强度、劳动持续的时间,还有劳动环境中的照明、噪声、色彩、温度等因素都会对员工的生理疲劳产生一定的影响。会展服务需要付出一定的体力,这一点在展会举办期间体现得更为突出,尤其当展馆面积较大时,展前的准备工作、展中接待服务、展后收尾等都需要强大的体力支撑。

（2）心理疲劳产生的原因

心理疲劳的产生主要与消极情绪、工作中产生的单调感及厌烦感以及个体自身等因素有关。由于工作压力大、人际关系紧张、遭受某种不幸或者合理的需求得不到满足这些情况都容易产生消极情绪。重复工作、技能要求过低、责任心要求过高等工作要求会使员工产生单调与厌烦感。员工自身一些因素,如性格特征、年龄与性别、对压力的态度等也会影响心理疲劳的产生。如会展服务中难免会遇到挑剔苛刻、素质较低的客人,但本着"顾客就是上帝"的服务理念,不能和客人发生正面冲突,长期的情绪压抑是造成服务人员心理疲劳的重要因素。

（三）会展企业员工疲劳的后果

疲劳在个体身上造成的后果可以是生理性的、心理性的,也可以是行为方面的。对疲劳产生后果的研究中,工作倦怠获得了比较多的关注。

---

① 詹姆斯·布彻等. 变态心理学［M］. 王建平,等译.北京：机械工业出版社,2015.

工作倦怠,也称职业倦怠,是指个体在工作重压之下产生的身心疲劳与衰竭的状态。最早由 H. J. 费登伯格(H. J. Freudenberger)于1974年提出,他认为职业倦怠是一种最容易在助人行业中出现的疲惫不堪的状态。随后 C. 马勒诗(C. Maslach)等人把对工作上长期的情绪及人际压力源做出反应而产生的心理综合征称为职业倦怠。一般认为,职业倦怠是个体不能顺利应对工作压力时的一种极端反应,是个体伴随于长时期压力体验下而产生的情感、态度和行为的衰竭状态。

工作倦怠一般包括情绪衰竭、去人格化和无力感或低成就感三方面。情感衰竭是指没有活力,没有工作热情,感到自己的感情处于极度疲劳的状态。它被发现为职业倦怠的核心纬度,并具有最明显的症状表现。去人格化是指刻意在自身和工作对象间保持距离,对工作对象和环境采取冷漠、忽视的态度,对工作敷衍了事,个人发展停滞,行为怪僻,提出调度申请等。无力感或低个人成就感是指倾向于消极地评价自己,并伴有工作能力体验和成就体验的下降,认为工作不但不能发挥自身才能,而且是枯燥无味的烦琐事务。

可以看出,工作倦怠是一种由工作引发的心理疲劳现象,是个体在工作的重压之下所体验到的身心俱疲、能量被耗尽的感觉,是一种恶性循环、对工作有着强大破坏力的心理状态。克服这种职业上的倦怠感,重新找回对工作的热情,对提高工作绩效、降低员工流失有着非常重要的意义。

四、会展企业员工心理健康的调节

(一)会展企业层面的措施

1. 转变观念

会展企业应充分认识到并重视员工心理健康的重要性,这不仅关系到员工的健康状况,而且与企业自身的发展息息相关。员工身心健康状况往往与员工的工作热情、工作效率密切相关,良好的身心健康还可以减少人才流失,避免危机事件的发生。会展企业在发展过程中,应建立健全的管理规章条例,持续关注员工身心健康水平及其变化,寻找影响员工身心健康的因素,进行分析总结并提供及时的帮助。

2. 改善工作条件,实施员工帮助计划

(1)合理安排休息,提供足够的睡眠

根据疲劳积累的规律和工作性质合理安排休息与活动时间。安排休息可以按照"先少后多"的规律进行,工作的开始阶段是工作高效阶段,不需要休息,逐渐进入最大工作能力阶段后,员工的疲劳逐渐显现,这时就应安排适当的休息时间。另外,提供充足的睡眠时间也是消除员工疲劳的重要的方法之一,成年人充足的睡眠时间一般是6~8小时。会展企业在展会举办旺季时基本无法保证员工有正常的睡眠,很容易出现疲劳,因此,企业可根据实际情况想办法尽量保证员工的睡眠时间。

(2)合理设计工作环境,变化工作类型与工作内容

舒适的工作环境可以缓解员工的疲劳,还可以延长员工出现疲劳的时间。除了温度、湿度、噪声、光线等环境因素,对工作台、办公设备等进行合理设计,设置放松室、茶室、发泄室等也可以消除员工的一部分疲劳。重复、单调的工作内容会使员工出现心理疲劳,会展企业可以合理地安排员工进行工作类型与工作内容的变化,给予员工一定的自主权,通过工作寻找个人的成就感和创造力,可有利于消除工作设计的弊端,降低心理疲劳程度。

（3）实施员工帮助计划

员工帮助计划（Employee Assistance Program，EAP）又称员工心理援助项目、全员心理管理技术。它是由企业为员工设置的一套系统的、长期的福利与支持项目。员工帮助计划的内容包括压力管理、职业心理健康、裁员心理危机、灾难性事件、职业生涯发展、健康生活方式、家庭问题、情感问题、法律纠纷、理财问题、饮食习惯、减肥等各个方面，全面帮助员工解决个人问题，堪称万全之策。实施员工帮助计划的目的就在于帮助解决员工及其家庭成员的各种心理和行为问题，提高员工在企业中的工作绩效。目前，很多企业，尤其是世界500强中的一些企业，都在采用EAP帮助员工减缓工作压力及其所带来的一系列消极影响。

（二）会展企业员工个人方面的措施

1.改变认识，正确对待

员工自身对工作环境和工作状况的主观感受和评价会直接影响倦怠的产生及其程度，应该从观念上正确认识工作中出现的挫折与疲劳，保持积极的心态进行适当的自我调适。应当认识到凭一己之力无法控制和改变工作中的所有事情，有自己擅长并可以胜任的工作，也有自己无法达到的要求或完成的工作。职场中的竞争与淘汰是不可避免的，工作中个体应努力与争取，但也不能对自己提出能力所不及的过高要求。同时，要正确认识心理疾病，不能把心理疾病看作是一种可耻的疾病，应认识到心理疾病是可预防、可治疗的，是每个人都可能会有的正常心理现象，出现心理方面的问题时应及时寻求专业人员正规的帮助与治疗。

2.挖掘工作中的意义，建立和谐的人际关系

会展服务人员在工作中可以主动挖掘工作中的意义，即便是重复、枯燥的工作，如果自己能够发挥主观能动性，进行创新性的工作流程再设计，既能满足同样的工作要求，又能提高工作效率，一旦被认可采用，就会给个人带来强烈的成就感与自豪感，工作热情会极大增强。同样，服务获得客人认可、赞扬等也是服务工作的重要价值所在，应注意积累工作中的小成绩、小确幸、小满足，保持积极的日常工作状态。

建立和谐的人际关系也是保持心理健康的重要因素。乐于与人交往，不论是与领导、同事还是客人交往，能做到客观评价他人的言行举止以及存在的重要性和价值，与他人相处时，积极的态度总是多于消极的态度，通过建立和谐的人际关系获得积极的组织归属感与安全感，也就更愿意主动、充满激情地去工作。

3.适当运用心理调节方法

心理学家认为，"松散的休息"可以有效提高工作的效率和效能。如在一天的工作中加入一些闲暇活动，可以是同事之间分享一些零食、一些有趣的见闻，也可以是工作一段时间后给自己一个小小的奖励。这些都可以给大脑一个短暂的放松，缓解不间断工作带来的疲劳和厌烦的情绪。或者有时干脆给自己放个假，什么都不做，充分休息后再满血复工。

合理、及时的倾诉也可以缓解心理压力，保持心理健康。当自己因工作中的压力而感到疲劳与受挫时，可与家人、好友等进行倾诉，无论他们是否能够给出合理的建议与方法，倾诉的过程就是宣泄紧张与压力的过程，是梳理自己思路的过程，会让自己重新审视这些压力，重拾信心。有时也可以向自己的领导寻求一些实际的帮助。

除此之外，做好时间管理，改掉拖延的毛病，不要试图一下子把所有工作都做完，但也不要一拖再拖。适当的身体锻炼，如游泳、跑步、打球、散步、瑜伽等也是有效的应对方法。同时注意劳逸结合，保证充足的睡眠，还可以配合使用一些精油来缓解、消除疲劳。

【阅读材料8-5】　会展人如何应对压力

《中国会展》邀请会展主办方、场馆方和服务方的"老兵"共同讨论有效面对忙碌和压力的方法或途径，以及最不提倡的疏导情绪或减压方式及原因。

A：在思想层面，学习《道德经》，提升自己，不纠结、不计较。在具体业务上，做事情就事论事。我在忙工作时，压力大时会向年轻人发脾气。但是，在年轻人做一件事情手足无措时，我会主动承担。因此，我的团队配合默契，就像一家人，不用考虑人际关系。任务来了，大家一起努力。

B：我认为规律的健身可以帮助有效缓解压力，一定频率的锻炼使人注意力更容易集中，每天都充满活力，有效提高工作效率。健身既是锻炼身体，同时也是对意志力的一种磨炼，常年健身的习惯，让我更容易控制自己的情绪，面对压力也能有更强大的承受能力。我一直参加马拉松项目，过程比较痛苦，整整4~5个小时，每一分每一秒都在劝说自己放弃，但同时，强大的精神也一直在告诉自己要坚持，坚持跑完全程。工作上碰到压力也是一样的，最有效的方式，还是逼着自己一步步向前行进。我不提倡的减压方式是将工作上的压力和情绪对着家人或是同事宣泄，将情绪带回家、带到办公室。诚然，向家人倾诉是一件低成本，也是一个人非常本能会去做的一件事情。难以避免的是，在倾诉的过程中，传递过多的负面情绪，或是以粗暴的方式进行传递，会导致家庭不和睦，子女活在阴影笼罩的家庭氛围中。

C：因为平时的工作比较忙碌，我排解压力的方法很简单，就是做家务。很多人都认为，做家务和干工作是两码事。既然工作那么忙碌，回家再做家务岂不是会更累？记得剑桥大学从欧洲7个国家挑选了上千人对此做了一项研究，最后发现，试验结果跟他们预想的大不一样，下班回家做家务，并不会增加压力和负担，让生活更糟糕，反而生活幸福感更强了，也更加自信了。我觉得在有限的业余时间里，在家里多做一些家务，既能兼顾家庭，又能排解工作压力，也是整理思绪的一个过程。每次我在家里打扫卫生、洗洗衣服，一场大汗淋漓之后，一切烦恼和忧虑都会被抛之脑后。有时候在房间里整理物品的时候，还能发现一些很珍贵、承载着美好回忆的旧物件。

D：我觉得缓解压力最好的办法就是和身边的人多聊。另外就是干自己爱好的事儿，运动、K歌，都是我喜欢的。这个因人而异，前提是你干的这个事儿，能让自己身心愉悦。最不提倡的就是"不沟通，自己憋着"，因为容易憋出内伤。

资料来源：付晓. 会展人如何应对各自的"忙"？[J]. 中国会展，2019（9）：54-59.

【本章小结】

会展的价值是通过高质量的服务创造和产生的，会展服务就是指展会主办方或承办方为所有参加展会的人，尤其是参展商和专业观众所提供的展前、展中、展后等全过程的所有有形服务和无形服务的总和，具有综合性、专业性、短暂性与持续性并存、个体与群体兼顾性等特征。会展服务不仅要解决具体问题，还要能够提供心理层面的满足。

展会现场往往是会展服务投诉发生的集中地。会展服务投诉是一把双刃剑，导致会展服务投诉的原因多种多样，既有主观原因，又有客观原因。既不要把投诉看作洪水猛兽，也不能对投诉的处理过于形式化，应客观、全面地看待投诉在管理中的作用。

会展服务工作的特征对会展企业员工的心理健康提出了很大的挑战。挫折与疲劳是会展企业员工工作中常见的现象,除了运用受挫后的心理防卫机制进行调整,会展企业还应采取相应的措施来维护员工的心理健康。

【思考练习】

1. 结合会展服务概念分析你对会展服务的理解。
2. 结合实例简述会展服务的特征。
3. 你是如何理解会展服务的双重性?
4. 结合实例简述参展商服务中服务态度的心理功能与提升途径。
5. 结合实例简述参展商服务中服务技能的心理功能与提升途径。
6. 结合实例简述参展商服务中服务时机的心理功能与提升途径。
7. 结合实例谈谈你对会展服务投诉的理解。
8. 你认为造成会展企业员工挫折的还有哪些原因?
9. 举例说明受挫后心理防卫机制在实践中的应用。
10. 简述会展企业员工疲劳的类型与原因。

【关键术语】

会展服务　参展商服务　会展服务投诉　心理健康　挫折　心理防卫机制　疲劳

【案例讨论】

成功展会人员配置的六大秘诀

在贸易展览会上,最重要的事是引起参会者注意到公司最好的一面,毕竟,如果参会者没有注意到你的存在,你就不能在投资的展台上获得太多回报。展台自然是一个主要因素,但还需要考虑人员配置的影响。

玛尔塔·戈尔卡(Marta Gorka)是 Skyline Whitespace(活动和展览行业的供应商)的营销宣传家,他揭示了展会人员配置的六大秘诀。

1. 始终保持专业的态度

在展位上的现场工作人员对于传达公司形象和给客户留下好的印象起着至关重要的作用。如果他们没有以专业的方式行事,那么潜在客户对该公司的期望也不会太高。在展会当值期间,工作人员不允许查看手机短信、吃零食和闲聊,皱眉头这种习惯也应当避免。

2. 第一印象决定一切

需要再次强调的是第一印象也很重要。制订一定的着装要求确保你的员工着装整齐,以最佳形象最好地展示公司。仪容仪表和个人护理也同样重要,提醒吸烟者在从吸烟室回来之前使用薄荷糖。

3. 知识共享

毫无疑问,潜在客户会对产品和服务会有一些疑问。如果他们没有得到展览人员的满意答复,他们可能会认为没有一个满意的答案,会对产品失去信心。因此,确保选择精通所有产品优点和功能的员工在现场,当然这是一种常识。

4. 保持忙碌的状态

当然,在展台上设置公司员工中知识最渊博的成员可能不是最佳选择,并非每个人都能接近并且与陌生人交谈。如果你的展览工作人员只是站在那里等待别人来接近,你可能会失去很多机会,因此你需要选择有自信心、善于交际的员工参展,并确保他们会带来客户。

5. 正直和忠诚是关键

从本质上讲,展览工作人员会代表贵公司的声誉,而声誉是最有价值的资产。如果你为VIP参会者预留了特殊礼品,那么要确保礼品确实到达 VIP 参与者的手上。如果让你的团队人员去寻找客户,要确保他们不会将客户的信息占为己有,而不与他人分享。没有人想指责他们的员工不诚实,因此选择诚信的员工是必需的。

6. 奉献是必需的

参加贸易展览意味着需要持续长时间工作,有时可能会有点安静和沉闷。你需要设置专门的工作人员,他们愿意投入时间,并且能够不断提高与潜在客户交流的热情,即使在展会的最后五分钟。

资料来源:Marta Gorka,付晓. 成功展会人员配置的六大秘诀[J]. 中国会展,2018(19):70.

思考题:

1. 结合本章参展商服务的内容谈谈你对案例中所提到观点的看法。

2. 结合案例分析参展商服务在服务态度、服务技能与服务时机方面的体现。

3. 你认为参展商的展台接待服务还可在哪些方面进行改进?

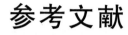

[1] 格里格，津巴多. 心理学与生活[M]. 王垒，等译. 16 版. 北京：人民邮电出版社,2016.

[2] 唐秀丽. 旅游心理学[M]. 重庆：重庆大学出版社, 2020.

[3] 杨娇，刘丽梅. 旅游心理学[M]. 北京：北京大学出版社,2014.

[4] 俞华，朱立文. 会展学原理[M]. 北京：机械工业出版社, 2005.

[5] 施塔，卡拉特. 情绪心理学[M]. 周仁来，等译. 2 版. 北京：中国轻工业出版社,2016.

[6] 纪宇. 微表情与身体语言：人人学得会的读心术[M]. 北京：机械工业出版社, 2013.

[7] 伯格. 人格心理学[M]. 陈会昌，译. 8 版. 北京：中国轻工业出版社,2014.

[8] 霍瑟萨尔，郭本禹. 心理学史[M]. 郭本禹，魏宏波，朱兴国，等译. 4 版. 北京：人民邮电出版社, 2011.

[9] 金盛华. 社会心理学[M]. 2 版. 北京：高等教育出版社, 2010.

[10] 乐国安. 社会心理学[M]. 北京：中国人民大学出版社, 2009.

[11] 刘永芳. 管理心理学[M]. 北京：清华大学出版社, 2008.

[12] 费尔德曼，黄希庭. 心理学与我们[M]. 黄希庭，等译. 北京：人民邮电出版社,2008.

[13] 叶奕乾，何存道，梁宁建. 普通心理学[M]. 2 版. 上海：华东师范大学出版社, 2004.

[14] 朱素容. 会展展示设计中视觉心理的研究[D]. 南京：南京林业大学, 2008.

[15] 谭明铭. 会展设计中非语言符号的格式塔心理学意义[J]. 美术界, 2010(1)：83.

[16] 黄玉妹. 我国现代会展业的功能研究[D]. 福州：福建师范大学, 2011.

[17] 罗秋菊，卢相宇. 大型体育事件游客消费经济影响实证研究：以第 16 届广州亚运会为例[J]. 体育科学, 2011, 31(9)：3-18,50.

[18] 罗秋菊，庞嘉文，靳文敏. 基于投入产出模型的大型活动对举办地的经济影响：以广交会为例[J]. 地理学报, 2011, 66(4)：487-503.

[19] 王春雷，韩建军. 基于参会者体验的会议场景量表开发与验证：以 2015 中国会展业未来领袖论坛为例[J]. 旅游学刊, 2019, 34(1)：82-94.

[20] 王中可，张洁，郭峦. 绿色展会的认知路径及支付意愿研究：基于参展商视角[J]. 旅游学刊, 2019, 34(3)：71-85.

[21] 唐彬礼，粟路军. 经常旅游的人更有创造力吗？旅游频率、旅游目标定向与工作创造力[J]. 旅游学刊, 2022, 37(7)：65-79.

[22] 崔庆伟. 商贸展览事件的形象和行为效应：以中国国际进口博览会为例[D]. 上海：上

海师范大学，2023.

[23] 杨小欢. 上海会展目的地吸引力的实证研究[D]. 上海：复旦大学，2013.

[24] 姜超. 智慧会展趋势下的商业会展设计研究[D]. 南京：南京林业大学，2016.

[25] 张辉，张秋丽. 基于贝尔模型的品牌形象对参展商满意度和忠诚度的影响：以第35届中国（广州）国际家具博览会为例[J]. 旅游论坛，2016，9(5)：1-9.

[26] 张翠娟，徐虹. 参展商和专业观众参与展览会价值共创机理研究：基于结构方程模型的量化分析[J]. 旅游学刊，2019，34(3)：57-70.

[27] 赵汗青. 工业类会展观众动机与满意度研究[D]. 上海：上海交通大学，2018.

[28] 刘助忠，龚荷英. 参展商参展作用和参展动机研究[J]. 当代经理人，2006(6)：142-143.

[29] 罗秋菊. 参展商参展决策研究：以东莞展览会为例[J]. 旅游学刊，2007，22(5)：85-90.

[30] 罗秋菊，保继刚. 专业观众参观展览会的决策研究：以东莞展览会为例[J]. 现代管理科学，2007(4)：19-22，59.

[31] 罗秋菊. 专业观众展览会参观动机研究：来自东莞的证据[J]. 暨南学报（哲学社会科学版），2008，30(2)：47-52，58，154.

[32] 刘助忠，龚荷英. 会展观众参展动机研究[J]. 当代经济（下半月），2007(1)：38-39.

[33] 曹雯. 影响参展商参展决策行为的因素研究[D]. 上海：上海交通大学，2009.

[34] 郭丽丽. 展览会专业观众参观决策行为影响因素研究[D]. 大连：东北财经大学，2011.

[35] 胡斌，易华，易小云. 企业参展决策行为理论研究述评[J]. 现代管理科学，2011(2)：111-113.

[36] 卢仕智. 参展商参展决策行为研究[D]. 北京：北京第二外国语学院，2011.

[37] 张文杰. 会展行业中普通观众观展满意度影响因素的实证研究[D]. 成都：西南交通大学，2011.

[38] 周杰，何会文. 会展专业观众的服务认知结构研究：兼论参展动因对服务认知的影响[J]. 旅游学刊，2011，26(10)：75-81.

[39] 贾秀芳. 专业观众观展行为研究[D]. 北京：北京第二外国语学院，2012.

[40] 乔小燕. 专业观众参观展览会的决策影响因素研究[D]. 上海：华东师范大学，2012.

[41] 徐雅琨. 参展商选择展会的决策影响因素研究[D]. 上海：华东师范大学，2012.

[42] 苗婷婷. 贸易展览会参展商重复参展意向的影响因素研究[D]. 上海：上海师范大学，2013.

[43] 钟春玲. 虚拟展会参展商参展决策行为研究[D]. 广州：华南理工大学，2013.

[44] 雷春. 专业观众的观展决策研究：以南京广告展为例[J]. 现代商贸工业，2016，37(31)：59-62.

[45] 林义雯. 艺术类展览参观者动机与满意度研究：以上海和南宁为例[D]. 上海：上海交通大学，2018.

[46] 周媛媛. 大型动漫游戏展普通观众参观动机研究[D]. 北京：北京第二外国语学院，2018.

[47] 杨琪，史宏伟，回凤瑾. 基于扎根理论的企业参展决策分析：以中国国际服装服饰博览会为例[J]. 旅游论坛，2020，13(3)：14-21.

[48] 尹志祥. 基于ISM的专业观众观展决策影响因素研究[J]. 现代商业，2020(26)：40-42.

[49] 孙嘉玲，易小力. 参展观众推—拉动机与忠诚度的机制研究：基于首次与非首次观众的比较[J]. 特区经济，2021(3)：73-79.

[50] 朱贻文，张旭敏，曾刚. 国际会展业发展趋势及上海提升国际会展之都能级的对策[J]. 科学发展，2023(8)：34-41.

[51] 张琳培. 专业观众使用会展数字化平台的影响因素研究[D]. 上海：华东师范大学，2023.

[52] 顾冉. 影响车展观众观展决策行为的因素研究[D]. 上海：东华大学，2012.

[53] 郭淑芳. 基于专业观众视角的展览会评价体系研究[D]. 广州：暨南大学，2013.

[54] 张河清，蒋露娟，陈韵. 展览会专业观众行为特征研究：以中国—东盟博览会为例[J]. 广州大学学报(社会科学版)，2013，12(2)：40-47.

[55] 杜丕烈. 从产品层次看会展营销[J]. 现代营销(经营版)，2019(10)：79.

[56] 宋颖超. 基于参展商感知的会展场馆服务质量管理研究[D]. 上海：上海师范大学，2019.

[57] 万田户，刘佩琳，鲍瑜，等. 杭州会展产业参展商的参展行为偏好研究[J]. 江苏商论，2019(10)：17-19.

[58] 钱平吉. 必须研究"会展心理"[J]. 中国广告，2005(10)：118-119.

[59] 杨顺勇，徐烜. 基于心理分析的会展观众行为研究[J]. 上海应用技术学院学报(自然科学版)，2009，9(2)：149-153.

[60] 白月. 展示设计中的情感化设计研究[D]. 济南：山东轻工业学院，2012.

[61] 崔蒙. 互动体验设计在现代展示空间中的运用与研究[D]. 西安：西安建筑科技大学，2012.

[62] 邓曼英. 会展谈判中的语用策略研究：以广交会为例[D]. 长沙：湖南农业大学，2013.

[63] 宋耀刚. 基于心理分析的参展商行为研究[J]. 知识经济，2014(4)：127-128.

[64] 汪静雅. 基于心理预算理论视角的展位吸引力与冲动购买行为研究[D]. 厦门：厦门大学，2018.

[65] 边江波，王帅，王珊，等. 社会规范信息促进会展节水行为研究[J]. 环境科学与管理，2019，44(12)：1-4.

[66] 黄玉竹. 商贸展览消费者的品牌联想：以广交会为例[D]. 广州：华南理工大学，2019.

[67] 陆范丰. 基于场所依赖理论的参展商展会忠诚研究[D]. 杭州：浙江工商大学，2019.

[68] 崔璐明，曲凌雁，何丹. 基于深度学习的城市热点空间情绪感知评价：以上海市为例[J]. 人文地理，2021，36(5)：121-130,176.

[69] 樊禹兵. 基于心流理论的动漫游戏展展示设计研究：以《阴阳师》为例[D]. 广州：广东工业大学，2021.

[70] 王建伟. 考虑情绪因素的标志引导人群疏散仿真方法研究[D]. 合肥：合肥工业大学，2021.

[71] 蒲波，郑丽娟，张璐. 展台销售人员服务质量对普通观众购买意愿的影响研究：愉悦体验的中介作用[J]. 旅游论坛，2022，15(6)：25-37.

[72] 林恬. 重视参展商依恋情感，提升大型展会国家形象：以中国国际进口博览会为例[J]. 理论导报，2023(6)：28-30.

[73] 徐嘉. 论展会专利权保护[D]. 广州：广州大学，2023.

[74] 乔亮. 基于心理分析的人格类型差异对会展营销之影响[J]. 邢台学院学报，2012，27（2）：96-97，100.

[75] 王晶，何会文，崔连广. 展中互动对企业参展绩效影响的实证研究[J]. 上海应用技术学院学报（自然科学版），2016，16（4）：383-387.

[76] 殷承园. 专业观众的知识体验对会展品牌忠诚度的影响研究[D]. 广州：华南理工大学，2016.

[77] 朱贻文，曾刚. 参展者在展会中的学习与创新：以中国国际工业博览会为例[J]. 旅游科学，2017，31（2）：82-94.

[78] 张其林，汪旭晖. 平台型电商声誉向平台卖家声誉的转移机制研究：基于拓展学习迁移理论的分析[J]. 管理世界，2022，38（12）：143-158，219.

[79] 嵇方. 会展活动安全事故成因分析及预警模型研究[D]. 上海：同济大学，2006.

[80] 张旭莺. 展会现场服务观众满意度实证研究[D]. 上海：华东师范大学，2009.

[81] 李婧. 基于 SERVQUAL 的会展业服务质量评价体系实证研究[D]. 无锡：江南大学，2010.

[82] 季文丹. 展会观众感知服务质量、满意度和行为意向关系研究[D]. 天津：天津财经大学，2012.

[83] 刘娇. 基于参展商感知的会展服务质量评价研究[D]. 广州：华南理工大学，2012.

[84] 迟明娟. 体验视角下的展会专业观众服务质量优化研究[D]. 青岛：中国海洋大学，2013.

[85] 麦曲. 大型展馆展会配套服务顾客满意度实证研究[D]. 杭州：浙江大学，2013.

[86] 何会文，崔连广，王晶. 互动视角的企业参展绩效影响机理研究：兼论非典型观众的价值与贡献[J]. 南开管理评论，2014，17（3）：142-151.

[87] 王萌. 参展人员的情绪表达对专业观众交流意向的影响[D]. 北京：北京第二外国语学院，2014.

[88] 周彦，于苗. 参展商与专业观众对场馆服务质量感知的差异分析：以北京国家会议中心为例[J]. 生产力研究，2014（12）：119-122，145.

[89] 成红波，何会文. 参展目标与观众互动对企业参展绩效的交互效应研究[J]. 旅游科学，2015，29（5）：65-77.

[90] 凌礼，王晓敏. 参展商展会评价研究：基于场所依赖理论[J]. 特区经济，2016（2）：36-41.

[91] 何会文，高欣. 人力资源配置对参展绩效的影响：基于临时性团队的研究视角[J]. 商业研究，2017（9）：33-39.

[92] 李黛羽. 专业观众展览会服务质量满意度测评研究[D]. 天津：天津商业大学，2017.

[93] 王晓敏. 展览服务资源分类、整合及质量评价：基于服务主导逻辑[D]. 广州：华南理工大学，2017.

[94] 罗羿寒. 展览现场纠纷成因及服务应对策略研究：以参展商报到环节为例[J]. 产业创新研究，2019（11）：227-228.

[95] 杨璇，何彪，徐玲俐. 参展商感知服务质量对再次参展意愿影响研究：以海南部分展会

为例[J]. 旅游论坛, 2020, 13(6): 36-45.

[96] 李鹏, 赵尔欣. 基于拥挤感知的展会专业观众满意度研究[J]. 辽宁工业大学学报(社会科学版), 2020, 22(6): 38-41.

[97] 李鹏, 秦源. 基于顾客价值的专业观众满意度量表开发与实证研究[J]. 吉林工商学院学报, 2020, 36(1): 77-82.

[98] 张辉, 陈雅清. 展会服务场景对参展商感知价值、满意度和行为意向的影响[J]. 旅游学刊, 2020, 35(7): 86-98.

[99] 邸嘉禹. 展会智能化服务场景对参展商感知价值及行为意向的影响研究[D]. 哈尔滨: 哈尔滨商业大学, 2022.

[100] 何彪, 谢灯明, 吴超楠, 等. 参展商价值共创行为对感知价值、满意度和未来行为意向的影响[J]. 旅游学刊, 2022, 37(5): 137-152.

[101] 靳杨楠. 展台场景对专业观众品牌契合的影响研究: 基于信息流畅性的调节作用[D]. 北京: 北京第二外国语学院, 2022.

[102] 余传鹏, 朱靓怡, 叶宝升. 职场友谊对员工服务创新行为的影响研究: 以会展业为例[J]. 旅游学刊, 2022, 37(5): 124-136.

[103] 郑佳逸. 杭州H博览中心服务营销策略优化研究[D]. 杭州: 浙江工商大学, 2022.

[104] 刘红霞. 展览组织者视阈下展会服务质量对参展商满意度和忠诚度的影响机理研究[J]. 晋图学刊, 2023(4): 13-28.

[105] 张佳玉. 基于展客商需求的会展服务体系构建研究[D]. 哈尔滨: 哈尔滨商业大学, 2023.

[106] BROWNING J M, AOAMS R. Trade shows: An effective promotional tool for the small industrial business[J]. Journal of Small Business Management, 1988, 26(4): 31-36.

[107] RINALLO D, GOLFETTO F. Exploring the knowledge strategies of temporary cluster organizers: A longitudinal study of the EU fabric industry trade shows (1986—2006)[J]. Economic Geography, 2011, 87(4): 453-476.

[108] HIRSHLEIFER D, SHUMWAY T. Good day sunshine: Stock returns and the weather[J]. The Journal of Finance, 2003, 58(3): 1009-1032.

[109] HIRSCHMAN E C, HOLBROOK M B. Hedonic consumption: Emerging concepts, methods and propositions[J]. Journal of Marketing, 1982, 46(3): 92-101.

[110] YI X L, FU X X, JIN W M, et al. Constructing a model of exhibition attachment: Motivation, attachment, and loyalty[J]. Tourism Management, 2018, 65: 224-236.

[111] LI J, WANG J N, QI J J, et al. How do exhibitors develop exhibition attachment? Evidence from China[J]. Journal of Hospitality and Tourism Management, 2022, 50: 201-213.

[112] BORGHINI S, GOLFETTO F, RINALLO D. Ongoing search among industrial buyers[J]. Journal of Business Research, 2006, 59(10/11): 1151-1159.

[113] LEE C H, KIM S Y. Differential effects of determinants on multi-dimensions of trade show performance: By three stages of pre-show, at-show, and post-show activities[J]. Industrial Marketing Management, 2008, 37(7): 784-796.

[114] BLYTHE J. Trade fairs as communication: A new model[J]. Journal of Business & Industrial

Marketing, 2009, 25(1): 57-62.

[115] BELLO D C, LOHTIA R. Improving trade show effectiveness by analyzing attendees[J]. Industrial Marketing Management, 1993, 22(4): 311-318.

[116] WANG P F, LIANG L K, PAN Y, et al. Relationship quality and exhibitors' sustainable willingness to participate in exhibitions: A sociocultural perspective[J]. Frontiers in Psychology, 2022, 13: 949625.